INTRO-DUCTION TO LEGAL SCIENCE

INTRODUCTION
TO LEGAL SCIENCE

法学入門

稲　正樹
Masaki INA
寺田麻佑
Mayu TERADA
松田浩道
Hiromichi MATSUDA
吉良貴之
Takayuki KIRA
成原　慧
Satoshi NARIHARA
山田哲史
Satoshi YAMADA
松尾剛行
Takayuki MATSUO

北樹出版

執筆者・担当一覧

稲　正樹	（元国際基督教大学教授）	第15章
寺田麻佑	（国際基督教大学准教授）	第 1 章①・第 3 章・第 5 章・第 7 章・第10章①
松田浩道	（国際基督教大学助教）	第13章・第14章
吉良貴之	（宇都宮共和大学専任講師）	第 2 章
成原　慧	（九州大学准教授）	第 4 章・第 6 章
山田哲史	（岡山大学准教授）	第11章・第12章
松尾剛行	（桃尾・松尾・難波法律事務所パートナー弁護士・NY 州弁護士、慶應義塾大学講師（非常勤）、中央大学講師（非常勤・後期担当））	第 1 章②・第 8 章・第 9 章・第10章②

はしがき

──未来を具体的に「創造」できる学問分野、法学の魅力を伝えるために──

　パーソナルコンピューターの父といわれるアラン・ケイ（Alan Kay）は、"The best way to predict the future is to invent it"「未来を予測する最善の方法は、自らそれを創りだすことである」と1970年代に言っていました。

　未来は、私たちが意識していれば、より良い方向にかじ取りのできるものなのではないでしょうか。そして、そのかじ取りは、法学を学ぶことによって、より実現しやすくなります。「未来をよりよく変えよう」ということは、法律を変えることによって、また、「政策形成訴訟」といわれる訴訟を起こすことによって、世論を味方につけることによって、等々、様々な方法で可能だからです。法学は、新しい未来を作り出す学問でもあるわけです。

　そこで、本書『法学入門』は、if you don't like it, you change it という精神で、法についても、問題点を意識することのできるように常に学ぶ必要があり、問題点を認識したことを言葉などに表し、実際に変えていくことも必要である、ということを強く意識して、そのことを学んでいただけるように、章立てを構成してあります。本書は、学生さん（大学教養学部や法学部）に限らず、広く社会人の方、もしくは社会にこれから出ようとしている人、もしくは大学に進学を考えている人、そして法律の専門家の方などを含め、多くの人に読んでいただきたいと思います。

　憲法を含め、日本社会、そして日本社会をとりまく国際社会も、技術の発展とともに大きく変わろうとしています。このようななか、本書で伝えたい、大きなテーマの一つは、社会は変革するもの、そして法もそれにつれて変革するものであり、正解は一つではない、ということです。法とは不完全なものであり、しかし、それでいて、社会のルールとして機能しているものです。私たちはどのような社会に生きたいのか、そして、どのような社会が構築されていくべきなのか。こういった事柄に答えはありません。しかし、最終的に決められ

る法に執行力があり、また、法が形作る社会の枠組みがあるとき、その法や法が形作る枠組みがどのような形で決定されるのかということを知っていることは、重要なことです。

理系の学問が重要であると最近、様々な場面で聞くことがあります。もちろん、重要です。この本の担当者たちも、人工知能やドローンやコネクティッドカー、GPS など科学技術の進展の問題を扱いながら、技術的側面の学問の展開の重要性を常に意識しています。しかし、人間社会にはルールというものが必要です。そのルール作りに関わるのが法学であり、理系全般の学問分野も含めた制度構築を支えるのも法学です。様々な分野との協働はもちろん必要ですが、法学の知識も、これから先の人間社会を生きていくうえで、必要不可欠なものです。

本書『法学入門』は、稲正樹を中心に、国際基督教大学で法学の授業を持った、または持っている 4 人（稲、寺田、松田、吉良）以外に、法学と現代社会を鋭い切り口から研究している研究者・実務家の先生方にご参画いただいて実現しました。それぞれ、大学での「法学」の授業において、どのようにしたら法学の魅力を伝えることができるか、という葛藤を抱えながら学生さんたちと向き合ってきた時間を、それぞれの章の原稿に反映させ、できる限り工夫をしているつもりです。

また、本書においては、法を学ぶ重要性を様々な具体的な、そして極めて現代的な事例から学んでほしいというコンセプトのもと、第一部「初学者のための法学」と第二部「現代社会と法」に分けています。法学の基礎を押さえながら、意識的に具体的な問題を扱う第二部の比重を大きくして法学的な考え方を身につけられるようにした、できる限り「温故知新」を試みた『法学入門』教科書です。

先に書いたように、本書の読書対象者は、広く一般を想定していますが、これから法学の専門家を目指す人にも、また実際にすでに専門家として活躍されている人にも、最先端の議論に触れるように努めて、読んでいただけるように構成してあります。すでにある制度をあるものとして受け入れるのではなく、制度の問題点に気づき（たとえば、裁判員制度の問題点や刑事司法の問題点など、

詳しくは第10章をお読みください）、さらに、声を上げていくことができるようになること、問題の争い方や法を形作る政策形成プロセスを知ることは、法制度の中に生きる誰にとっても必要なことです（憲法改正論議の問題点についても、本書では深く掘り下げています。詳しくは第15章をお読みください）。

　さいごに、本書の読み方としては、どの章から読み始めていただいてもかまいません。興味のある章だけをピックアップしても、キーワードから読み始める章を決めていただいてもかまいません。コラムから興味のある章に飛んでいただくことも可能です。できることなら、法は変わりうるものであり、私たち一人ひとりもその変革に積極的に関わっていくことができるのだ（法も間違いがあるものなので、間違いだと思うのであれば積極的に発信などもしていくべきもの）ということを学び、これからの生活に役立てていっていただきたいと思います。

　最後に、本書の発行にあたって粘り強く企画を進めてくださり、誠実な本作りをしてくだった、北樹出版の木村哲也さんと古屋幾子さんに感謝します。

　2019年1月

　　　　　　　　　　　　　　　　　　　　　稲　正樹・寺田麻佑

VI

■ 目　次 ■

第1部　初学者のための法学

第1章　法の作られ方 ………………………………………………………… 2

1　立法・司法・行政と法 …………………………………………………… 2

　　1　立法の手続き──法の制定　（3）

　　2　三権分立の考え方──立法・行政・司法の関係　（11）

　　3　立法と司法の関係について　（14）

　　4　憲法改正の手続　（17）

2　法律家が政策実現過程において果たすべき役割──公共政策の法務 ……19

　　1　公共政策法務の意義　（19）

　　2　公共政策のプロセス　（20）

　　3　公共政策過程の担い手　（21）

　　4　政策実現過程と法律家の役割　（23）

　　5　民泊の具体的事例　（25）

　　6　おわりに　（31）

第2章　法と法学の発展 ………………………………………………………… 33

　　1　法の歴史を学ぶ意義　（33）

　　2　古代ギリシャ・ローマの法思想　（35）

　　3　中世から近代へ　（38）

　　4　法と社会：19世紀ドイツの論争から　（41）

　　5　まとめ　（43）

第3章　社会規範と法 …………………………………………………………… 44

　　1　法とは何か──社会生活と社会規範　（44）

　　2　社会規範が包含する様々な規範　（47）

目　次　*VII*

3　社会規範の問題と法規範の特性　（49）

4　法と道徳　（51）

5　規範としての法──国と法と私たちの関係　（53）

第2部　現代社会と法

第4章　AI から考える法 ………………………………………… 60

1　AI とは何か　（60）

2　AI は権利を持つことができるのか？　（62）

3　AI が事故を起こしたら誰が責任を負うのか？　（65）

4　AI に政治を委ねることはできるか？　（67）

5　AI は裁判官になれるか？　（68）

6　AI ネットワーク時代の法はどうなるか？　（70）

7　むすびにかえて　（71）

第5章　情報化社会と法 …………………………………………… 72

1　ビッグデータと AI、個人情報保護の諸問題　（74）

2　ネットワークの活用とデータに関する諸問題　（77）

3　コネクティッドカーやドローンなど、先端技術を活用したサービス
の諸問題──特区法制の活用─生産性向上特別措置法の制定？　（81）

4　情報化社会におけるアーキテクチャの重要性　（83）

5　情報化社会と立法・行政・司法──そして、今後考えられる対応　（86）

第6章　表現の自由とプライバシー ……………………………… 90

1　表現の自由とは何か、なぜ重要なのか　（90）

2　プライバシーとは何か、なぜ重要なのか　（94）

3　表現の自由とプライバシーの対立──モデル小説と検索エンジンによる
プライバシー侵害を手がかりに考える　（98）

VIII　目　次

  4　表現の自由とプライバシーの連携

    ──ネット監視とブロッキングを手がかりに考える　（99）

  5　むすびにかえて　（102）

第7章　環境と法 ……………………………………………………… 103

  プロローグ──環境と法を考える重要性　（103）

  1　環境問題と日本──公害の歴史　（104）

  2　法と条例の関係──環境問題解決のための条例の重要性　（107）

  3　環境問題の特徴──リスクと環境、法的対応の難しさ　（109）

  4　環境権と憲法改正　（112）

  5　環境問題と政策形成訴訟　（113）

  6　将来世代と環境、今後の環境と法について　（117）

第8章　契約責任と不法行為責任──医療事故を念頭に ……………… 120

  1　様々な種類の責任　（120）

  2　具体的な事例　（120）

  3　契約責任と不法行為責任　（122）

  4　証明責任及び要件事実　（126）

  5　契約責任と不法行為責任の相違と接近　（129）

  6　医療水準論　（132）

  7　民法改正　（133）

  8　おわりに　（135）

第9章　起業家のための会社法の基礎 ………………………………… 136

  1　選択肢としての「起業」　（136）

  2　企業の成長ステージと会社法の意義　（137）

  3　会社法による「利害調整」と合意による「上書き」　（142）

  4　M＆AとIPO　（149）

  5　会社法の世界へようこそ　（150）

目 次 *ix*

第10章　刑事法の基礎 ……………………………………………… 151

　　① 刑事司法制度の変化と現状から法学のあり方を考える ……………… 151

　　　　1　民事法と刑事法の違い　(152)

　　　　2　刑罰の本質や正当化根拠——応報刑主義、一般予防と特別予防　(152)

　　　　3　罪刑法定主義の原則　(154)

　　　　4　日本の刑事訴訟の構造　(155)

　　　　5　刑事弁護人の役割　(157)

　　　　6　絶望的な刑事手続　(159)

　　　　7　日本の刑事司法の問題点・転換期にある刑事司法　(160)

　　　　8　裁判員裁判　(162)

　　　　9　さいごに——刑罰のダイバージョンとしての反則金通告制度　(169)

　　② 医療事故を念頭に刑法を考える …………………………………… 170

　　　　1　医療事故に対しても適用される刑法　(170)

　　　　2　刑法の基本的な考え方　(170)

　　　　3　医療事故に対する刑法の適用　(172)

　　　　4　チーム医療　(175)

　　　　5　刑罰という手段を取るべきか？　(180)

第11章　刑事手続の保障 …………………………………………… 184

　　　　1　導入：なぜ刑事手続における手続保障が必要なのか　(184)

　　　　2　概説：日本国憲法における刑事手続保障　(186)

　　　　3　ケーススタディー：GPS 大法廷判決　(192)

第12章　憲法と民法 ………………………………………………… 198

　　　　1　最高法規としての憲法　(198)

　　　　2　社会の基本法としての民法　(202)

　　　　3　憲法と民法の関係　(203)

　　　　4　ケーススタディ：森林法判決を読む　(207)

x　目　次

第13章　国際社会における法 ……………………………………………… 214

  1　国際法の歴史的展開　(214)

  2　国際法の法源　(218)

  3　紛争の平和的解決手続　(220)

  4　日本法における国際法　(223)

第14章　歴史の中の日本法 ……………………………………………… 225

  1　「明治革命」から近代国家形成へ　(226)

  2　大日本帝国憲法の時代　(228)

  3　日本国憲法の成立　(230)

第15章　改憲問題の現在 ………………………………………………… 234

 1　自民党改憲草案の検討 …………………………………………… 236

  1　憲法前文　(237)

  2　「天皇を戴く国家」と国民主権の形骸化　(239)

  3　非軍事平和主義の放棄　(241)

  4　基本的人権の形骸化　(245)

  5　緊急事態条項　(250)

  6　憲法改正条項自体の改正　(251)

 2　安倍9条改憲とは何か ……………………………………………… 252

 判例索引　(258)

 事項索引　(260)

── コラム目次 ──

接見交通権と刑事弁護人　(161)

世界人権宣言は本当に普遍的か？　(217)

国際法は法か？　(218)

西洋法継受における翻訳の問題：「権利」は誤訳？　(227)

天皇機関説事件　(228)

第1部

初学者のための法学

第1章
法の作られ方

Keywords：立法／議員発議の法律案／
内閣法制局／最高裁判所の司法審査／
憲法裁判所／憲法改正手続

公共政策法務／公共政策／法律家／
法曹／立法過程／民泊

① 立法・司法・行政と法

　本節においては、私たちの社会における生活を支え、守る様々な政策を実現するためにはどのように法律が作られ、それが行政や司法において解釈・適用されていくのかについて学びます。

　法律学は、司法——法の適用による裁判——の中で、法律の解釈や判例の中から法がどのように物事を規律しているのか、についての学問であると言うこともできます。しかし、そういった法の解釈とともに、立法のあり方について考えることも、立法が私たちの社会を支え、また、変えていくものであるため、とても大切なことです。

　世の中には様々な人がいます。様々な人の利害が重なりあい、意見がぶつかり合う社会の中で、それらの利害の調整や、合意形成を図っていく必要があります。全体的な社会の流れの中で、どのような政策が求められ、どのような形でそれらが実現されていくのか、ということを考える必要があります。そして、ある政策や目的を実現しようとする場合、それらの背景には、ルールメイキングとエンフォースメントの側面があり、そのルールメイキングの場面が、法律制定の場面です（のちに検討するように、国会制定法律だけではない、様々な形で

のルールメイキングがありますが、ひとまずは、国会における立法を考えます）[1]。

1　立法の手続──法の制定

　法を議会によって制定する手続は、憲法、国会法、内閣法や公職選挙法によって定められた手続に従い、議会を中心として定められます。このように、議会を中心に、国会の議員による議論を経て決定することは、代表民主制をとる我が国における、民主的正統性を有する根幹の手続であると言うことができます。

　立法はその文体も、そしてその内容も非常に重要で、文体としても内容に齟齬がなく、争いが起こらない形式を持ち、内容も、実質的に国民の権利義務を守るものである必要があります。実質と形体がともに備わっている法律が必要だということはすでに明治の時代から日本においても指摘がなされています。

　　　　穂積陳重『法典論』（明治23（1890）年）
　　第一編　　緒　論
　第一章　法典編纂の性質
　法律に実質及び形体の二元素あり、一国の法律は果して国利を興し民福を進むべき条規を具うるや否やの問題は、これ法律の実質問題なり、一国の法令は、果して簡明正確なる法文を成し、人民をして容易く権利義務の在る所を知らしむるに足るや否やの問題は、是れ法律の形体問題なり、法律の実質は善良なるも、若しその形体にして完美ならざれば、疑義百出、争訟止まず、酷吏は常に法を曲げ、奸民はしばしば法網を免るるの弊を生ぜん、法律の形体は完備せるも、若しその実質にして善良ならざれば、峻法酷律をして倍々その蠱毒を逞うせしむるの害あらん、ある人、実質美にして形体具わらざる法律を例えて、多病の才子となし、形体完備して実質善良ならざる法律を例えて、妖姿の毒婦となし、実質形体二つながら備わらざる法律を、不具の痴漢に比したり、蓋し実質は法律の精神なり、形体は法律の体躯なり、故に一国の法律をして金科玉条たらしめんとせば、実質形体共に備わらん事を立法者に求めざるべからざるなり。

（1）　法律はだれによって、どのように作られるのか

　それでは、法律は、どのように作られるのでしょうか。憲法41条は、「国会

1）　政策の実施プロセスが、基準の定立とその個別の執行のプロセスに分けられることについて、小早川光郎『行政法　上』（弘文堂、1999年）51頁。

4 第1部 初学者のための法学

は、国権の最高機関であつて、国の唯一の立法機関である」と定めています。そして、我が国において国会は、衆議院と参議院の両議院で構成され、両議院は、全国民を代表する選挙された議員で組織されています。法律案は、衆議院と参議院の両議院の本会議において可決されたときに、法律として成立します[2]。また、法令の公布の方法は、慣例に従い、官報に掲載されて公布するという方法が確立しています[3]。

　憲法41条の規定から、法律は、議会の公開の審議を通じ、討議されて定立されていくべきものだということができます。もっとも、すべての法を、国会によって制定される法律の形式で定めることは実際のところ困難なことで、それはまた、現実に即していません[4]。そこで、法律の委任を受けて、行政府においても政令や省令が制定されたり、その他の法形式がとられたりすることもあります（後述(5)行政立法の活用を参照）。

（2）　法律案はだれがどのように提出するのか

　国会に提出される法案には、内閣提出のものと、議員による発議のものがあります。なお、憲法制定当時は、新しい国会の位置づけが、「国権の最高機関」であり、「国の唯一の立法機関」となったことから、国会による法律案の作成が原則、すなわち、国会議員が議院に議案として法律案を発議し、両院の議決を経て成立するという議員立法が基本と考えられていたことがうかがえます。

　なぜなら憲法72条の規定する「内閣総理大臣は、内閣を代表して議案を国会に提出し、一般国務及び外交関係について国会に報告し、並びに行政各部を指揮監督する。」という規定に関して、この「議案」の中に法律案が含まれるかが、第1回国会等において議題となり、問題となっていたためです。この点は、結局、内閣法（昭和22年法律第5号）が制定され、その5条が、「内閣総理大臣

────────────

2）　最判昭26・3・1刑集5巻4号478頁、憲法59条1項「法律案は、この憲法に特別の定のある場合を除いては、両議院で可決したとき法律となる。」。

3）　官報掲載による公布の方法は、明治18年太政官第23号布告、明治19年勅令第1号公文式とこれらを廃止して制定された明治40（1907）年の公式令によって定められていましたが、日本国憲法の施行と同時に上記公式令は廃止され、官報の方式によるべきとする別途の法は制定されていません。もっとも、官報掲載の方法による公布は、最高裁判所の判決によって認められています。最大判昭32・12・8刑集11巻4号3461頁。

4）　鵜飼信成『憲法』（岩波書店、1956年）206頁。

は、内閣を代表して内閣提出の法律案、予算その他の議案を国会に提出し、一般国務及び外交関係について国会に報告する。」との規定を置いたことで、立法的な解決が図られましたが、基本的には、国会が立法についての主導的な地位を有することが想定されていたと言えます。

しかし、実際のところ、昭和22年5月に召集された第1回の国会以降においては、**内閣提出法案**が多く、いわゆる議員立法（議員発議の法律案）は少ないとも言われてきました[5]。

議員による発議は、国会法に規定されており、予算を伴わない立法の場合は、衆議院において20人以上、参議院において10人以上が発議に必要で、予算を伴う場合は、衆議院においては50人以上、参議院においては20人以上の賛成が必要とされています（国会法（昭和22年4月30日法律第79号）56条1項）[6]。

実際には、議員発議の重要な法律案の成立も近年はみられるところですが、現実には、多くの法案が内閣提出法案となっています[7]。そこで、以下においては、内閣提出法案に関係して、立法の審査に関わる**内閣法制局**の役割についてみることとします。

（3）　内閣提出法案——内閣法制局の機能

内閣法制局は、閣議請議書に添付された法律案を審査する役割を有しています。もっとも、その前に、各府省庁は、それぞれの省庁が何か政策を行いたいときに、事前に法制局に相談を行うことで、内容を調整する機能を有しています。その際、法制局の審査部は、当該省庁がどういった政策を行いたいのか、そして、何よりも、その政策は法律によって行わなければならないものなのか、

5）　衆議院議員による発議による法律として、労働基準法（昭和22年）、国民の祝日に関する法律（昭和23年）、弁護士法（昭和24年）、参議院議員の発議による法律として、たとえば、優生保護法（昭和23年）や土地収用法（昭和26年）といった重要なものが挙げられます。

6）　国会法56条1項「議員が議案を発議するには、衆議院においては議員20人以上、参議院においては議員10人以上の賛成を要する。但し、予算を伴う法律案を発議するには、衆議院においては議員50人以上、参議院においては議員20人以上の賛成を要する。」

7）　少し古い資料となりますが、1947年の第一回国会から2001年の第153回国会までの間に、法案提出数としては、内閣提出法案が9135本（全体の57.9%）、議員提出法案が6649本（全体の42.1%）となっています。また、成立数では、内閣提出法案が7267本（全体の85.2%）、議員提出法案が1260本（全体の14.8%）となっています。増山幹高『議会制度と日本政治：議事運営の計量政治学』（木鐸社、2003年）32頁。

政策が条文に正確に表現されているか、論理性はどうか、等々について審査を行います[8]。また、当該法律によって実現させたい政策が、一つの省だけではなく、他のいくつかの省庁と関係する場合には、それらの調整を終えてから、予備的な下審査を受けるべきであるとされています[9]。内閣法制局における審査は、法律案の原案に対して、憲法及び他の現行の法制との関係、立法内容の法的妥当性や実効性といった法律案の実質的内容とともに、立案の意図が、法文の上に正確に表現されているか、条文の配列や表現、構成が適当でかつ正確か、立案の意図が法文の上にしっかりと表現されているか用字や用語について誤りはないか、といった点について、あらゆる角度から、法律的に、また、立法技術的に検討されます。なお、その中でも、内閣法制局の審査は、憲法との適合性（形式的適合性）に及んでいることが、しばしば、裁判所の違憲審査制との関係で言及されます[10]。具体的には、特に、「条文に規定された作用・組織等が同種・類似の作用・組織等を規定した他の法律と比べて相場を外れたものとなっていないか、先例がないものには相応の理屈が用意されているか」等が徹底的に検討されており、既存法秩序との整合性を確保するためのいわゆる「低触性審査」がなされています。また、侵害作用について行われる場合には違憲審査そのものが行われています。

このように、入念な事前審査を経て（特に省庁提出の）法案は作られます。内閣法制局における法律案の予備的審査を経て法律案ができると、各府省庁は、内閣官房に閣議請議書を提出し、内閣総理大臣あてに閣議請議の手続を行い、

8）　仲野武志「内閣法制局の印象と公法学の課題」北大法学論集61（6）（2011年）191－192頁。

9）　同上、197－198頁、脚注11参照。「"相場"とは個々の立法例（テクスト）に通底するコンテクストであり、そこに憲法規範が体現されている……。如何なる法案でも森林法違憲判決等の定式に当て嵌めて合憲と称することは容易であるから、それ以前に『"相場"内に収まっている（"相場"を半歩踏み出す新例だが相応の理屈がある）から合憲である。』という判断が介在しなければならないのである。」

10）　内閣法制局による法令案の厳密な審査が内閣提出法律、政令の違憲判決を少なくしているとしばしば指摘されてきました。西川伸一『知られざる官庁・内閣法制局』（五月書房、2000年）27頁、中村明『戦後政治にゆれた憲法9条：内閣法制局の自信と強さ　第2版』（中央経済社、2001年）124頁。もっとも、内閣法制局による厳格な事前審査の存在が、「直ちに違憲審査制の消極的な運用をもたらしているとはいえな」いとの評価もあります。佐藤岩夫「違憲審査制と内閣法制局」社會科學研究（東京大学）56（5/6）（2005年）104頁。

第1章　法の作られ方　7

閣議請議書を受け取った内閣官房が、正式に内閣法制局に回付し、その上で、当該法律案は、改めて内閣法制局の本審査を受けることになります。内閣法制局では、予備審査における審査の結果とも合わせて検討を行い、最終的な審査を行い、必要な修正があれば修正をした上で、内閣官房に回付します。

（4）　議員発議の法律案

　もっとも、近年は議員立法が活性化しているとも言われています。具体的には、過去5年程度の間をみただけでも、成立した法案の一部には、下記のような重要な法律案も含まれていますし、多くの議員立法が成立していることがわかります。

過労死等防止対策推進法（平成26年6月27日法律第100号）

サイバーセキュリティ基本法（平成26年11月12日法律第104号）

私事性的画像記録の提供等による被害の防止に関する法律（平成26年11月27日法律第126号）

国会議事堂、内閣総理大臣官邸その他の国の重要な施設等、外国公館等及び原子力事業所の周辺地域の上空における小型無人機等の飛行の禁止に関する法律（平成28年3月18日法律第9号）

平成二十八年熊本地震災害関連義援金に係る差押禁止等に関する法律（平成28年6月3日法律第67号）

本邦外出身者に対する不当な差別的言動の解消に向けた取組の推進に関する法律（平成28年6月3日法律第68号）

国外犯罪被害弔慰金等の支給に関する法律（平成28年6月7日法律第73号）

民間公益活動を促進するための休眠預金等に係る資金の活用に関する法律（平成28年12月9日法律第101号）

部落差別の解消の推進に関する法律（平成28年12月16日法律第109号）

建設工事従事者の安全及び健康の確保の推進に関する法律（平成28年12月16日法律第111号）

特定複合観光施設区域の整備の推進に関する法律（平成28年12月26日法律第115号）

　このような議員立法については、議員による立法作業に協力し、補佐する機関として、議員秘書の存在や、議院法制局、国立国会図書館の存在を挙げることができます。特に、議院法制局は、国会法に基づいて設置されています[11]。

11）　国会法131条1項は、「議員の法制に関する立案に資するため、各議院に法制局を置く。」と定めています。

8 第1部 初学者のための法学

もっとも、内閣提出法案の場合の内閣法制局と異なり、議員発議の法律案について、法律上、当然に法案を審査する権限を有しているわけではないことや、法律案作成スタッフ等の限界もあることから、内閣法制局と同様の厳密な審査がなされているわけではありません。議員発議の法律案の質を高めるために、議院法制局の拡充強化は喫緊の課題と言えるかもしれません。

（5） 行政立法の活用

このように、法律によって社会の様々な問題に対処しようとすることがまず考えられます。しかし、現代社会において、柔軟に行政が様々な政策を実現していくためには、常に法律にすべてのことを書き入れるのではなく、行政による立法も必要となります。これは、**法律による行政の原理**（後述(8)以下を参照）の観点からも、法律による授権があれば、行政機関が一般的・抽象的な規範を定めることができるとされていることからも、行政機関による基準や規範の定立が可能であるということが言えます[12]。

この点、**行政立法**は、たとえば、通達による行政といった言葉で批判されることがあるように、行政の透明性の観点から、避けるべきである、と考えられることもあります[13]。

もっとも、現実には、様々な政策は、法律によらない形によっても実現されているのであり、その中でも、行政機関による法規の定立は、頻繁に利用されています。

（6） 立法の方向性

統治構造のあり方として、我が国においては、議院内閣制がとられています。

12）　行政立法に関する古典的定義として、次のようなものがあります。「行政権により一般抽象的な法条（Rechtssatz）の形式をもって仮言的判断たる定めをなす行為を，学問上，行政上の立法と称することができる。その定めの中，法規たる性質を有するものを法規命令（Rechtsverordnung）といい，法規たる性質を有しないものを行政命令または行政規則（Verwaltungsverordnung）という」田中二郎『行政法講義案（上）　第3版』（有斐閣、1950年）182頁。

13）　行政立法は、法規命令と行政規則に分類されると考えられており、政令、内閣府令、省令、委員会及び庁の長官が定める外局規則、会計検査院規則や人事院規則は法規命令（裁判規範にもなる）、訓令や通達は行政規則とされています。もっとも、「法規命令」「行政規則」という用語の理解については様々な見解が混在しており、特に「行政規則」といった概念を維持すべきではないとの指摘もあります。小早川光郎『行政法上』96－103頁参照。また、原田大樹「行政法クロニクル（11）：行政立法と行政基準」法学教室449号（2018年2月）60－69頁参照。

この議院内閣制の下では、特に、立法の方向性は、世論の大勢に大きく影響されるとも言えます。内閣は、国会での多数党によって構成され、世論の方向性に従い、適宜の政策を立法によって実現しようとします。もちろん、独自の政策の実現もありますが、それぞれ、立法の政策決定の段階で、社会における国民の声が重要視されています。そのことから、議員立法はもちろん、内閣提出法案も含めて、立法の状況をみることで、社会の状況もみることができます。

また、法律がいかに作られるのか、ということは、国民主権を謳う日本国憲法の観点からも、議会制民主主義とは何か、を考えるうえでも非常に重要な問題です。

国会が、実際に国権の最高機関であるかということは、しばしば問題となります。その実態は、行政府の作った法律案や予算案を通過させるだけで、実質的な議論がされていないのではないのか、という問題が長く指摘されています。

（7）　政策実現過程の複線化について——立法以外の方法との併用

さらに、国家は、時代に合わせ、また状況に合わせて様々な決定を行います。その意思決定は、様々な形において行われ、その中でも法律という形式によって行われることがその中心にあります。しかし、法律という形式にこだわらずに様々なルールメイキングの方法が現在は存在しており、その複雑化、複線化も問題となります。様々な意味において複雑化・高度化する現代社会においては、多様なチャンネルがあり、様々な方法で、これまでとは違った形で人々の希望が実現することもあります（たとえば、大学進学に際してクラウドファンディングが立ち上がったり、最近ではたとえばタトゥー医師法裁判など、裁判を起こすためにもクラウドファンディングがなされたりします。選挙といった政治プロセスを通さず、SNS 等で意見が拡散し、大きな原動力となることもあります）。

しかし、それらを踏まえてもなお、強制力を持って様々な権利関係を実現する方法は、法によるしかありません。

政策の実現に関しては、たとえば、行政が作り出すガイドラインや基準、民間団体等が作出する基準などが、政策基準となることがあります[14]。これらの

---

14)　原田大樹『公共制度設計の基礎理論』（弘文堂、2014年）第九章、319頁以下。

10　第1部　初学者のための法学

問題は、本書第5章「情報社会と法」においても検討しますが、今後、法律のあり方や民主的な意思形成のあり方を考えるうえで、法による規制との調整をどのように図っていくのかという問題を惹起するものです。

（8）　法律による行政の原理──法によって定めなければならない範囲

以上みてきたように、政策実現手法には様々なものがあるとはいっても、法律によって決めなければならないこともあります。それでは、どのような範囲のものが、法律によって定めなければならないのでしょうか。

そこで重要な基準となるのが、法律による行政の原理です。法律による行政の原理は、法律の法規創造力、法律の優位そして法律の留保によって構成されます。一般的かつ抽象的な法規範は、法律の形式で、議会によって定立されるというものです（憲法41条）。もっとも、同時に、法律による授権に基づいて、行政機関も、一般的かつ抽象的な法規範を定めることができることも意味すると解されています[15]。また、国会においては、一般的で、抽象的な法律しか策定できないわけではなく、特例措置法や、特定の対象のための法律も作ることができます[16]。

また、法律の優位は、行政によって何らかの政策展開が行われる場合であっても、当該分野において法律が制定された場合、法律に従わなければならないことを言います。実際、法律を制定することによって、法律によらないで実現されていた様々な政策が修正されたり、実施方法が変更されたりすることがあります。

法律の留保の原則は、国民の権利や義務を制限したり、義務を課したりする内容を政策的に実現するためには、必ず、国会によって制定された法律によらなければならない、とする原則のことです。法律に根拠がなければならない、すなわち、法律によって定められなければならない（留保されなければならな

---

15)　塩野宏『行政法Ⅰ　第6版』（有斐閣、2015年）68-80頁、原田大樹「法律による行政の原理」法学教室373号（2011年）4-10頁。

16)　様々な特別法がこれまでに制定されてきましたし、これからも制定される可能性があります。たとえば、成田国際空港の安全確保に関する緊急措置法（昭和53年法律第42号）は、三里塚闘争や成田空港問題（成田空港管制塔占拠事件）に関連した成田空港の開港を阻止するための活動を封じることを目的に、議員立法で成立した特別措置法です。

い）のは、どの範囲なのかということについては、様々な見解がありますが、国民の権利を侵害する場合であるとする侵害留保説が一般的に実務や学説においても採用されています[17]。

政策や、制度、ひいては国民の権利義務に関わる基本的な部分については、必ず法律によって定められなければならない、ということができます[18]。

たとえば、法律によって決めなければならないような事柄が、法律によって決められないこと（本来は、法律によって決められるべきであるようなことが政府の決定によって行われる、もしくは促されるということが考えられます）に対しては、当該範囲については法律の制定が必要だということをこの原則から言うことができます。

この法律による行政の原理からは、すべてを法律によって決めなければならないわけではないことも同時に導くことができますが、市民の基本的人権に関わるものについては、法の規律密度を上げるべきであるとの議論もあります[19]。

2　三権分立の考え方——立法・行政・司法の関係

日本も含め、民主制国家においては、三権分立という考え方で示されることが多く、その三権分立とは、モンテスキューが『法の精神』（1748年）において示したように、権力を抑止する方法として、構造としての統治機構、秩序維持装置として、国家権力を立法・司法・行政の三権に分離し、それぞれ抑制と均衡を期待するということだと説明されます。日本国憲法においては、憲法41条、憲法65条、憲法76条がその根拠となると言われています。

もっとも、三権分立といっても、日本のように議会多数派が行政権の長（内閣総理大臣）を選ぶ議院内閣制においては、行政権と立法権が厳格に区別され

---

17)　法律の留保（根拠）が必要とされる範囲について、侵害留保説が通説となっていることについて、参照、塩野・前掲『行政法Ⅰ』77頁以下、宇賀克也『行政法概説Ⅰ　第6版』（有斐閣、2017年）第一部第3章、大橋洋一『行政法Ⅰ　現代行政過程論　第3版』（有斐閣、2016年）第一部第2章等。

18)　本質性理論からは、基本権の性質に対応して、法律によって行政活動内容について定める規律密度の濃淡の要請が変わると指摘されています。大橋洋一『行政法Ⅰ　現代行政過程論　第3版』（有斐閣、2016年）129頁（「行政準則」）。

19)　大橋洋一『行政規則の法理と実態』（有斐閣、1989年）。

ているわけではありません[20]。

統治機構のあり方は、社会や時代によって様々なものがありえます。

現代日本社会においても、議会の一元化――一元的な議会政モデル――は一つの考え方としてありえます[21]。また、一時期、現代における代表制の課題を解決するために、国民の大多数が支持できる政策の体系を国政に反映させる必要があるとし、内閣を中心とした構想として、選挙の結果第一党となった政党党首（首相）（統治の担い手の中心）と、その統治の仕組みを国民が事実上、直接的に選択する議院内閣制の運用（国民内閣制に関する議論）も話題になりました[22]。もっとも、現在の統治機構のあり方を大幅に変えるためには、**憲法改正の手続**が必要となります。憲法は、少なくとも、こういったことがルールであると決めてしまうことによって、政治的に永久に続けることもできる議論に区切りをつけ、政治的な争いを鎮静化させる役割も果たしているため、参議院を廃止することなどを含めて、憲法改正が本当に必要な改革が求められているのか、現在の体制の中で選挙制度の仕組みを変えることなどを通して実現できることもあるのか、といったことについては、今後も議論を続けていく必要があるでしょう[23]。

（1） 行政・立法・司法――裁判所の役割

裁判所の役割の一つは、必要な場合に、行政権と立法権に対してその問題点を指摘する点にある、ということができます。もっとも、第一に、裁判所は、**個別**の**紛争**の**解決**を目的としています。行政権や立法権に対する牽制となるような判決が出されることもありますが、それら判決も、基本的には、個別の事件の解決の方法の一つとして出されるものです。

---

20) アメリカにおいては、大統領選挙は議会選挙とは完全に独立して行われ、立法権と行政権は厳格に区別されています。

21) 髙橋和之「立法・行政・司法の観念の再検討」『現代立憲主義の制度構想――統治機構のあるべき姿を探る』（有斐閣、2006年）［初出、1998年］。

22) 髙橋和之「『国民内閣制』の理念と運用」『国民内閣制の理念と運用』（有斐閣、1994年）30頁。この「国民内閣制」の提唱は、現代社会の民主化のために、「行政国家」と言われる実体にみあった新たな民主政の構想が必要であるという視点に基づくものです。

23) Bruce Ackerman, *We the People: volume I Foundation*, Harvard University Press, 1991.

また、裁判は、個別の紛争解決を目的としていますが、裁判官の法の適用や解釈がなされる判決によって、一般的な基準形成としての法創造的機能が営まれています。

（２）　立法府と裁判所の機能――裁判の消極的な立法機能について

最高裁判所において**法令違憲判決**が出されることは、我が国においては多くありませんが、法令違憲判決が出たとしても、それを受けてすぐに立法による対応がなされるわけでは、必ずしもありません。たとえば、1973（昭和48）年４月４日に下された刑法の尊属殺重罰規定を違憲とする最高裁判所の判決ののち、刑法の改正は、1995（平成７）年までなされませんでした[24]。すなわち、この判決は、刑法200条に規定された尊属殺人罪が、憲法14条の法の下の平等を規定した条項に反するとする法令違憲判決でしたが、立法府は、この違憲判決を受けても、法改正を行わず、この判決自体が、裁判規範としての法源性を有し、実際には尊属殺人罪の適用は法令違憲判決後はなされませんでした。

法令違憲判決に限らず、様々な法律上の争点について、裁判上解決が図られ、実際に法源性を有することは多くあります。しかし、立法権を一義的に独占しているのは国会であるところ、裁判所による判決によって消極的にではあっても、本来は政治的なプロセスによって国会において立法等の改正によって解決されるべき事柄について判断がなされてしまうことについては、民主的な正統性（democratic legitimacy）が当該裁判所にあるのか、という問題を指摘することができます。最終審である最高裁判所の裁判官には**国民審査**が行われていますが、国民審査が実質的に機能していないこともよく知られています[25]。

裁判所で立法上解決できなかった問題の解決が図られることを期待する、もしくは裁判所に政策形成を求める**政策形成訴訟**を提起して立法につなげる、と

---

24)　刑集27巻３号265頁。刑法200条は、1995（平成７）年の刑法改正で削除されました。明治40年に制定された刑法の改正は戦後、日本国憲法の制定に伴って必要となった改正がなされた以後は、1995年に至るまでほとんどなされず、「ピラミッドのように沈黙」していた状況であった、と説明されています。松尾浩也『刑事法学の地平』（有斐閣、2006年）48頁。

25)　最高裁判所の裁判官国民審査において、これまで罷免された裁判官はおらず、罷免を可とする割合は、最高でも15.1％でした（1972年に実施された国民審査における下田武三判事。その後下田判事は1973年に最高裁判所が尊属殺重罰規定について違憲判断を下した尊属殺重罰規定違憲判決において当該規定を合憲とする唯一人の反対意見を出しています。）。

14　第1部　初学者のための法学

いったことがしばしば模索されますが、それらは司法府にとって、現実には、重荷となっている可能性もあります。裁判制度の利用方法は、民意の支持を受けた立法府による判断が最終的に適切な形でなされるべきであるということも念頭に置きつつ、常に検証されるべきでしょう。

3　立法と司法の関係について

　先にみたように、裁判所は、一般的な基準の形成という法創造的な機能を有するとともに、違憲判決を下すといった形で、政策形成に大きな影響を与える、政策形成機能も営んでいます。裁判所は、裁判による法の適用的機能と、法の創造的機能、そして、紛争解決機能と政策形成機能を有するのです。

　以下においては、裁判所の役割の中でも、最終審としての最高裁判所の役割のあり方から、司法と立法の関係についてみていくこととします。

（1）　最高裁判所の司法審査の現状への批判

　最高裁判所の役割を検討した司法制度改革審議会の報告書は、最高裁判所による、立法や行政に対するチェック機能は不十分であると指摘しました[26]。もっとも、最高裁判所が、自身の有する違憲審査権と憲法保障機能を常に意識してきたことは確かなことであり、訴訟自体は不適法としながらも「なお、念のため」と憲法判断を示したこともあるなど[27]からもそれはみてとることができます。

　最高裁判所は、これまでのところ、立法裁量論を利用した合憲判決を多く示し、法令違憲判決が下されたことはほとんどありません。もっとも、この背景には、すでにみたように、内閣法制局による法令の違憲性のチェックが行われてきていたことも背景にあります。

　このような、最高裁判所の司法審査の現状については、司法消極主義といった言葉によって批判がなされ、また、司法積極主義の方向に向かうべきである

---

26)　司法制度改革審議会「Ⅰ　今般の司法制度改革の基本理念と方向」『司法制度改革審議会意見書──21世紀の日本を変える司法制度』平成13年6月12日（https://www.kantei.go.jp/jp/sihouseido/report/ikensyo/iken-1.html）。

27)　皇居外苑使用不許可事件：最判昭28・12・23民集7巻13号1561頁。

といった検討がおこなわれてきました。しかし、違憲であるとの判断を極めて消極的にしかしてこなかった点を批判して、日本には**憲法裁判所を作るべきだ**とする意見に対しては、日本においては、最高裁は、法形成・政策形成の場面においては、「積極的」な傾向がみられたということも指摘されています[28]。

すなわち、違憲審査ではない側面においては積極的判断をしてきたという意味で最高裁判所としての機能を果たしてきたということも言えます。このように、最高裁判所は、憲法判断積極主義と違憲判断消極主義とが奇妙な形で併存しているとの指摘もなされてきたのです[29]。

司法の役割を考えたうえで統治の分野により踏み込むべきであろうということは十分意味のあることだと考えられますが、それは、単純な**司法積極主義**を意味するものではありません。

（２）　憲法裁判所の設置に関する議論について

憲法裁判所が設置された場合、その判断が、むしろ人権侵害法案の合憲性認定というようなことが短期間のうちになされる可能性もあります[30]。すなわち、法令の合憲判決が、これまで以上に短期間のうちに下される可能性があります。結局、単純に制度を変えればよいというものではありません[31]。

司法裁判所の中の**違憲審査制**というこれまでの制度は、下級審からの議論の積み重ねのうえに最高裁における違憲判断の基礎を構築するものです。日本国憲法が導入した違憲審査制は、最終的には、最高裁の判断が権威となるとしても、「市民のイニシアティブも含め憲法価値の実現を分散させる仕組み」であると言われています[32]。

---

28)　ダニエル・フット（溜箭将之訳）『裁判と社会：司法の「常識」再考』（NTT 出版、2006年）。

29)　樋口陽一「違憲審査における積極主義と消極主義」『司法の積極性と消極性』（勁草書房、1978年）93頁以下。奥平康弘「公共の福祉に関する立法及び判例の傾向」清宮四郎・佐藤功編『憲法講座　第２巻』（有斐閣、1963年）36頁等参照。

30)　また、憲法裁判所の設置については、憲法裁判所判事の選任が政治的になる可能性があることを考慮に入れなければなりません。もちろん、一度選任された判事は、選任者の意図とはまったく別に、独自に判断を行うはずであり、政治的な選考がなされてもそれほど危惧する必要はないのかもしれません。

31)　市川正人「日本における違憲審査制の軌跡と特徴」立命館法学2004年２巻（294号）107頁。

32)　川岸令和「戦後憲法価値の実現──田中二郎」法律時報89巻４号（2017年）103頁。

16　第1部　初学者のための法学

　憲法裁判所の設置が、特別裁判所の設置を禁止する憲法76条の規定とあいまって、憲法改正を経て行われなければならないことや、憲法裁判所の設置による司法のより一層の政治化の危険も合わせて考えると、現状においては、憲法裁判所の設置を考えるのではなく、司法裁判所としての最高裁判所の違憲審査制の運用のあり方を、より統治の分野に踏み込むことも含めて、変えていくことで対応すべきだと考えられます。

（3）　政策統一機関・政治部門の行為の統制機関としての最高裁判所について

　日本においては、事前規制から事後規制へ、行政（官）主導から政治主導への転換を目指す立法の改革の動きが過去数十年続いてきました。これはとりもなおさず、事後的調整の担い手としての司法への期待を高め、国会改革の中で議員立法が増大し、内閣法制局の役割も縮小する動きを意味しています。

　さらに、地方分権によって**条例制定権の拡大**がなされていることもあり、条例制定行為が取消訴訟の対象として認められた判決（横浜市の市立保育所4園を廃止して民営化する条例の制定行為が抗告訴訟の対象となる行政処分に当たるとされた横浜市立保育園廃止処分取消請求事件、最判平21・11・26民集63巻9号2124頁）が現れるなどしています。こういった現状からすれば、政策の統一機関として、これまでになく最高裁判所の役割は重要となります。

　すなわち、司法の役割としては、私権の保護や紛争解決にとどまらず、政治部門の行為の適法性の統制の側面についてより真剣に考えるべきであろう、と言うことができます[33]。たとえば、『憲法裁判権の動態』（弘文堂、2005年）などをはじめ活発に司法のあり方について日本社会における議論を提示してきた宍戸常寿は、最高裁の組織・構成についての憲法の規定（6条2項・79条）からすれば、法的統制に必要な限りで、「統治」に限定的に参与するだけの十分な正統性を、（最高裁はそう考えていないようであるが）、その自身の理解に反して、確保してあると考えるべきであろう、と指摘しています[34]。

　実際に、日本には**委任立法**が非常に多く存在しています。特に最近は、専門

---

33)　宍戸常寿「最高裁と『違憲審査の活性化』」法律時報82巻4号（2010年）57頁。

34)　宍戸常寿「司法のプラグマティク」法学教室322号（2007年）31頁。

技術的な分野において、頻繁に改正等を行うべき内容が含まれるべき部分について、法律に根拠を持ち、政令や省令に委任するものが増加している傾向にある、ということもできます。この委任立法は、**行政国家化現象の一断面を表し**ているとも言え、また、委任立法とは、**行政立法のことである**ところ、行政が何か問題のある解釈や違法な行為を行った際の救済の訴訟構造については、訴訟方法の整備も含めて不十分であり、最高裁判所によって適切な統制が図られるように訴訟が起こせるような仕組みを整備すべきでしょう。

このように、最高裁判所の役割として、立法機関や行政機関の様々な行為の適法性への判断を行うことが活性化されるべきである、ということが言えます。特に、行政の違法性を争うための行政事件訴訟法を利用した訴訟は門前払いが多いことで有名なため、このような訴訟制度の変革や、判例による柔軟な変更も含めた行政裁判の活性化が必要でしょう。そして、最高裁判所における行政問題や立法問題への判断を増やしていくことが必要であろうと考えられます。そういった意味で、現在の最高裁判所がとっていると考えられる、いわゆるNegativism は変更されるべきでありましょう。

4　憲法改正の手続

最後に、すべての法律の基本法である憲法の改正の手続について、簡単にみてみます（最終章（第15章）も参照のこと）。

憲法改正の手続について日本国憲法96条の規定は、

> 1　この憲法の改正は、各議院の総議員の三分の二以上の賛成で、国会が、これを発議し、国民に提案してその承認を経なければならない。この承認には、特別の国民投票又は国会の定める選挙の際行はれる投票において、その過半数の賛成を必要とする。
>
> 2　憲法改正について前項の承認を経たときは、天皇は、国民の名で、この憲法と一体を成すものとして、直ちにこれを公布する。

と定めています。

憲法の改正手続に関しては、**国民投票法**が2007（平成19）年 5 月14日に可決成立し、2014（平成26）年 6 月13日に一部改正されています。この法律は、日

本国憲法96条に定める日本国憲法の改正について、国民の承認に係る投票（国民投票）に関する手続を定めるとともに、あわせて憲法改正の発議に係る手続を整備しています。

しかし、国民投票法は、最低投票率の規定がないことや、国民の発議から国民投票までの期間が60日ないし180日では短すぎることなど、いくつもの問題点が指摘されており、実際に憲法改正の発議がなされた場合、国民投票法が現在のまま手続が進むことには疑義が出されています[35]。

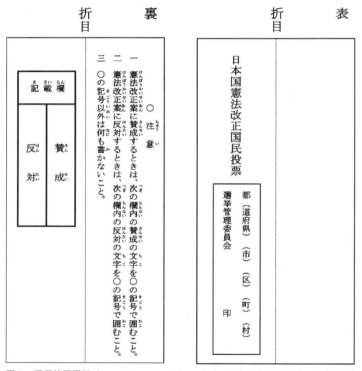

図1　国民投票用紙（https://www.gov-online.go.jp/useful/article/200802/img/c_02b.gif）

35）　京都弁護士会声明「日本国憲法の改正手続に関する法律の問題点解消を求める会長声明」（2018年4月26日）。

第1章　法の作られ方　*19*

② 法律家が政策実現過程において果たすべき役割
——公共政策法務

1　公共政策法務の意義

　前節においては、ある特定の（公共的）政策を実現するため、どのように法律が作られ、これが行政・司法においてどのように適用され、公益が実現されていくのかという過程について概観してきました。様々な公共政策の担い手の精力的な活動によってはじめて公益は実現します。このような公共政策実現の過程について実感を持っていただくため、このうち法律家（法曹有資格者を念頭に置きますが、それ以外の法学の素養を有する者等も含みます）がどのような役割を果たすのか、ということをご説明したいと思います。

　本節のサブタイトルである「公共政策法務」は耳慣れない言葉かもしれませんが、公共政策について、行政の法的仕組みだけではなく、民事法的手法や法的ではないような手法を含めて、また、公共政策の立案や実施過程だけではなく遵守過程を含めて、その全体を包括して分析し、理解し、立案し、実現していくことは公共政策法学と呼ばれます[36]。そして、このような公共政策法学における法律家の果たす役割を、公共政策法務と呼びたいと思います[37]。

　公共政策については関連する様々な概念があります[38]が、そのうち「公共政

---

36)　岩橋健定「法の情報分析と公共政策法学の可能性」『現代行政法の構造と展開』（有斐閣、2016年）32頁。なお、行政法を念頭に置いて、「法の情報分析」を行うという文脈における議論です。

37)　岩橋が共同で担当していた頃の慶應義塾大学ロースクールの「公共政策法務」フォーラム・プログラムのシラバスで「政府・地方自治体はもちろん、より幅広く公的部門において、法曹を始めとする法律専門家が果たすべき社会的機能を公共政策法務と呼び、その内容を実務・理論の両面から体系的に学ぶことを目的とする。」（https://gslbs.adst.keio.ac.jp/law/syllabus/Syllabus.php?year=2015& estno=06704）とされていたことを参照。

38)　たとえば「政策法務」という表現は、特に自治体政策法務等として、自治体内部における活動を念頭に、立法（Plan）→法執行（Do）→争訟・評価（See）というPDSサイクルを回すことで「よりよい法」を発展させていくといった文脈で用いられることがあります（礒崎初仁『自治体政策法務講義』（第一法規、2018年）3頁以下）。確かに、政策形成過程への着目という意味で、公共政策法務と一定の共通点はありますが、本章が問題とする公共政策法務は、行政ないしその中にいる者の活動に着目しているのではなく、むしろ本文のとおり、政府側の法律家だけではなく、私人である法律家の行動にも着目していることから、相違が存在します。

20　第1部　初学者のための法学

策法務」という概念の特徴は、公共政策の過程（プロセス）における法律家を
はじめとする私人の役割に（も）スポットライトを当てるところにあります。
これまで、公共政策の実現過程のうち、行政が主体として行う過程が注目され
てきましたが、（法律家をはじめとする）私人も重要な役割を果たしているもの
であり、私人の行動を含めた公共政策の実現過程全体を包括して分析し理解す
るべきだ、ということです[39]。

2　公共政策のプロセス

　公共政策のプロセスは前節においてすでに言及されていますが、再度概観し
ましょう。

　立法プロセスは、基本的には内閣提出法案と議員提出法案に分かれています。
内閣提出法案の原案は、各省の担当部局が中心となって有識者や利益団体メン
バー等から構成される審議会等での議論を経つつ、省内他部局と調整して作成
した後、他省庁と協議・調整をし、また、立法技術の観点から内閣法制局の審
査を受けます。その後、与党による事前審査（与党審査）を受けた後で国会に
提出されます[40]。議員提出法案は議員が一定数以上の賛同者を得て国会に提出
しますが、議院内閣制の下では議員立法は野党が中心となり、提出数、成立数
も低調と評されます[41]。

　国会に提出されてからは、前述の通り、委員会での審議、そして本会議での
議決により法律が成立しますが、近時の立法の実態について、委員会での実質
審議が低調となり、本会議は儀式の場となってしまい、（内閣提出法案の）実質
審議は与党審査において行われると指摘されています[42]。

　法律が制定されると、下位規範が制定されます。たとえば、政令、各省庁の

---

39)　岩橋、前掲『現代行政法の構造と展開』34頁参照。

40)　中島誠『立法学　第3版』（法律文化社、2014年）31頁。

41)　同上、32頁。

42)　大石眞・大山礼子編著『国会を考える』（三省堂、2017）294頁。なお、1962年に赤城自民党総務
　　会長（当時）から内閣及び国会の各委員長に文書が送付され、法案の実質審議は国会ではなく与党
　　が実施するという方針が明確化された（同、295頁）。大山礼子『日本の国会——審議する立法府
　　へ』（岩波新書、2011年）78頁以下も参照。

規則等が作られ、また、通達やガイドライン、Q&A等が作成されます。そして、具体的事案に応じてこれらの法令を執行します。

さらに、法律上の争訟、すなわち国民の権利義務に関する紛争が裁判外で解決できなければ司法（裁判所）に持ち込まれることになります。

なお、上記の立法過程、特に内閣提出法案においては、立法府だけではなく行政の各省庁が重要な役割を果たす等、公共政策のプロセスにおいては、立法・行政・司法がそれぞれ相互に密接に関係しています。

3　公共政策過程の担い手

立法・行政・司法それぞれにおいて、議員、行政官、裁判官等が公共政策過程の担い手となっています。

立法については、議員が果たす役割の重要性は論をまたないでしょう。その一定数は法曹有資格者です。それだけではなく、議員秘書、特に政策担当秘書が重要な役割を果たします。政策担当秘書になるには原則として政策担当秘書資格試験に合格する必要がありますが、司法試験合格者であれば、選考採用資格認定の対象となり、政策担当秘書資格試験を受験しなくても政策

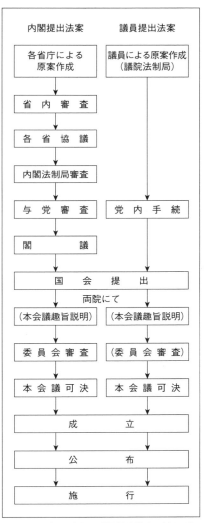

図2　内閣提出法案と議員提出法案の流れ [43]

---

43)　中島、前掲『立法学』32頁より作成。

22　第1部　初学者のための法学

担当秘書になることができます。また、国会職員、たとえば議員立法の場合に
その内容についてサポートする議院法制局や国会図書館の職員等の役割も大き
いと言えます。

　行政についてみると、司法試験合格者が公務員になることは、従前から一定
程度みられましたが、最近では任期付公務員等という形で、弁護士等の法律家
が行政に入っていくことも頻繁にみられるようになってきました[44]。

　このような公務員（及びそれに準じる者）の役割については、多くの書籍が
詳細に論じています[45]。しかし、公務員だけではなく、私人も公共政策の形成
過程において大きな役割を果たしています。

　たとえば、立法過程や行政過程においては審議会、研究会、委員会等の諮問
機関が設置され、その諮問結果が政策決定に重要な影響を及ぼすこともありま
す。これらの諮問機関の事務局は多くの場合行政官が務めていますが[46]、委員
は大学教授、利益団体関係者等の有識者が務めることが多くみられます[47]。弁
護士等の法曹有資格者が有識者として委員を務めることもよくみられます。

　また、公共政策過程におけるメディアの役割の大きさはすでに指摘されてお
り[48]、従来はマスメディアが世論を喚起し、立法や行政における通達・ガイド
ラインの制定・修正等につながることも多く、現在でもマスメディアの役割は
大きいのですが、近時はインターネットを利用した「キャンペーン」等による
世論形成も注目されています[49]。

　政策形成訴訟については、特に法社会学の観点から注目されることが多いの
ですが[50]、通常の立法過程・行政過程では注目を集めにくいテーマについて訴

---

44)　岡本正『公務員弁護士のすべて』（新日本法規、2018年）参照。なお、消費者庁関係の法曹有資
　　格者の集まりである消費者庁法曹会がまとめた本に、大島義則ほか『消費者行政法』（勁草書房、
　　2017年）があります。

45)　たとえば、立法過程については中島、前掲『立法学』参照。

46)　なお、いわゆる外郭団体で研究会を開催する場合等、実際には様々なパターンがありえます。

47)　審議会における政治過程を具体的に論じたものとして森田朗『会議の政治学　Ⅰ－Ⅲ』（慈学選
　　書、2006、2015、2016年）参照。

48)　たとえば、中島、前掲『立法学』185頁以下。

49)　工藤郁子「情報社会における民主主義の新しい形としての「キャンペーン」」法学セミナー59巻
　　1号（2014年）14頁参照。

第1章　法の作られ方　　23

訟提起や判決を通じて改善を促すといった目的で行われるものです[51]。このような政策形成訴訟においては、裁判官や書記官、そして行政側の代理人を務める訟務検事はもちろん、代理人となる弁護士や、鑑定意見書の提出等で支援する大学教授、そして原告等となる市民団体等が重要な役割を果たします[52]。

4　政策実現過程と法律家の役割

（1）　政策実現過程の「ツボ」を押さえた対応

　このような公共政策の実現過程を踏まえ、各アクター、とりわけ、外部の法律家等の私人はどのように公共政策に関与していけば良いのでしょうか。ここで重要なのは政策実現過程の「ツボ」を押さえることです。

　たとえば、内閣提出法案については、国会カレンダーというものがあります。国会カレンダーというのは法律制定に向けて、1年の各時期にどのような動きがあるのかを示すものです。次頁の図3のとおり、春から夏にかけて各省庁が翌年の法案を考え、審議会・委員会・研究会で準備し、秋口までにどの法案を出すかを決めていくわけです。

　立法による公共政策実現を目指すのであれば、各時期にタイミング良く、適切なステークホルダーに働きかけることで、最短での立法が可能となりますし、逆に、そのタイミングを逃すとたとえば1年後になってしまうということです。また、毎年策定・公表される政府方針[53]に何が盛り込まれるかは、その後の

---

50)　たとえば、『法社会学』第63号所収の各論文等参照。裁判所における公共政策形成については、大沢秀介『現代型訴訟の日米比較』（弘文堂、1988年）特に53頁以下参照。なお、このような現代型訴訟は、民事訴訟法と行政訴訟法の枠を超えて検討すべきことにつき、久末弥生『現代型訴訟の諸相』（成文堂、2015年）参照。

51)　ただし、訴訟はあくまでも当事者間の権利義務の存否を判断する手続きであり、政策形成はその副次効果でしかありません。うまくいけば、世論喚起をした上で、第一審で勝訴し、そのまま国・地方自治体側に控訴を断念させて、立法や通達改正につなげることもありえますが、無理な訴訟で早期に敗訴し、「この争点では司法ですでに決着済み」という悪印象をステークホルダーに与えてしまう可能性もあります。

52)　このような政策形成訴訟は、従来は弁護団事件といって、多くの弁護士がカンパによって支えて来た歴史がありますが、最近では、いわゆるクラウドファンディングにより資金調達と世論喚起の双方を実現しようという動きも注目されます。

53)　たとえば「経済財政運営と改革の基本方針2018」2018年6月15日閣議決定（http://www5.cao.go.jp/keizai-shimon/kaigi/cabinet/2018/2018_basicpolicies_ja.pdf）参照。

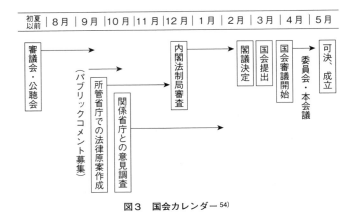

図3　国会カレンダー[54]

行政の各部門における政策の形成、立法、そして法執行がどのようになるかに重要な影響を与えます。そこで、各政府方針の策定時期を見越して、その政府方針の中に、今後政府が取り組むべき重要事項として（仮に一言だけであっても）盛り込んでもらうことが公共政策実現のためには重要です。

これはあくまでも例にすぎませんが、このような政策実現過程の「ツボ」を押さえることが、早期に特定の政策を実現する上で重要なのです。

（2）　法律家による政策実現過程への関与

では、法律家は、このような政策実現過程にどのような関与をすることができるのでしょうか。

まず、法律家が、上記の各アクターとなることがあります。たとえば、国会議員や議員秘書、行政官、有識者、政策形成訴訟の代理人等、法律家は様々な役割を果たすことができます。

最近注目されるのが、弁護士とロビイングです[55]。企業、特にその政府担当部門（Government Affairs/Government Relations）や公共政策担当部門（Public

---

54)　別所直哉『ビジネスパーソンのための法律を変える教科書』（ディスカヴァー・トゥエンティワン、2017年）71頁より作成。

55)　藤井康次郎ほか「鼎談　弁護士とロビイング——立法過程における影響とその役割」（ジュリスト2018年11月号 i 頁以下）。

第1章　法の作られ方　25

Affairs/Public Policy）は、パブリック・セクター（政府・公共部門）に対して戦略的にコミュニケーションを行います。このような活動のうち有名なのが、アドボカシーとロビイングです。論者によって定義に微妙な相互はありますが、概ね、アドボカシーは課題広報、つまり世論を盛り上げるため、そのような課題が存在することを広報し、政策提言活動をすること全般を言います。ロビイングはアドボカシー活動のうち、主に立法過程におけるステークホルダー（利害関係者）に対する政策提言等を指します[56]。

　ロビイングに対しては、伝統的にはネガティブなイメージが持たれがちであったものの、特に（日本）市場への新規参入者が意見を伝える手段としての政策過程における意義が肯定的に解されるようになってきました[57]。政策過程のつぼを押さえて、そこに充実した提案をもっていく[58]等の役割があり、企業内に公共政策部門を置いて対応する場合だけではなく、第三者（コンサルティングファーム、ロビイスト等）に委託することもあります。そして、弁護士自身がこれらの役割を果たすだけではなく、顧問弁護士等として、クライアント企業、そしてコンサルティングファームやロビイスト等を法律の観点から側面支援し、どの法律をどのように変えると良いかについてアドバイスすることも立派な法律家の仕事です。たとえば、クライアントは新規立法が必要という考えを持っていても、法律家が分析すれば、法律そのものを変えなくても、単にその解釈の変更等で対応できるということがわかり、「解釈を明確にしてほしい」「もっと解釈を広げてはどうか」といった形で、行政にたとえば通達やガイドラインを改正するようアプローチすることで解決することもありえます[59]。

5　民泊の具体的事例

（1）　民泊に関する立法と条例

　以上の内容について少し具体的に理解していただくため、民泊の例を挙げま

---

56)　明智カイト『ロビイング入門』（光文社新書、2015年）9頁参照。

57)　藤井ほか、前掲「鼎談　弁護士とロビイング」iv頁（城山発言）。

58)　同、59頁（杉原発言、藤井発言）。

59)　なお、規制のサンドボックスやグレーゾーン解消制度等も参照のこと。

26　第1部　初学者のための法学

しょう。民泊事業は一定の要件の下、ホテル等の営業許可を持っていない者が宿泊料を受けて住宅に人を宿泊させる事業のことを言います[60]。2017年に住宅宿泊事業法（以下「法」といいます）が制定され、民泊事業について規制を明確にするとともに、法を遵守すれば従来の旅館業法の許可を得る必要がなくなりました。法は、旅館業法等によってこれまで厳しく規制されていた民泊について、これを明確に解禁すると共にその条件を定めています。たとえば、住宅宿泊事業は年180日以下（法2条3項）となっており、一年中人を宿泊させることはできません。加えて、法18条は都道府県について「住宅宿泊事業に起因する騒音の発生その他の事象による生活環境の悪化を防止するため必要があるときは、合理的に必要と認められる限度において、政令で定める基準に従い条例で定めるところにより、区域を定めて、住宅宿泊事業を実施する期間を制限することができる」と定め、地方公共団体に条例（以下「法18条条例」といいます）の策定を認めました。法及び法18条条例の制定を例にとって、検討していきたいと思います。

　（2）　問題の切り分け

　まず、ある企業（たとえば、ウェブサイト上で、泊まりたい人と泊めたい人をつなぐ民泊仲介業者）が、日本で民泊の仲介事業を実施したいと考えたとしましょう。この場合、法律家、たとえば企業の法務部門やその顧問弁護士、コンサルティング会社の法務部門やその顧問弁護士は、まず、このようなビジネスについて、「日本法の下でできるのかできないのか、できないとすれば、どの法律のどの条文が問題なのか」の切り分けを行います。

　そもそも、ホテル等についてはすでに旅館業法が許可制を設けています。そこで、お金をもらって人を泊める事業を行いたければ、原則として旅館もしくは簡易宿泊所の許可を得る必要があります。

　そこで、一つの選択肢としては、民泊を行いたい民家について旅館業法の旅館もしくは簡易宿泊所の許可を得るという方向性がありえます。そこで、弁護士は、どのような要件を満たせば、旅館業法の旅館もしくは簡易宿泊所の許可

---

60)　2条3項の定義参照。

を得ることができるか等のアドバイスをすることになります。たとえば、ある時点までの通達[61]で、簡易宿泊所も厳しくフロント設置が要求されていました。そこで、その時期にリサーチをした場合には、民家であっても、原則としてフロント設置等の改修をして旅館もしくは簡易宿泊所の許可を得る必要がある等の規制の概要を特定して情報を提供することになります。

　もし、当該規制が簡単に（時間、コスト等）クリアできるものであれば、当該既存の規制に対応することが考えられます。公共政策法務のプロセスを始動し、「世の中」を動かすことは大変であり、このような公共政策過程に乗せるコスト等と、現行法を遵守するコスト等を比較して、企業は行動パターンを決定します。そして、このような判断をする上で、法律家の行う問題の切り分け作業（現行法上の規制の内容の特定作業）は非常に重要です。

（3）　修正案の提言

　このような問題の切り分けの結果、「現行法令（及び現在の所轄官庁の解釈）を前提とするとビジネスに重大な支障がある」と判断されると、法律家は、具体的にどういう修正をすべきか、修正案を提言します。たとえば、上記の例において、フロント設置要件だけが問題であれば、フロントの設置を広く求める通達を改正し、民家において簡易宿泊所営業を行う場合についてはフロント設置要件を撤廃ないしは緩和することで民泊が促進できるかもしれません。それに対し、それ以外にも問題があり、そもそも現行旅館業法の枠内で通達を変えるだけでは対応できない、ということであれば、旅館業法改正や新法制定が必要な可能性があります[62]。

（4）　私益と公益の関係

　このように提言された修正案を元にアドボカシーやロビイングを行うことが必要と識別された場合には、これに関与する者（法律家を含む）は、私益と公益の関係に十分に留意しなければなりません。

61）　平成28年改正前衛生等管理要領参照。同改正で国レベルでは簡易宿泊所のフロント設置は「望ましい」となりました。

62）　実際には、簡易宿泊所の許可要件緩和や、特区民泊と言われる方法で対応が可能だったのですが、一般の市民が自己の家を民泊のために解放することは現行法上ハードルが高かったというものと理解されます。

28　第1部　初学者のための法学

　たとえば、民泊仲介業者がなぜ民泊立法をしたいのかと言えば、確かに、自社のビジネスを日本で展開したい、というのは大きい理由の一つでしょう。しかし、それは一種の「私益」であって、これを前面に押し出してしまえば、なかなか他のステークホルダーの共感を得ることができず、政策過程を前に進めることは容易ではありません。あくまでも「公共政策」の実現を目指す以上、原則として、「私益」を前面には出せない、ということは留意が必要です。ロビイングにおいて重要なのは Power of Substance、提案の中身であると言われていますが[63]、その中身が（単に私益だけが実現する政策なのではなく）公益を実現できる政策であることがやはり重要です。

　たとえば、日本に多くの外国人観光客が来る中、ホテル不足が生じている、その中で、遊休不動産をうまく活用し、インバウンド需要に備え、日本経済を活性化するために、民泊を推進しよう、こういう形で、まず実現されるべき「公益」を設定する必要があります。このような公益をうまく設定することで、たとえば、旅館業法を所管している厚生労働省が民泊解禁に難色をしめしていても、「遊休不動産活用」等の別の公益を強調することで、国土交通省に興味を持ってもらう等、政策実現における選択肢を増加させることもできます。

（5）　キーパーソンの特定とアプローチ方法の選択

　ロビイングを行う場合には、ロビイングの対象となるキーパーソンが誰かを特定する必要があります。上記の公共政策実現過程において、様々なアクターないしはステークホルダーが出てきますが、その具体的な政策、ないしは公益の内容に応じて、誰が実際のキーパーソンになるのか、という問題です。このようなキーパーソンの特定作業は、これまでの経験や人脈を踏まえてリサーチをすることになりますが、たとえば自社にその能力がなければ、コンサルティング会社にアウトソースすることも考えられます。

　そして、そのキーパーソンの気持ちを思いやり、「相手」の気持ちになって考えることも重要でしょう。たとえば、皆様は政治家は忙しいからロビイストや弁護士の話を聞きたくないだろう、と思われるかもしれません。しかし、も

63）　藤井ほか、前掲「鼎談　弁護士とロビイング」58頁（藤井発言）。

しかすると、シェアリングエコノミーに興味を持ち、日本でもシェアリングエコノミー、たとえば民泊を広げていくべきだという考え方を持っているものの、民間側にどのようなニーズがあるかや、それを具体的にどう立法に落とし込むかがわからないといった悩みを抱えた政治家がいるかもしれません。そういう場合に、シェアリングエコノミーと法に詳しい法律家がいることを知れば、その政治家は積極的に関係する勉強会の講師等に招くかも知れません。もちろん、提案の中身は重要ですが、キーパーソンにとって、どういう形でどうアプローチされるとその提案を受け入れやすいか、そして、現時点においてそういう心持ちにいるキーパーソンは誰か（またはどのタイミングであれば、そのような心持ちになるのか）等を考えることが必要です。

（6）　反対派の考えを知り尽くす

　さらに、自分たちの実現したい政策に対し、どのような反対意見が出るかを考えることも重要です。

　公共政策においては、すべての人が納得し同意してくれる政策はほとんど存在せず、方向性そのものに反対されることもありますし、いわゆる「総論賛成各論反対」であったりと、実際には様々なものがありますが、「反対意見」が出ることは当たり前です。

　たとえば、法については、旅館業界からは、ホテルの顧客を奪い、競争の激化につながるのではないか等と反対意見が出ることが想定されます。また、地域住民からは、ゴミ捨てや騒音等に関するルールを守れない人が民泊を利用し、生活環境が悪化するのではないか等と反対意見が出るでしょう。このような反対意見を想定しながら、「どうしてそのような反対意見があるにもかかわらず当該政策を実現すべきか」を説得的に説明していくことが必要です。

　たとえば、民泊には180日以下という営業日数の制限があり、旅館業界と競争するというよりは、むしろ旅館業界の埋められないキャパシティを埋める役割（補完的役割）を果たすこと、地域住民にとっても、現在は民泊がグレーだからこそルールを守れない人も多いが、明確に民泊の要件を認める法が制定されることで、無秩序な違法民泊が一掃され、法令に従った適正な民泊により住環境の改善が見込まれること等、反対意見を十分に踏まえながら、説得的な提

案を行う必要があります[64]。

（7） 法律・政省令・条例・通達等

実務上、法律制定までは精力的に活動するのに、法律制定にこぎつけると、「目標はすでに達成された」とばかりに政策形成過程へのアプローチを弱めてしまうことも見られるのですが、これは大きな間違いです。いくら良い立法ができても、前述のとおり、政省令、条例、そして通達という形でその細則が作られ、それが実際の行政過程等の実務で適切に執行されるまで、本当に「良い」立法ができたと言うことはできません。

たとえば、法は、法律レベルでは相当程度民泊を促進する法律であったものの、法18条条例に重要部分を委ねていたため、一部の地方自治体で、たとえば「平日に宿泊させることを禁止する」といった厳しい条例が制定されたことが問題となりました[65]。そのような厳しい条例が一部自治体ではすでに制定され、一部自治体ではほぼ制定段階にあるタイミングで、厚労省・国交省がガイドライン[66]を出して警鐘をならしたものの、すでに厳しい条例が制定されてしまった自治体は相当数存在し、議論を呼んでいます[67]。

確かに、政策形成のためのリソースの投入という意味では、全国に関係する問題であれば国レベルにリソースを投入することが効率的です。しかし、その細則（条例、政省令、通達等）、そして末端の行政過程まで、その趣旨が貫徹さ

64） 以上は、あくまでも「ケーススタディ」として、もし民泊を推進するならばどのように説明をすることができるかを模式的に示しただけであり、決して筆者個人として、特定の政策について特定の見解を有していることを示すものではないことについてご理解下さい。

65） なお、厳しい条例を制定した地方自治体では、法制定前の違法な（少なくともグレーな）民泊による生活環境悪化等がすでに問題となっていたところが多いと言われます。

66） 住宅宿泊事業法施行要領（ガイドライン）（http://www.mlit.go.jp/common/001215784.pdf）。たとえば 2 − 4 ①「期間の設定において、月や曜日を特定して設定し、その結果、年間の大半が制限の対象となるような場合には、当該制限を行うことによって、当該区域の生活環境に悪影響がもたらされることが想定しがたい期間も含めて当該区域における営業が事実上できなくなるなど、合理的に必要と認められる限度を超えて過度な制限となっていないか等について特に十分な検証を行い、本法の目的や法第18条の規定に反することがないようにする必要がある。」参照。

67） 北村喜宣「民泊新法の施行と自治体の対応」自治実務セミナー 672号（2018年） 2 頁以下及び大島義則「自治体訴訟と政策法務：民泊条例の合憲性を題材として」自治実務セミナー 677号（2018年）12頁参照。なお、櫻井敬子「政策法務の展望」自治実務セミナー 677号（2018年） 5 頁も参照。

れなければ、最後の最後に骨抜きにされることすらありえる、ということは肝に銘じておくべきです。たとえば、法18条条例については、（少なくとも重要と思われる自治体における）公聴会への参加、パブリックコメントにおける意見の提出等の条例制定過程における様々な関与方法がありえたように思われます。いずれにせよ、政策「実現」に至るまで、終始一貫して関与を続けることが重要と思われます。

6　おわりに

　本節は、本書の読者の皆様の将来像の一つとして想定される、広い意味での（法曹に限られない）法律家が、政策実現過程においてどのような役割を果たすかを概観することで、前節の立法・行政・司法についての各過程が具体的にどのように動いていくのか、のダイナミズムを実感してもらうことを意図しています。もちろん、多様な人物が多様な過程を動かす中で法律家は、そのごくわずかな部分を担うに過ぎません。その意味では、あくまでも限られた窓からこのダイナミックな過程を覗いた姿を描写したに過ぎないことは十分にご留意下さい。また、ルールメイキングからディールメイキングへと変化しつつある最新状況まではフォローできておりません。

　最後に、公共政策案件に関与させて下さったクライアントの皆様に心より感謝したいと思います。また、慶應義塾大学ロースクールで2018年度に公共政策フォーラムプログラムを共担させていただいた橋本博之先生、櫻井敬子先生そして大島義則先生（橋本・大島先生とは2019年度も共担）にも心より感謝したいと思います。加えて、工藤郁子さんにも貴重なご意見をいただき、有難うございました。

32　第1部　初学者のための法学

■より深い学習のためのガイド■

　1について
① 坂本昌成『法の支配』（勁草書房、2006年）
② 宍戸常寿『憲法裁判権の動態』（弘文堂、2005年）
③ 柳瀬良幹『元首と機関』（有斐閣、1969年）
④ 大屋雄裕『自由か、さもなくば幸福か　21世紀の〈あり得べき社会〉を問う』（筑摩書房、2014年）
⑤ 川崎政司・大沢秀介編『現代統治構造の動態と展望　法形成をめぐる政治と法』（尚学社、2016年）
⑥ 阪口正二郎『立憲主義と民主主義』（日本評論社、2001年）
⑦ 辻村みよ子『憲法改正論の焦点　平和・人権・家族を考える』（法律文化社、2018年）

　2について
⑧ 中島誠『立法学　第3版』（法律文化社、2014年）
⑨ 別所直哉『ビジネスパーソンのための法律を変える教科書』（ディスカヴァー・トゥエンティワン、2017年）
⑩ 森田朗『会議の政治学　Ⅰ－Ⅲ』（慈学選書、2006，2015，2016年）
⑪ 橋本博之『現代行政法』（岩波書店、2017年）
⑫ 櫻井敬子・橋本博之『行政法　第5版』（弘文堂、2016年）
⑬ 岡本正『公務員弁護士のすべて』（新日本規則、2018年）
⑭ 大島義則ほか『消費者行政法』（勁草書房、2017年）

第2章
法と法学の発展

Keywords： 法の歴史／近代法／
社会契約論／法典論争／
自然法／法実証主義

1　法の歴史を学ぶ意義

　本章では「法」の歴史について学びます。もちろん、法の「はじまり」が何
だったのか、ということは簡単に答えられることではありません。社会に秩序
をもたらすものとしての「法」は現代でも様々な形で存在していますし、その
どれかと似た形のものはどんな古代社会にも見出すことができるでしょう。い
わば「社会あるところに法あり」と言うことができます。法の歴史を学ぶとい
うことは、そういった、時代や地域を超えて共通する「法」の要素にはどのよ
うなものがあるかを理解することでもあります。

（1）　東西の比較のために

　明治以降、西洋法を継受した日本法を理解するにあたっては、西洋法思想の
源流と言える古代ギリシャ・ローマ以降の法の歴史を学ぶことが重要です。本
章で扱うのもそういったオーソドックスな法の歴史ですが、それはもちろん、
西洋法以外の伝統を無視してよいということではありません。日本・東アジア
の法文化が西洋法との出会いによってどのように変わっていったのか、そして
グローバル化が進む現在、さらにどう変わりつつあるのかということを理解す
るためには、洋の東西の法の歴史を比較する視点が必要です。本章で扱う西洋
法の歴史は、そのための第一歩だと思って下さい。

（2）　作る法／積み重なる法

　法の歴史を学ぶ意義の一つに、「法」は現在の私たちが理解しているものと
は違った、多様な形があったということを理解することがあります。明治時代

34 第1部 初学者のための法学

にドイツ・フランスを中心とする「大陸法」を受け継いだ日本では、現在でも、国会が制定し、紙の上に文章で書かれた法律を「法」の典型と考える傾向が強いと言えます（そのような考え方を「制定法主義」と言います）。

　しかし、「紙に書かれた法」または「人が作った法」という法の捉え方はむしろ、歴史的にみた場合、近代以降に強くなったものという方が適切かもしれません。西洋法の歴史を眺めた場合、誰かがはっきりとした意思で「作る」というよりも、個別具体的な紛争解決を通じて「法」が少しずつ積み重なり、確立していくといった考え方が主流と言えます（そのような考え方を「判例法主義」と言います）。それは全国に一律に公布・適用されるものではなく、各地域の伝統や文化を色濃く反映した多種多様な法が存在している、という法秩序です。現在でも英米法では、法は裁判を通じて発展していくものであるという考え方が強いため、制定法を中心に考えていると思わぬすれ違いが生じることがあります。法の歴史から「法に多様な形があった」と学ぶことは、現在まさに存在する法文化の違いに敏感になることにもつながります。こうした意識は、グローバル化が進み、多元的な法のあり方がぶつかり合う「新しい中世[1]」などと呼ばれる状況で、どのようにして国境を超えた紛争解決やルール形成を行っていくかを考えるために重要なものと言えます。多様な法のあり方を歴史から学ぶことは、現代においてどのような「法」のあり方が対立しているのかを整理するための手がかりとなります。

（3）　法の合理性と非合理性

　とは言っても、特に近代以前の「法」は、現代の私たちの感覚からすると理解できないものが数多くあることも確かです。たとえばヨーロッパ中世から近代初期にかけて行われていた「魔女狩り」「魔女裁判」について聞いたことのある人は多いでしょう[2]。そこでは水責めによる拷問によって得られた自白など、現代の裁判の原則からすればおよそ認められないものが「証拠」として扱われていました。「魔女」と疑われた人（男性も含まれます）だけでなく、動物

1）　グローバル化の進展とともに、従来の主権国家体制（ウェストファリア体制）では対応しきれない領域横断的な問題が深刻になっている状況を表す用語です。また、そこで従来の国家法だけでなく、多元的な法秩序のあり方を積極的に認める立場を「法多元主義（legal pluralism）」と言います。

や石なども「被告」として裁かれていた記録があります[3)]。日本においてもたとえば、熱した鉄の棒を握って火傷するかどうかで事実認定を行う「神判」というものが長く行われていました[4)]。

　こういった例は、単に昔の人々が非科学的な信念を有していたとか、宗教的な「異端」を排除するために非合理的な集団心理に陥っていた、と片付けるだけではうまく理解できません（もちろん、そういった面がないわけではないでしょうが）。現代の私たちからみて非合理に思えてしまう「法」の営みにも、その当時の人々なりの「責任」の割り当てや、「法秩序」形成に向けた意識があったはずです。そこに一定の合理性を見出していくことも、過去の人々という「他者」を理解する上で大切なことです。

　これは現代の法解釈でも重要なことです。過去に制定された法を単に「古くなった」「時代に合わない」といった姿勢で切り捨てるのではなく、制定当時の法意識を想像し、そこにどのような「合理性」が想定されていたのか、その「合理性」は現代においてどれぐらい有効なものと言えるのか、といったことを丁寧に考えることにつながります。

2　古代ギリシャ・ローマの法思想

（1）　古代ギリシャの法思想

　ヨーロッパ文化の源流として、古代ギリシャの哲学が大きな位置を占めていることには疑いありません。すべてを根本的に疑う哲学的精神は、世界の捉え方の原型を作り上げ、その後2000年以上にわたる西洋文化の枠組みとなりました。それは「法」についても例外ではなく、現代までの法思想の基本的な立場が萌芽的な形ではあるものの、一通り表れていると言えます。都市国家（ポリス）の一つであるアテネでは紀元前5世紀、市民が公共的な事柄について直接

2）　「魔女狩り」当時のヨーロッパの文化的背景として、黒川正剛『魔女・怪物・天変地異』（筑摩選書、2018年）。他、多くの研究書がありますが、U. ファルク・M. ルミナティ・M. シュメーケル編著（小川浩三・福田誠治・松本尚子監訳）『ヨーロッパ史のなかの裁判事例』（ミネルヴァ書房、2014年）は、魔女裁判を含め、中世ヨーロッパの多くの興味深い裁判例を紹介しています。

3）　池上俊一『動物裁判』（講談社現代新書、2001年）。

4）　清水克行『日本神判史』（中公新書、2010年）。

36 第1部 初学者のための法学

に議論し、決定する民主制が花開きましたが[5)]、それ以降、国家や法のあり方
を考える実践的な哲学が隆盛することになります。

　まず、ソフィストと呼ばれる哲学者たちがおり、その思想はリアリズム的・
相対主義的な傾向で知られています。「人間は万物の尺度である」というプロ
タゴラス（前490頃〜前420頃）、正義とは強者の利益に他ならないという実力主
義を唱えるトラシュマコス（前430頃〜前400頃）やカリクレス（生没年不明）な
どが有名ですが、彼らの主張は「法」や「道徳」の普遍性を否定し、その相対
性を強調するものであり、現代で言えば法を（道徳的価値から切り離された）
「事実」として認識する「法実証主義」の原型を示すものです。

　それに対し、ソクラテス（前469頃〜前399）、プラトン（前427〜前347）、アリ
ストテレス（前384〜前322）はより積極的に、人間や社会にとっての普遍的な
価値を語り、それを法思想にもつなげていきました。ソクラテスは現代でも
「ソクラティック・メソッド」という言葉に残っているように、懐疑的精神に
よって徹底した対話を行い、自身の無知を知る「無知の知」という自己認識か
らはじまる哲学的精神を体現しました。ソクラテスの姿勢は当時の支配者たち
に危険とみなされ、最終的に死刑判決を受けることになります。弟子のクリト
ンはソクラテスに逃亡を勧めますが、ソクラテスは「悪法も法である」という
言葉とともに毒杯を仰ぎ、死を選びました。これはソフィスト的相対主義では
なく、法の遵守が幸福への道であるとか、国家との関係を親子関係に似た恩義
と捉えるなどの哲学的主張によるものです。このソクラテスの死は「法を守る
義務（遵法義務）」の存在について重要な問題提起をなすものであり、現代で
もマハトマ・ガンディー（1869〜1948）やキング牧師（1929〜1968）の「非暴
力・不服従」による抵抗、ベトナム戦争（1955〜1975）後半にアメリカでなさ
れた徴兵拒否による「市民的不服従」など、「不正な」法にどのように向き合
うべきかという問題は歴史上、形を変えて何度も表れています。

　ソクラテスの弟子であるプラトンは大著『国家』などにおいて、国家秩序に
おける各人の「徳」を強調し、国家統治は「善のイデア」を認識する哲学者が

5）　橋場弦『民主主義の源流：古代アテネの実験』（講談社学術文庫、2016年）。

担うべきであると主張しました。ここには当時の民主政が衆愚政治と化していたことへのプラトンの嫌悪感が表れています。「中庸」を旨とするアリストテレスはそこまで極端ではなく、「人間は政治的動物である」という認識のもと、人々は政治に参加する中で「完成」するという目的論的・完成主義的な主張を展開しました。両者の理想とする国家像・人間像は異なりますが、二人とも国家という共同体のメンバーに要求される「徳（virtue）」を普遍的なものとして主張したことは共通しています。さて、現代の国家や法に関わる市民には、そこに積極的に参加する徳が求められていると言えるでしょうか。あるいは、そのような徳の想定は特定の人間観の押しつけであって自由主義社会になじまないというべきでしょうか。

（2）　古代ローマの法思想

　古代ローマ帝国はヨーロッパ全域から北アフリカ、中東アジアに至るまでの広大な領域を支配しました。19世紀ドイツの法学者ルドルフ・フォン・イェーリング（1818 ~ 1892）は、その著書『ローマ法の精神』序文で「ローマは三度世界を征服した」と述べています。一度目は武力によって、二度目はキリスト教によって、三度目はローマ法によって、ということです。統治は武力という「ハード・パワー」による支配だけでは長続きせず、宗教や法といった「ソフト・パワー」によって人々の自発的・内面的な服従をも調達しなければならないということを端的に表す言葉です[6]。

　古代ローマの人々はギリシャと異なり、実用的な技術を生み出したことで知られています。現代でも残っている城壁や橋など、建築術はその代表でしょう。「法」についても、その後のヨーロッパ世界に受け継がれるローマ法の精緻な体系を作り上げました。

　ローマ法の特徴として、ローマ市民にのみ適用される市民法（ius civile）と、領域全体に適用される万民法（ius gentium）の区別があります。市民法の厳格な形式主義・属人法主義はローマ帝国の拡大とともに使いにくいものとなり、やがて「方式書訴訟」と呼ばれる紛争解決手続が一般的なものになっていきま

6）　この分け方について、参考、ジョセフ・ナイ（山岡洋一訳）『ソフト・パワー：21世紀国際政治を制する見えざる力』（日本経済新聞社、2004年）。

した。ローマ法では実体的な「権利」は想定されず、権利は訴訟資格としての「訴権（actio）」と不可分の形式的なものでしたが（したがってローマ法は手続法、つまり民事訴訟法的な性格が強くなります）、それゆえに異なる文化の人々にもアクセスしやすく、社会的要請に柔軟に対応できる面がありました。

　古代ローマの紛争解決手続で裁判官の役割を担う「法務官」は、信義誠実（bona fides）と衡平の原理によって柔軟な法創造を行いましたが、そこでは法学者による助言が重視されました。法学者は個々の紛争解決に助言するだけでなく、そこで示された法理を整理し、それによってローマ法は著しい精緻化を遂げました。ここにはローマ法の「学者法」としての性格があります。そのようにして万民法が発展したのは異民族との交易のためのルール（いわば国際商取引法）が必要とされたからであり、法がギリシャのポリスのような共同体で領域的に閉じたものでなく、一定の普遍妥当性を持ったものとして考えられるようになったことを示しています。このように、ローマ法は個別具体的な紛争解決の積み重ねという判例法的な面が強い一方、その適用には一定の普遍的な志向性があったと言えます。

3　中世から近代へ

　ローマ帝国の滅亡後、ヨーロッパ世界は多元的で分散的な法秩序の時代に入ります。そこではおおむね、①ゲルマン法など各地の慣習法、②キリスト教的自然法思想を背景とした教会法（カノン法）、③12世紀以降にボローニャ大学を中心に研究が再開されたローマ法、の三つがそれぞれに複雑に影響を与え合いながら、封建的・身分制的秩序が形成されていきました。

（1）　「近代」の啓蒙主義と自然法論

　「法」の歴史において「中世」と「近代」の違いをどこに見出すかは難問ですが、大きな特徴として次の二つが挙げられるでしょう。①宗教的権威からの国家の独立：16世紀の宗教改革以降、キリスト教世界はローマ・カトリックを頂点とする一元的秩序から、より分散的なものになり、代わって世俗の権威である国家の地位が上昇した。②領域横断的な商取引の活発化により、中間団体から解放された自由な「個人」が主体となった「市民社会」が形成されていっ

た。いわば、宗教的権威のもとにある有機体的な秩序から、「国家」と「個人」を確立することが、「近代」法思想の大きな課題であったと言えるでしょう。

こうした流れの中にある代表的な法学者・思想家には、「国際法の父」として知られるフーゴー・グロティウス（1583～1645）、以下で扱うトマス・ホッブズ（1588～1679）、神学的自然法論から区別される世俗的自然法論を説いたザムエル・プーフェンドルフ（1632～1694）、財産権の絶対性を説いたジョン・ロック（1632～1704）、三権分立と二院制議会を説いたシャルル・ド・モンテスキュー（1689～1755）、「一般意志」論による直接民主主義思想で知られるジャン＝ジャック・ルソー（1712～1755）などを挙げることができます[7]。やがて、1776年のアメリカ独立宣言及び諸州の憲法、1789年のフランス革命における人権宣言などにおいて具体化されることになります。

（2）　ホッブズ『リヴァイアサン』と社会契約論

ホッブズの主著『リヴァイアサン』（1651年）は、国家や法が存在しない「自然状態」からどのようにして人々が秩序を作り上げていくかを論じる「社会契約論」の代表的著作と言えます。ホッブズによれば、自然状態において人々は「万人の万人に対する闘争」「人は人に対して狼である」という悲惨な状態に置かれています。そこでは、どんな強者であっても常に寝首をかかれる危険にあることから、すべての人々にとって共通の秩序を打ち立てるインセンティヴが生じます。最低限の自己保存＝生存を確保したい人々は相互に契約し、共通の国家権力（ギリシャ神話の怪獣である「リヴァイアサン」）を打ち立て、自身の自然権を一斉に譲渡し、国家の統治に服することになる、という筋立てです。

自己保存という利己的で没道徳的な欲求によって成り立つ「社会契約」という考えには、（1）で述べた、①宗教的権威からの解放と、②法的主体としての「個人」の誕生という、「近代」の重要な特徴が表れていると言えます。ホッブズの社会契約論はしばしば、絶対主義的国家体制の正当化として理解され

7）　手に入りやすいものとして、ホッブズ（水田洋訳）『リヴァイアサン（全3巻）』（岩波文庫、1992年）、プーフェンドルフ（前田俊文訳）『自然法にもとづく人間と市民の義務』（京都大学出版会、2016年）、モンテスキュー（野田良之ほか訳）『法の精神（上中下）』（岩波文庫、1989年）、ロック（加藤節訳）『完訳 統治二論』（岩波文庫、2010年）、ルソー（桑原武夫・前川貞次郎訳）『社会契約論』（岩波文庫、1954年）など。

40　第1部　初学者のための法学

てきましたが、こうした特徴を踏まえればむしろ、自由で平等な個人の法的主
体性を強調したものと言えます。自己保存に反する命令を国家が行った場合
（典型的には徴兵制や死刑）、それはそもそもの契約の目的に反するものだから
法に従う義務が解除されるといった興味深い議論もなされています。

　社会契約論的な議論はその後、ロック、ルソーによって受け継がれていきま
す。現代の法・政治哲学でも、ジョン・ロールズ（1921～2002）の『正義論』
（原著1971年）がその現代的復活と言われるように、重要な方法であり続けてい
ます。ホッブズが自然状態において想定していた人間観は極めて悲観的なもの
でしたが、これは当時のイングランドの激烈な宗教戦争が背景にあると言えま
す。それが落ち着いた後の、ロックが想定した自然状態においては人々は殺し
合いまではせず、一定の秩序を形成しており、保障されるべき自然権の中心は
財産権に移っています。このように社会契約論（に限りませんが）は各思想家
の人間観によるところが大きく、またそれは当時の社会状況を反映しています。
現代の私たちが古典を読むときには、ただテキストだけを読むのではなく、ど
ういった社会状況においてどんな問題を解決しようとしてその本が書かれたの
か、という歴史的な想像力を発揮する必要があると言えるでしょう。

　また、ホッブズの法思想の重要な点として、「法」を国家君主の命令として
捉えたことが挙げられます。これも国家の命令を絶対化するものというより、
「法」が何であるかを事前に明確にすることによって個々人の予測可能性を保
障し、自由な活動を可能にするという積極的な面があります。当時のイングラ
ンドでは、判例法の集積としての「コモン・ロー」が法の中心であり、それは
ギルド的な団体としての法律家集団が専門知として囲い込んでいるものでした。
ホッブズの法＝命令という考え方はこのような状況から「法」をより透明なも
のとし、人々の自由を保障しようとするものです[8]。

　こうした反コモン・ロー的な考え方はおよそ2世紀後に活躍する、「最大多
数の最大幸福」のスローガンで知られる功利主義の哲学者ジェレミー・ベンサ
ム（1748～1832）に受け継がれ、「立法の哲学」として体系化されていくこと

8）　ホッブズ（田中浩ほか訳）『哲学者と法学徒との対話：イングランドのコモン・ローをめぐる』
　（岩波文庫、2002年）。

になります[9]。法の「担い手」が誰であるか、そこでの法のあり方がどのようなものであるか（制定法、判例法、自然法……）といったことと、実体的な自由や権利の保障がどのような関係にあるか、ということは現代でも常に問い直されるべき問題と言えます。

4　法と社会：19世紀ドイツの論争から

（1）　法典論争

　1804年に制定されたフランス民法典（Code civil、ナポレオン法典とも）は、当時のフランス全土の多様な慣習法を統一し、近代的な私法の模範となります（日本の民法にも大きな影響を与えています）。フランス全土で参照される一般的な法典が作られたことは、商取引のコストを大幅に削減し、後の経済発展の大きな基礎となりました。

　他方、隣国のドイツは当時、多数の領邦国家（ラント）に分列しており、国民的統合とその基礎としての統一的な法秩序形成の必要が議論されることになります。1814年にアントン・フリードリヒ・ユストゥス・ティボー（1772～1840）がドイツ一般民法典の制定を急ぐべきであるという論文を発表し、それに対し、フリードリヒ・カール・フォン・サヴィニー（1779～1861）が時期尚早であると批判を加えたことによって「**法典論争**」が起こりました。当時のフランスと比較した場合、多様すぎる慣習法の状況があり、また経済発展も遅れていたドイツにおいてティボーの主張が多くの支持を集めることはなく、サヴィニーらの漸進的な立場が力を得ることになります。

　サヴィニーらの立場は「**歴史法学**」と呼ばれ、やがて作られるべき法典はドイツ民族の精神、共同の確信をもとにしたものでなければならず、その素材は民族の歴史に求められると主張されました。しかし、そこで探求の対象とされたものは一様でなく、サヴィニーは法学者によって継受・発展させられてきたローマ法がそれにあたると考えました（この立場を「ロマニステン」と言います）。

9）　ベンサム本人の著作で入手しやすい翻訳書は少ないものの、土屋惠一郎『怪物ベンサム 快楽主義者の予言した社会』（講談社学術文庫、2012年）、フィリップ・スコフィールド（川名雄一郎・小畑俊太郎訳）『ベンサム：功利主義入門』（慶應義塾大学出版会、2013年）などが参考になります。

それに対し、ドイツ民族の精神は各地で慣習法的に発展してきたゲルマン法に表れるという立場があり（こちらを「ゲルマニステン」と言います）、たとえばドイツ各地の童話に民族の精神を見出そうとしたヤーコプ・グリム（1785 ～ 1863）などが知られています。両者の論争は様々に形を変えてなされ、結果的にドイツ民法典（BGB）の成立は遅れに遅れ、1900年のことになりました。

（2）「概念法学」とその批判

サヴィニーらロマニステンの主張はやがて、実定法の教義学（ドグマーティク）的な傾向を強めることになり、歴史性を失った、完結した概念体系として法を捉える極端な見方につながりました。「概念の計算」によってあらゆる法的問題に自動的に答えが出されるかのような捉え方には後の世代の法学者による誇張もありますが（学説史には世代間闘争的な側面も見逃せません）[10]、ここには「法」がいかなる形で社会的現実と関わるべきか、という重大な問題があります。

こうした「社会の中の法」のあり方を重視した法学者・法思想家には、「立法者が三つの文言を訂正するだけですべての法学書が反故になる」という「爆弾演説」で知られるキルヒマン（1802 ～ 1884）、権利が現実の闘争の中で勝ち取られるものであることを強調したイェーリング（1818 ～ 1892）、裁判官の自由な法創造に着目する「自由法運動」のカントロヴィッツ（1877 ～ 1940）、そこでの判断の基準として「利益」を挙げたヘック（1858 ～ 1943）、社会の中の「生ける法」の探求を旨とする法社会学の創始者エールリッヒ（1862 ～ 1922）などが挙げられます。彼らの主張は、客観的な営みであるようにみせかけられている「法」の背後に生々しい価値や利益の対立があることを暴露した点でリアリズム的であり、現代の「法」を批判する重要な視点を提供し続けていることは確かでしょう。この流れは20世紀のアメリカ法学にも大きな影響を与え、プラグマティズム法学やアメリカン・リーガルリアリズムといった流れにつながっていくことになります。

一方、「概念法学」として批判された法思想は後に、事実としての制定法の

---

10) ルドルフ・フォン・イェーリング（眞田芳憲・矢澤久純訳）『法学における冗談と真面目：法学書を読む人へのクリスマスプレゼント』（中央大学出版部、2009年）。

みを「法」とみなす「法実証主義」へとつながっていきます。こうした見方は「新カント派」的な「事実と価値の分離」を基礎としていますが、学問としての法学を守るべく価値中立性を強調するあまり社会との接点を失い、結果的にナチス法の台頭を許したといった批判がなされることもありました。むろん、こうした見方は単純にすぎ、たとえば法実証主義の代表的論客であるハンス・ケルゼン（1881〜1973）は法を「科学的に」認識することがそのイデオロギー批判を可能にすると論じています[11]。このように法「学」と社会の向き合い方は常に問い直されるべきものであり、たとえば日本でも1980年代に、憲法学におけるいわゆる「批判的峻別論」論争として激しい議論が展開されました[12]。

5　まとめ

　本章ではヨーロッパの歴史上に現れたいくつかの「法」のあり方を概観しました。「法」の名のもとになされる営みは驚くほどに多様です。現実の問題をみる際にも、そこにいかなる種類の法的な思想や登場人物が現れているかを分析することは、問題を解きほぐす上できっと有益なことでしょう。そして、それらをどのように組み合わせることがそこで問題になっている権利や利益を実現するために最も有効か、という視点を持ってほしいと思います。「法」の歴史はそのための素材にあふれています。

■より深い学習のためのガイド■
- ①　森村進編『法思想の水脈』（法律文化社、2016年）
- ②　大野達司・森元拓・吉永圭『近代法思想史入門：日本と西洋の交わりから読む』（法律文化社、2016年）

----

11)　ハンス・ケルゼン『純粋法学　第二版』（岩波書店、2014年）。

12)　樋口陽一『近代憲法学にとっての論理と価値』（日本評論社、1994年）。

第3章
社会規範と法

Keywords：社会生活／社会規範／
規範としての法／法規範／
法と道徳／社会通念

1　法とは何か──社会生活と社会規範

　ここで、改めて「法とは何か」ということを社会規範という側面から考えて
みましょう。1952（昭和27）年に刊行された末廣厳太郎博士による『法学入門』
（この本は、現代からみれば、やや古い文体で書かれているようにみえますが、対話
形式で法学の本質を考える形式となっており、入門者が深く考えるきっかけをつか
むのに、とても良い本で、お薦めします）の第三話「社会の法律と国家の法律」
の対話の一節に、次頁のような対話があります。

　この対話は、いったいどういうことを意味しているのでしょうか。そもそも、
道徳や社会規範や法といったものは、厳密に分けることができるものなのでし
ょうか。どうやって切り分けたらよいのでしょうか。そもそも、社会規範とは
何なのでしょうか。

　ここにおいて、もう一度、私たちの生活を振り返ってみます。日本に暮らし
ていて、平日に会社に通勤する人、もしくは学校に通う人は、多くの場合、公
共交通機関を使います。その際の運賃の支払い（定期券という形式をとってい
たとしても）に関係する運送契約、途中で喉が渇いた場合に自動販売機から、水
やお茶、ジュース類などを購入する際の売買契約などを考えてみるだけでも、
細かな私たちの生活一つひとつに法律が関係し、契約などの法的関係が生じて
います。

　このような法的関係だけではなく、私たちの生活は、様々な人々や物等との
関わりあいから成り立っています。古代ギリシャ時代において、アリストテレ

第3章 社会規範と法　45

……しかし、考え方によっては君のいわゆる社会の法律例えば婚姻に関する社会法は
——実を言うと——法律ではなくして道徳、つまり婚姻道徳とでもいうべきもののよう
に思われる……。
——そんなことはない。なるほど婚姻についても道徳規範は存在する。しかし道徳は畢
竟人の良心に訴える規範であって、外部からの強要を予定する規範ではない。姦通して
はならないということは一面道徳規範でもあるが同時にまた社会の規範でもある。姦通
なる行為が道徳上非難せらるるのみならず、與論（よろん）その他の形式をとって現わ
れる社会的統制力によって否定せられ、その力によって外部から制裁せらるることは明
らかにその証拠だ。世の中の人はとにかく漠然と婚姻道徳とか政治道徳とか、いやしく
も国家の法律でないところのいっさいの規範に向かって道徳なる名称を付けたがる。そ
うして厳密なる意味における道徳のほか社会の法律の存在することを意識しない。
——つまり道徳的規範の意味をハッキリせずに、道徳という言葉を広く濫用しすぎるの
だね。
——そうだ。ところが一面無理もないと思うのは、国家と地的範囲を同じうする社会の
場合には、その地域に行われる国家的統制力があまりにハッキリと力強く行われ過ぎて
いるために、その同じ地域内に社会そのものに固有する別の統制力の行われていること
がハッキリ意識にのぼってこない。その結果国家的統制力によって指示される国家法の
ほかに社会的統制力によって支持される社会法の存在するゆえんを忘れがちになる。そ
うしてその社会法に相当する規範までをもすべて道徳と名づけてしまうわけだ。……

(末廣厳太郎『法学入門』(日本評論社、1952年) 86－87頁)

スが「人間は社会的動物（zoon politikon：ポリス的な動物）である」と言った
ように、人は、生存していくために、社会を形成し、集団の中で生活していま
す。このように言うと、では、無人島で一人で生活する人もいるのではないで
すか、といった反論も出てくると思うのですが、ここにおいては、人類全体が、
一般的に選択してきた形態としては、やはり、集団として社会を形成して、生
活をその中で協力して成り立たせてきたということを指摘したいと思います。
たとえば、実際に無人島で一人で生活しなければならなくなる人もいるかもし
れません。しかし、その人が、これまでの人間が試行錯誤し、積み重ねて獲得
してきた知識や、様々な社会の中で形成し、もしくは深めてきた様々な考え方
（思考）などに影響されて無人島で生き抜いていこうとする場合、——そして
実際に、たとえば何らかの道具や、哲学的な考え方などが生き抜くことに影響

46 第1部 初学者のための法学

するのであれば、やはり、それは人間が社会的な生活の中で蓄えてきた様々な知恵のうえに成り立っているのだと思います。もっとも、これからもう少し説明する、「社会的規範」については、社会が形成される中での規範ですから、一人で無人島で暮らす上での規範とはならないかもしれません。

　私たちが無人島等に一人で暮らすのではなく、社会の中で暮らしていく場合、様々な人が様々な考え方を持ち、いろいろな衝突が自然と起こります。

　たとえば、やや、ぶっそうな例を出しますと、自らの身の安全は自らが守る権利があると強く考える人は、武器を携帯する「権利」があると考えるのではないでしょうか[1]。しかし、武器を携帯するということを一般的に社会が許す場合——しかも、高度な殺傷能力のある武器——たとえば銃など——を携帯しても良いとするのであれば、その高度に殺傷能力のある銃を、身の安全を守るためだけではなく、他者の攻撃のために持ち歩く人も出てくる可能性があります。そのような場合、何か争い事が起こったときなどに、銃のような武器等の持ち歩きの規制がされている社会とそうではない社会においては、人が死ぬ確率が異なります。

　しかし、そういった、人の生き死にに関わるような、究極的な問題に対しても、やはり、「いや、武器を持ち歩いて自衛する権利を侵害されたくない」「武器は規制してほしい」といった対立は起こります。

　このように、武器を持ち歩く自由といった問題だけではなく、人を傷つけて

1）　日本において、武器を持ち歩くことは刑法（特別刑法）上の罪とされていますが（銃刀法：銃砲刀剣類所持等取締法（昭和33年3月10日法律第6号））、状況は国によって様々です。アメリカにおいては、銃で身を守る権利が憲法上認められていることが社会問題となっています。See, the Second Amendment of the United States Constitution, 'A well regulated Militia, being necessary to the security of a free State, the right of the people to keep and bear Arms, shall not be infringed'. ほかに、メキシコやグアテマラでも、銃を保持する権利が憲法上保障されています。See, Tom Ginsburg, Zachary Elkins, James Melton, (2016), *Data Visualizations – Right to Bear Arms*, CCP: Comparative Constitutions Project. また、参考、亀井源太郎「米国銃事情管見」信州大学経法論集 第1号（2017年）。アメリカの銃規制を巡る、銃規制の導入に反対する政治勢力と、少数ながら何とか銃規制を米国社会に取り入れようと奮闘するロビイストの取組みを描いた映画 Miss Sloane（邦題：女神の見えざる手、2016年、Jessica Chastain 主演）は、米国における銃規制問題の根深さと、銃規制の難しさを描き出しており、一見の価値があります。また、ドイツにおける動向については、岡田健一郎「ドイツの銃規制（武器法）に関する基本権保護義務と憲法異議、そして『国家の暴力独占』」高知論叢（社会科学）109号（2014年）57頁も参考になります。

第3章　社会規範と法　47

も良い、差別しても良いと考えて、差別的な表現の自由が認められるべきであると考える人もいますし、そうではない、として強く規制すべきだと考える人もいます（ヘイトスピーチ規制の問題として日本やその他フランスなどにおいても実際に問題になっています）[2]。

　多くの人が集まって生活する社会においては、それぞれの人たちの利害や目的がそれぞれぶつかり合い、その中から矛盾や対立が生まれることが多くなります。そこで、世の中において、混乱や、混乱から派生する様々な衝突が派生することをできるだけ少なくし、人と人とのそれぞれの考え方や価値観の違いからくる摩擦によって消耗する人が少なくなるような社会にすることが、社会が発展し、また平和に維持されるためにも必要なものだと考えられます。

　そこで、人が守るべき行動の規範や共通の規範といったものとして、社会規範が必要になります。社会が混沌とした状況になることを避け、人々が暮らす場として安定して存在するためには、規範——何がしかのルール——が必要になってきます。古くからある法諺に、「社会あるところ法あり（ラテン語では、Ubi societas, ibi jus)」というものがあります。社会において一定の秩序を保つうえでは、社会における規範とも言える法が必要となってきます。

2　社会規範が包含する様々な規範

　社会規範とは、それでは、いったいぜんたい、具体的に、どのようなものでしょうか。

　ブリタニカ国際大百科事典によれば、社会規範（social norm）とは、「社会や集団のなかで、ある事項に関して成員たちに期待されている意見、態度、行動の型のこと。その社会に広がる価値体系が成員に内在化されたもので、成員の遵守行為によって顕在化する。広義の社会規範のなかには監修、伝統、流行、モーレス、法などが含まれるが、それぞれはその存続を保障し、正統性を根拠づける性質の違いによって区別される。正統性の保障が単に人々によって繰り

2）　ヘイトスピーチの問題は、法規制をするべきか、どのようにするべきか、という観点から、表現の自由との関係も含めて非常に複雑な問題を惹起しています。参照、曽我部真裕「人権訴訟における民事訴訟の意義——ヘイト・スピーチ裁判を例として」自由と正義67巻6号（2016年）13-19頁。

返し行われ、また昔から行われてきたということ、あるいは行為そのものの「新しさ」にのみあるようなものと、法のように外的強制を伴うものとがある。いずれにしろ社会規範は、これより逸脱した言動を示す成員に対しては、勧告、罰などを用いて従わせるように圧力を加えるものである。」と説明されています。

また、「社会」「規範」をそれぞれ、辞書で引いてみますと、このように説明されています（デジタル大辞泉（小学館））（「社会規範」は広辞苑にも、大辞泉にも掲載されていませんでした）。

「社会：①人間の共同生活の総称。また、広く、人間の集団としての営みや組織的な営みをいう。②人々が生活している、現実の世の中。世間。③ある共通項によってくくられ、他から区別される人々の集まり。また、仲間意識をもって、みずからを他と区別する人々の集まり。④共同で生活する同種の動物の集まりを①になぞらえていう語。」

「規範：①行動や判断の基準となる規範。手本。②（Norm）哲学で、判断・評価・行為などの基準となるべき原則。」

ただ、単純に社会と規範の単語の意味を合わせたものが社会規範と言えるわけではありません。しかし、社会規範は様々な意味合いを内包しており、法も、社会規範の一つであるということができます。そして、社会規範が意味するところの規範の中には、上述のように、「法」もあるわけですが、宗教や道徳、慣習やしきたりといったものもあります。

具体的に、慣習（やしきたり）的規範の例をみてみましょう。さしあたり、日本における日常生活の細かな一つひとつをみていきますと、日本の中の特有の慣習のようなものは随所に散見されます。郵便で何かを送るときに、そして誰かがすでに封筒を用意してくれていて、その封筒を使って誰かに何かを送り返すときに、「行」と書いてある文字を「様」に書き換える作業は、多くの人が経験したことがあるのではないかと思います（なかには、主義として「行」を書き換えない人もいるのかもしれませんが、この本においては、慣習としてそのような書き換えを行うことが相手に対する丁寧さを表しているものとして受け入れられていることを前提としています）。また、日本に限ったことではないかもしれ

ませんが、日本において、お葬式に、カラフルな極彩色の服を着ていく人は少ないでしょう。一般的に、黒色や白色の喪服を着る人が多いと思います（喪服以外の服装で現れた場合、やや常識がない、というように判断されてしまうでしょう）[3]。

これらは慣習的な規範でもあり、習俗的な規範でもあります。このような規範は、礼儀等として、社会生活を円滑なものとするものです。

そのほか、宗教的な規範や、道徳的な規範などもあります。

宗教的な規範については、社会のあり方の違いによって、宗教的規範が大きな役割を果たしている社会と、そうではない社会があります。日本においては、信教の自由が憲法上保障され（憲法20条）、様々な宗教が混在していますが、一定の宗教的規範をそのまま社会規範として、法として機能させている社会も存在しています。

また、道徳的規範については、たとえば、人のものを盗んではならないことや、他人を殺してはならない、といったものが考えられます。特に道徳的規範については、法と道徳の関係をどのように考えるのか、難しい問題があるとして、これまでにも多くの論者によって議論されてきています。

3 社会規範の問題と法規範の特性

私たちは、社会規範の多くを子供の頃から学んでいます。人の物を盗んではならないこと、人を殺してはならない、といったことを。しかし、規範としてそれらの問題を認識していたとしても、人を本当に殺してしまった人に対して、どのようにその問題（罪）を償わせるべきなのでしょうか。

ここに、社会規範の中でも**法規範**とそれ以外の規範との間の大きな違いがあります。社会規範は、それが破られた場合に強制力を持って何かを行うということができません。もっとも、法律上の強制力ではなくとも、事実上の強制力類似のものが存在している場合はあります。

3）　日本の喪服は江戸時代まで、白色が長く一般的に用いられていましたが、明治期以降、黒色の喪服が一般的に用いられることも多くなっています。増田美子編『日本衣服史』（吉川弘文館、2010年）など参照。

50　第 1 部　初学者のための法学

　たとえば、宗教上の規範が戒律として明確にされているものであれば、最終的な制裁として、「破門」ということが考えられます。このような宗教上の「破門」は、宗教上のもので、法律上破門をなしにできるとかそういったことを争える類のものではありませんが（法律上の争訟性の問題となり、この場合、破門について裁判で争うことはできない、と判断されます）、当該宗教を信じている者、帰依している者にとっては、非常に大きな打撃となることでしょう[4]。

　しかし、法規範以外の社会規範によって、法律違反のことを行うことは許されません。何か違反行為や道徳的に問題のある行為を目撃した場合、その行為を具体的に自分がみていたからと言って、「○○さんがこのような（ひどい）行為をしていました」といったようなことを、個人を特定できる形で Twitter や Facebook といった SNS 上にアップする行為は、たとえば、日本においては、名誉棄損罪を構成する可能性があります。たとえ、その行為が法律上違反となるような行為（たとえば、アルバイト中にそのアルバイトをしているお店の冷蔵庫の中に入る行為や、電車等に落書きする行為など）であっても、それらの事実について、「この人がやったのだ」と公に言いふらす行為は、その人の社会的評価を低下させることとなりますので、一般的に、名誉棄損罪に該当する可能性があるのです[5]。

4）　板まんだら事件（最判昭56・4・7民集35巻3号443頁）は、創価学会の元信者らが、ご本尊である板曼荼羅に支払った費用の返還を求めた訴訟ですが、「裁判所がその固有の権限に基づいて審判することのできる対象は、裁判所法3条にいう「法律上の争訟」、すなわち当事者間の具体的な権利義務ないし法律関係の存否に関する紛争であつて、かつ、それが法令の適用により終局的に解決することができるものに限られる（最高裁昭和39年（行ツ）第61号同41年2月8日第3小法廷判決・民集20巻2号196頁参照）。したがつて、具体的な権利義務ないし法律関係に関する紛争であつても、法令の適用により解決するのに適しないものは裁判所の審判の対象となりえない、というべきである。……本件訴訟は、具体的な権利義務ないし法律関係に関する紛争の形式をとつており、その結果信仰の対象の価値又は宗教上の教義に関する判断は請求の当否を決するについての前提問題であるにとどまるものとされてはいるが、本件訴訟の帰すうを左右する必要不可欠のものと認められ、また、記録にあらわれた本件訴訟の経過に徴すると、本件訴訟の争点及び当事者の主張立証も右の判断に関するものがその核心となつていると認められることからすれば、結局本件訴訟は、その実質において法令の適用による終局的な解決の不可能なものであつて、裁判所法3条にいう法律上の争訟にあたらないものといわなければならない。」として、宗教上の教義等に関する判断は裁判所で争うことのできる「法律上の争訟」にはあたらない、と判断しています。

5）　インターネット上の名誉棄損の成立については、松尾剛行『最新判例にみる　インターネット上の名誉棄損の理論と実務』（勁草書房、2016年）が参考になります。

第3章 社会規範と法　51

　名誉棄損罪は、刑法上の罪で、「公然と事実を摘示し、人の名誉を毀損した者は、その事実の有無にかかわらず、3年以下の懲役若しくは禁錮又は50万円以下の罰金に処する」と刑法230条に規定されています。細かな刑法上の解釈論は省きますが、慣習的な規範や道徳的な規範など、社会規範に違反している行為だからといって、勝手に制裁を科す行為を行うことは違法になるのです。

　法規範における最も本質的な特性は、その規範が国家権力によって（その人にとっては）外部から強制されるという点にあります。法規範は国家権力によって強制される、すなわち、私たちを含む一般の私人によって強制される（できる）ものではないのです。

　また、社会規範としての法が機能しなくなることはしばしばあることにも気を付けなければなりません。たとえば、アメリカにおける禁酒法がその良い例ということができます[6]。法を作るときに、人々が守ることのできる規範の程度を見誤ると、実質的に法として効力を発揮しないということが言えます。

4　法と道徳

　ここで、もう一度、末廣厳太郎博士の書かれた『法学入門』の一節に戻ることにしましょう。末廣博士の書かれた文章（本章で引用した部分）を吟味しますと、道徳と勘違いされる社会規範が多いけれども、道徳とはまた別の次元で多くの規範が存在するということになります。

　もっとも、道徳と勘違いされる規範があるとしても、道徳と規範――特に法規範が、重なることは多くあります。これまでにも出てきましたが、人の物を盗んではならない、という道徳的な規範は、日本はもちろん、各国で「窃盗罪」として刑法上の罪とされています。また、人を殺してはならない、という道徳的な規範も、「殺人罪」として刑法上の罪とされています。このように、

6）　アメリカにおいては1919年に憲法が改正され（合衆国憲法修正18条）、1920年から1933年まで、禁酒法が合衆国憲法修正18条下において施行され、消費のためのアルコールの製造、販売、輸入と輸出が全面的に禁止されました。しかし、実際には、まったく機能しませんでした。むしろ、法の目的に反して、かえって密醸造酒の製造や密輸、密販売やそれらに伴うギャングなどの犯罪が増加するなど、社会における不安が増大し、弊害が目立つようになりました。その結果、結局、禁酒法は、1933年に合衆国憲法修正21条で廃止されました。

52　第1部　初学者のための法学

重要な法律上の規範が、道徳的な内容を含んでいる事例は多く存在しています。

　法とは何か、という問いへの答えを明確にすることが難しいのと同様、道徳とは何か、という問いに答えることも難しいことが多くあります。ここで、また辞書を引いてみますと（デジタル大辞泉（小学館））、道徳とは、「人々が、善悪をわきまえて正しい行為をなすために、守り従わねばならない規範の総体。外面的・物理的強制を伴う法律と異なり、自発的に正しい行為へと促す内面的原理として働く。」との説明がなされています。

　どうやら、法と道徳との違いの一つは、先ほどからも出てきている通り、外面的・物理的強制の有無にある、と言えそうです。また、法律には、道徳的な問題ばかりが規定されているわけではありません。皆さんの中には、運転免許証を取得されている人もいるでしょう。運転する際に、道路の通行にあたって、この道路は最高速度60キロである、この道路は40キロである、というように決められていることがあります。また、右折禁止であったり、Uターン禁止であったりするような交通規則が道路上のここかしこに存在しています。これらの規則は、道路交通法や各種交通法規が関係する、れっきとした「法規範」ではありますが、道徳的な規範とは……言えませんね。

　道路交通規則に関して言えば、日本においては車が基本的に道路の左側を走ることになっていますが、右側通行の国も多いのです（むしろ、右側通行が原則の国の方が多いと言ってよいでしょう）[7]。交通規則は、交通渋滞の緩和や交通事故の発生の防止、交通一般の混乱を避けるために、特に道徳的規範とは関係なく定められるものです。そのほか、憲法に根拠を有し、消費税や所得税について定めている消費税法や所得税法などの税法によって定められる「納税義務」も、一般的な道徳規範とは関係なく決められている規範ということができます[8]。

　道徳に関して「自発的に正しい行為へと促す内面的原理」と説明されていたように（前述の辞書の定義）、法と道徳の違いは、法は人の行為類型の中でも、実際に行われた行為、外面的な部分を取り締まるものであり、道徳は、外面的

7）　主要な国では、たとえば、イギリスは左側通行、アメリカは右側通行を採用しています。

8）　憲法30条は、「国民は、法律の定めるところにより、納税の義務を負ふ。」と規定しています。

第3章 社会規範と法 53

な行為の部分はもちろん、内面も含めて規範として機能しているものだというようにも言えるかもしれません。

　ある人が、ほかの人が持っている物（最新型のパソコン、iPhone などの電子機器や、高そうな万年筆、鞄、時計など）を欲しいと思い、もしくは「お金になりそうだ」と思うなどして、それ（それら）を盗もうと思ったとします。道徳的な規範からすれば、そもそも、ほかの人が持っているものを「盗もう」と思うこと自体が非難の対象となります。しかし、法律上は、そのある人が、ほかの人が持っている物を「盗もう」と思った（思う）こと自体は罰せられません[9]。たとえば、盗もう、と思って実際にその人の持ち物に手をかけるなど、（これはまた日本の刑法学においては窃盗の「実行の着手」はいつかという観点から様々な学説があるのですが）実際に窃盗という行為に着手してはじめて法が作用することになります[10]。

　また、法は道徳を包含しているものでもありません。道徳のすべては法には包摂しきれないものです。「汝の敵を愛せよ」といった道徳的な価値観は、仮に、たとえそういった価値観が当該法律が効力を有する社会全体に浸透していたとしても、法律には書ききれず、また、書いたとしても、何らかの他の個人の権利と衝突することも考えられます[11]。法は、道徳の中でも一部を取り入れて法規範としているものと考えることもできるのです。

5　規範としての法──国と法と私たちの関係

　社会規範を構成する規範の中でも、法規範は、外部による強制力がある点で道徳規範やその他慣習的規範と異なる、ということを述べてきました。

　法は、たしかに最も強い強制力を有した社会規範である、と言うことができ

9）　憲法19条は、「思想及び良心の自由は、これを侵してはならない。」と定めています。人の内心において、たとえ誰に危害を加えようとも、心の中で何を思うのかということは自由です。

10）　刑法43条は、未遂罪の減免規定として、「犯罪の実行に着手してこれを遂げなかった者は、その刑を減軽することができる。ただし、自己の意思により犯罪を中止したときは、その刑を減軽し、又は免除する。」と定めています。

11）　「汝の敵を愛せよ」は、イエス・キリストが言ったとされる言葉の一つです（マタイによる福音書第五章・ルカによる福音書第六章）。参照、新旧共同訳『聖書』（日本聖書協会、1987年）。

54 第1部 初学者のための法学

ます。そして、そのことは、国という強制力を担保することのできる枠組み（権威）によって法の実現が保証されている、と言い換えることもできます。

たとえば、先ほどから、道徳的な規範とは異なる法特有の規範の例として出てきている、道路交通法を取り上げてみましょう。

道路交通法規違反行為を行った場合、たとえばスピード違反等ですと、多くの場合、反則金を納付する形がとられます[12]（第10章①も参照）。また、人身事故などを起こした場合には、刑罰のダイバージョンとも言われる、このような反則金の納付（行政罰）によって刑事罰を免れる制度ではなく、刑事責任を問われることもあるでしょう。道徳的な問題とはまったく異なる（もっとも、人身事故等を起こした場合はまた道徳的な問題が発生するものと考えられます。たとえば、飲酒運転の問題などが典型例でしょう）、道路交通法違反を犯した場合に、人が反則金（行政罰）や罰金（刑事罰）等を支払う背景には、国がその行為について取り締まりを行っている、法律を制定している、ということがあります。

このように、法の存立を基礎づけ、決定づけるものとして、規範を挙げることができる、と言うことができます[13]。

以上のように、法が強制される具体的な場面を思い浮かべますと、法というものは、実際に裁判にならなくとも規制の根拠として働いている場合も多くあることがわかります。また、たとえば、上記のように道徳的な問題も包含すると考えられる人身事故のような場合を考えてみますと、人身事故を起こした側と被害者の側（もしくは正面衝突等であれば両方とも被害者であり加害者ということも考えられます）などによって意見が食い違い、また、その一方当事者の中で重篤な障害を負った者や死者が出ているような場合、道路交通法規違反といった違法行為にとどまらず、各種特別刑法等に違反する行為などが追加されることが考えられ、裁判になることが考えられます。もちろん、交通法規違反等の

---

12) 反則金は、行政罰であって、反則金を納付すれば、当該道路交通法違反については公訴を提起（少年の場合は家庭裁判所の審判）されないという制度です。具体的には、刑法上の罰とは異なり、反則者が、反則行為（比較的軽微な道路交通法違反行為）をした場合、刑事手続に先行して行政手続として処理する制度です（この場合、無免許運転者、酒気帯び運転者及び反則行為によって交通事故を起こした者等は除かれます）。

13) P.G. ヴィノグラドフ（末延三次・伊藤正己訳）『法における常識』（岩波書店、1951年）11-17頁。

第3章 社会規範と法 55

場合だけに限られませんが、このように、裁判になることもあることを考えますと、法規範は、裁判規範として働いている場合も多くあることがわかります。

ここで注意が必要なのは、まず、裁判所の立ち位置（国の中の立ち位置）と、それから、裁判所を規律するものは、やはり法律であるということです。法規の適用によって解決されうる様々な事象を裁く場所である裁判所は、国際裁判所を除き、各国政府によって設置されており（刑務所の民営化は一部の国（たとえば、イギリス、また日本においても刑務所の業務の民間委託はなされています）において現実になされていますが、裁判所の民営化がすでに行われたとか、行おうとする議論が活発になされていることはありません）、もちろん日本においても裁判所は国の重要な司法権を執行する機関です。この裁判所によって裁判規範でもある法規範の具体的事例における適用がなされ、法規範を基礎に、具体的事案に照らして、様々な状況を考慮しながら、様々な判断が下されるのです。具体的な事件の解決の結果である裁判例は、また、一般的な規範を生み出すこともあり、裁判例によって生み出される、具体的な事案に適用される規範は判例法として、また法律の適用を具体的に考えるにあたって重要な役割を果たすものとなっていきます。

どのように裁判官が法の適用を行うかについては、裁判官の独立の判断が憲法上保障されています[14]。しかし、裁判手続や、裁判の起こし方、民事裁判や刑事裁判それぞれの細かな手続については、大変細かく、法律に規定されており、全国一律に、裁判が同じような手続で行われることが、法律上、保障されています。

公正な判断を各地の裁判所で行うためには、裁判を起こすための手続がそれぞれ法定され、統一されている必要があります。このように、法律によって、裁判手続それ自体も規律されているのです[15]。

また、法は、国に対する規範としての側面もあります。権力の存するところ、

---

14) 憲法76条3項は、「すべて裁判官は、その良心に従ひ独立してその職権を行ひ、この憲法及び法律にのみ拘束される。」と定めています。

15) 裁判所法、民事訴訟法等を参照します。たとえば、裁判所に訴えを提起したい人は、裁判所法及び民事訴訟法等の定めに従い、訴状を提出する裁判所が、地方裁判所か簡易裁判所か（「事物管轄」と言います）、どこにある裁判所か（「土地管轄」）を判断します。

56　第1部　初学者のための法学

腐敗が生じることは歴史的にみても明らかだと言われていますが、権力の腐敗が起こらないようにするためには、どうしたらよいのでしょうか[16]。

　その答えとなるのが、国に対する規範ともなる法と、国のすべての法律の根拠となる、憲法です。国家を縛る法律としての一番の基本法が、憲法です。憲法に、権力の分立の構造や、人の基本的人権の保障、平和主義の原則が定められています。権力を行使するものの腐敗によって、人の基本的人権が守られなくなることがないよう、憲法は、国の法律制定のあり方をも縛っているのです。もちろん、憲法は、平和的な社会を構築する礎としても、様々な法律の基本にある法として、効力を発揮します。

　このような、憲法の基本的原則を国は守らなければなりません。憲法に違反する法律は、違憲であり、無効となります[17]。このように、恣意的な国の権力行使を抑制する手段としては、やはり、憲法に基礎を置く、法律が機能するということができます。

　私たちは、常に、法が、国の権力行使の恣意的な手段として使われないように意識をすべきでありますし、そのためには、法律というものの国との関係、すなわち、法は国を縛るものでもあり、憲法に基づいているものであるのだ、ということをよく認識すべきでしょう。

　社会規範の中でも法は国が強制力をもって執行するものではあるけれども、法律は私たちの生活を規制したりするだけのものではありません。法の執行、そして運用は、すべて憲法に基礎を持ち、また、法を執行し、法を運用し、法を適用する側をも縛る、規制するものも法であります。そして、何よりも、法律を制定する立法機関は、私たちの代表者が集う国会です（憲法41条）。このように、法は、私たちが決めるものでもあります[18]。

16）　権力の抑制と均衡を図る、立法・行政・司法の三権分立体制が、腐敗を抑制する一つの制度としてのあり方で、日本も三権分立体制を整えています（憲法41条・65条・76条）。

17）　憲法98条1項は、「この憲法は、国の最高法規であつて、その条規に反する法律、命令、詔勅及び国務に関するその他の行為の全部又は一部は、その効力を有しない。」と定めています。

18）　国民主権原理を謳う現行憲法の体制下においては、個々の国民一人ひとりが統治を担う統治者でもあり、公務員のあり方も含めて決定権を担う主権者であると言うことができます（憲法15条も参照）。

第3章 社会規範と法 *57*

　法によって私たちの世界は、守られているとも言うことができるでしょう。

　なお、社会通念と法学で言われるものは、時々の状況によって変化します。過去の判例における規範のあり方を数十年後の私たちが「信じられない」という思いを持って批判することはたやすいことでもありましょう。たとえば、最近（2013年）になって最高裁判所において違憲と判断された、非嫡出子に対する、民法900条4号ただし書の規定（当時）によって非嫡出子の相続分を嫡出子の相続分の2分の1とする相続差別の問題も、民法に規定された当初は、非嫡出子を守る規定として判断されていました（最大判平25・9・4民集67巻6号1320頁）。また、1995年の刑法改正によって撤廃された尊属殺人罪（刑法200条）を違憲・無効とした最高裁判例（最大判昭48・4・4刑集27巻3号265頁）も、その最高裁判例が出される前には、当該尊属殺人罪の規定を有効なものとして判断していたのです。また、最近の問題では、女性に限って離婚後100日の再婚禁止期間を設ける民法733条1項の規定のうち、100日を超えて再婚禁止期間を設ける規定に限って違憲と判断した最高裁判所の判例（最大判平27・12・16民集69巻8号2427頁）と、夫婦同姓を強制する民法750条の規定が合憲とされた最高裁判例（最大判平27・12・16民集69巻8号2586頁）がありますが、これらも、数十年後には、「そのような判断をした時代があったのか」と判断される可能性が高いと考えられます。

　しかし、その時々の時代が有していた流れの中で、それと異なった判断ができたのか、――私たちが、いま生きている時代においても同じことが言えるのだろうか――ということはよく考えなければなりません[19]。

　時代は変化していくものです。社会規範もまた変化していくものです。そして、法も、それに合わせて変化してくものです。かたくなに変化を阻むべきと考える必要はまったくありません。

58　第 1 部　初学者のための法学

┌─■より深い学習のためのガイド■─────────────────────────┐

① 鵜飼信成『憲法』（岩波書店、1956年）

② 奥平康弘『『表現の自由』を求めて─アメリカにおける権利獲得の軌跡』（岩波書店、
1999年）

③ 尾高朝雄『実定法秩序論』（岩波書店、1942年）

④ 田中耕太郎『法と道徳』（春秋社、1947年）

⑤ 長谷部恭男『比較不能な価値の迷路　リベラル・デモクラシーの憲法理論　増補新
装版』（東京大学出版会、2018年）

⑥ P.G. ヴィノグラドフ（末延三次・伊藤正己訳）『法における常識』（岩波書店、1951
年）

└──┘

---

19)　宍戸常寿「社会と学問の関係についての悩み」は、日本における精神障害者の入院等の処遇に問
題があったことを問いかける NHK の報道を題材としたエッセイで、研究者に対する形になってい
ますが、社会通念というものに対して、常に自覚的に問い直すべきであるということに思いを致す
べきであるということを考えさせられます。「法学のあり方として描いた状況は、私の理解が正し
いならば、社会科学一般の宿命でもある。それは研究の対象とする現実から、究極的には実務とい
う形で現れる「社会の通念」から、逃れられない。だからこそ研究者は、現実をただ否定してはな
らない反面で、自らの知見がただ社会通念によって支配されたものではないかを絶えず反省しなけ
ればならない。その上で、自らの研究によって現実や社会通念に自覚的に働きかけなければならな
い。特に研究者がその時点の社会通念を学問の形式で固定することで、あるべき変化を阻んで不当
な社会的事態を長期化させることに手を貸してはいないだろうか。」KDDI Foundation No. 9
（2018年 4 月）5 − 6 頁（http://www.kddi-foundation.or.jp/about/magazine/kddi_foundation_09.
pdf）。

第2部
現代社会と法

第4章
ＡＩから考える法

Keywords：AI（人工知能）／
ロボット／権利／
責任／統治

　最近では、AI（人工知能）のニュースを目にしない日がないほど、AIの発展は今日のトレンドとなっています。AIの発展は、社会や経済のあり方を変えるのはもちろん、法のあり方にも大きな変革をもたらす可能性があります。そこで、本章では、AIの発展が法と法学に投げかけている先端的な問題について考えることを通じて、翻って、法と法学の根底にある概念の意味や原理の価値について学んでいきたいと思います[1]。

1　AIとは何か

　AIに関する法的問題について考えるための前提として、まずAIとは何なのかを確認しておく必要があります。ところが、AIを定義することは意外に難問です。AIの定義については、AI研究者の間でも様々な見解があり、コンセンサスは確立されていません。AI研究者の世界では、思考や学習など人間と同様の知的機能を有することに着目してAIが定義されることが多いようです[2]。一方、法学の立場からAIのあり方について論じる際に、従来の物やソフトウェアと区別してAIを定義する意味があるとすれば、AIが学習などにより出力やプログラムを変化させる可能性があるため、開発者が予見したり制

---

1)　本章の一部は、成原慧「AIネットワーク化をめぐる法的問題と規範形成」『自由と正義』2017年9月号35頁以下の内容を元にしています。

2)　*See*, ONE HUNDRED YEAR STUDY ON ARTIFICIAL INTELLIGENCE, ARTIFICIAL INTELLIGENCE AND LIFE IN 2030 at 12-14 (2016).　人工知能学会監修＝松尾豊編著『人工知能とは』（近代科学社、2016年）も参照。

御することが困難なリスクが生じるおそれがある点に求められるように思われます。たとえば、マイクロソフトの開発した AI ボットである Tay は、Twitter でのユーザーらとの会話から学習することにより、開発者の意図しないところで、ヒトラーを礼賛したり、差別的な発言をするようになってしまい、緊急停止されました[3]。この事件は、従来の物やソフトウェアにはなかった AI ならではの新しい問題を端的に示していると言えるでしょう。したがって、ここでは、AI を暫定的に、学習等により自らの出力やプログラムを変化させるソフトウェアまたはそれを組み込んだシステムと定義しておきたいと思います[4]。

最近では、AI を実装したロボット、**自動走行車**、クラウドなどの研究開発と利活用が社会の様々な領域で急激に進展しています[5]。AI の利活用により、産業や社会生活の様々な領域において生産性の向上や利用者の認知・身体能力の拡張などが期待されています。

また、AI は、画像認識や自動翻訳など特定の知的機能の遂行に特化した「**特化型 AI**」と、人間と同様に多種多様な知的機能を遂行することが可能な「**汎用 AI**」とに区別されることもあります。「特化型 AI」は、アルファ碁のような碁のプレイに特化した AI や Siri のようなパーソナルアシスタンスに特化した AI を、「汎用 AI」は、鉄腕アトムやドラえもんのような SF や漫画に登場する AI・ロボットをイメージすればよいでしょう。近年の機械学習や深層学習の発展などにより各種の特化型 AI の開発と利活用が急速に進展する一方で、汎用 AI についても、実現の目処はたっていないものの、脳科学的なアプローチなどを用いた基礎研究が試みられています。また、多種多様な特化型 AI が、ネットワークを通じて相互に接続し連携することにより、汎用 AI に

3） 日本語の記事として、Gigazine「Microsoft の人工知能が「クソフェミニストは地獄で焼かれろ」「ヒトラーは正しかった」など問題発言連発で炎上し活動停止」（2016年03月25日）（https://gigazine.net/news/20160325-tay-microsoft-flaming-twitter/）参照。

4） このような問題意識から AI の定義を試みるものとして、AI ネットワーク社会推進会議「国際的な議論のための AI 開発ガイドライン案」（2017年）5－6頁等参照。

5） AI（ソフト）を実装したロボットは AI（システム）の一種として理解することできます。一方、ロボットの中には、AI を実装せず、従来のソフトウェアにしたがって動作するものや人間の操作により動作するものも含まれます。ロボットに関する法的問題を体系的に論じたものとして、ウゴ・パガロ（新保史生監訳）『ロボット法』（勁草書房，2018年）参照。

62 第2部 現代社会と法

相当する広範な知的機能を実現する可能性も指摘されています[6]。汎用 AI が実現される時期や方法については専門家の間でも見解が分かれていますが[7]、将来生じる影響・リスクの重大性と不確実性を考慮すると、特化型 AI だけでなく、汎用 AI の発展も視野に入れて今から AI のガバナンスのあり方を検討することが必要と言えるでしょう[8]。

2 AI は権利を持つことができるのか？

私たち人類は、AI・ロボットという新たな他者と出会おうとしています。SF 映画で描かれるように、このまま AI が発展していくと、いつの日にか AI やそれを実装したロボットが、人間と同様に権利を持つようになるのでしょうか？ 私たちは、AI・ロボットを新たな権利の主体として承認するべきなのでしょうか？

法学では、権利・義務を有することのできる能力のことを「権利能力」と呼び、このような能力を有する資格を「法人格」、あるいは単に「人」と呼んでいます[9]。もっとも、法学の世界では「人」には、私たち一人ひとりの人間を意味する「自然人」だけではなく、「法人」も含まれると考えられてきました。ちなみに、法人には、株式会社をはじめとする営利法人のみならず、学校法人、宗教法人、NPO 法人など非営利法人も含まれます[10]。つまり、従来から、生身の人間だけでなく、会社や学校法人のように人工的に作り出された存在につ

---

6) 中西崇文『シンギュラリティは怖くない——ちょっと落ちついて人工知能について考えよう』（草思社、2017年）176-182頁等を参照。

7) ホワイトハウスの報告書では、汎用 AI が実現される時期や方法について専門家の間でも意見が分かれていることを指摘した上で、不確実性を踏まえ、今後の AI の発展への注視の必要性を指摘しています（WHITE HOUSE, PREPARING FOR THE FUTURE OF ARTIFICIAL INTELLIGENCE 7-8, (2016) 23-24）。

8) 欧米においても、後述の欧州議会の報告書、FLI の原則、IEEE の報告書をはじめ、汎用 AI や高度な自律性を有するロボットも射程に入れて AI・ロボットの開発原則・指針を検討するものが有力となっています。

9) 民法3条参照。大村敦志『基本民法 I ——総則・物権総論 第3版』（有斐閣、2007年）180頁、同『民法0・1・2・3条』〈私〉が生きるルール』（みすず書房、2007年）28-35頁参照。

10) 法人の意義と法人に関する現代的課題については、大村、前掲『基本民法 I』313頁以下、後藤元伸「非営利法人制度」内田貴・大村敦志編『民法の争点』（有斐閣、2007年）等を参照。

いても、権利能力が認められてきたのです。日本の現行法では、民法33条１項が「法人は、この法律その他の法律の規定によらなければ、成立しない。」と定めているところ、AI自体が法人格を有する法人の成立について定めた法律は存在しませんので、AIに権利能力は認められていません。もっとも、将来的には、欧州議会の報告書が示唆しているように、高度な自律性を有するAIに法人格を付与して、権利能力を認めることにより、事故に関する損害賠償責任を負わせるなど、AI自体を権利義務の帰属主体として認めることも立法論的な選択肢の一つになりえるかもしれません[11]。

　権利の中でも、個人が自律的に生きていくために不可欠な権利は、憲法により基本的人権として保障されています。それでは、AIは人権を享有することができるのでしょうか？　仮に将来、人間と同様に高度な知的機能を有する汎用AIが開発された場合には、AIの**人権享有主体性**についても議論する必要が生じるかもしれません[12]。しかし、人権は人間がただ人間であることにのみ基づいて当然にもっている権利であると言われることがあります。このような考えた方をとるのであれば、AIに人権を認めることはやはり難しいようにみえます。もちろん、法哲学や倫理学においては、人権の根拠を、自律や尊厳など、より実質的な根拠に求める議論も試みられてきましたが、いまだに人権の根拠についてコンセンサスは確立されていません。近代法の根底には、（それ以上正当化することが困難な）人間中心主義が伏在していることが、AIという新たな知的存在によって顕在化されようとしているのかもしれません[13]。いずれにせよ、日本国憲法をはじめとする近代立憲主義憲法が、「**個人の尊厳**」な

---

[11]　欧州議会の報告書は、自律性を有するロボットに電子人（electronic person）としての法的地位を付与し、事故等に関する損害賠償責任を負わせる可能性を将来の立法上の選択肢の一つとして提言しています（European Parliament, European Parliament resolution of 16 February 2017 with recommendations to the Commission on Civil Law Rules on Robotics（2015/2103（INL）））。

[12]　AI・ロボットの権利能力（法人格）と人権享有主体性につき、新保史生「ロボット法をめぐる法領域別課題の鳥瞰」情報法制研究１号（2017年）69-70頁、栗田昌裕「ＡＩと人格」山本龍彦編『ＡＩと憲法』（日本経済新聞出版社、2018年）等を参照。

[13]　人権の根拠を「人間性」、「人間の尊厳」、「人間主義」に見出す議論として、宮沢俊義『憲法II新版』（有斐閣、1971年）77-81頁等を参照。AIという他者による、人権の根拠の問い直しの可能性につき、大屋雄裕「外なる他者・内なる他者──動物とAIの権利」論及ジュリスト22号（2017年）48頁以下等を参照。

いし「人間の尊厳」の原理に基づく「人権」規範に根本的価値を置いている以上[14]、そのような個人主義ないし人間主義の原理に基づく憲法の基本原則が維持される限り、少なくとも当面の間、個人主義ないし人間主義の原理に立脚する法体系を前提として、AI に関する法的問題についても議論が行われることになるでしょう。

以上でみてきたように、権利能力を有するか否かと、人権の享有主体となりうるかは、論理的には別の問題ですので、政策的な理由に基づいて AI に権利能力を付与したとしても、必ずしも AI に人権を認めないといけないとは限りません。もっとも、日本の判例では従来から、会社をはじめとする法人にも、性質上可能な限り憲法上保障された権利の享有が認められてきました[15]。このような立場からは、将来的に AI に人権を保障することが性質上可能か否か検討することが求められることになるかもしれません。

また、民法をはじめ従来の法学では、あらゆる存在を、人と物とに二分化し、人＝権利の主体、物＝権利の客体と捉える枠組みが採用されてきました[16]。しかし、AI の発展に伴い、多数の AI や個人がネットワーク化されることによって、このような主客二分論が揺らぎ、人と物が相対化される可能性があります。近代法においては権利の主体とされてきた人は、むしろ客体であるデータとそれを学習する AI によって、そのあり方が規定されるようになっていくかもしれません[17]。

---

14) 芦部信喜（高橋和之補訂）『憲法　第6版』（岩波書店、2015年）10・12頁、宮沢、前掲『憲法 II』77–81頁等を参照。批判的な検討として、石川健治「公法における「人」の属性」公法研究75号（2013年）47頁以下。

15) 八幡製鉄事件（最大判昭45・6・24民集24巻6号625頁）において、最高裁は、「憲法第三章に定める国民の権利および義務の各条項は、性質上可能なかぎり、内国の法人にも適用されるものと解すべきであるから、会社は、自然人たる国民と同様、国や政党の特定の政策を支持、推進しまたは反対するなどの政治的行為をなす自由を有する」と判示しています。一方、憲法学においては、法人の人権享有主体性を認めることに批判的な見解も有力です。樋口陽一『国法学――人権原論 補訂版』（有斐閣、2007年）1章等参照。

16) 大村、前掲『基本民法 I』194頁以下。

17) 大屋雄裕「ロボット・AI と自己決定する個人」弥永真生・宍戸常寿編『ロボット・AI と法』（有斐閣、2018年）71頁以下等を参照。

第4章 ＡＩから考える法 65

3　ＡＩが事故を起こしたら誰が責任を負うのか？

　私たち人間は、権利を有していると同時に、他者に対して義務と責任も負っています。あなたが、何らかの義務に違反した場合には、通常、何らかの形でその責任を問われることになります。たとえば、自転車に乗っていて、不注意によりうっかりお年寄りと衝突し、怪我を負わせてしまった場合には、あなたは怪我をしたお年寄りに対して治療費などの損害を賠償しなければいけません。場合によっては、刑事責任を問われることもありえます。それでは、ＡＩは、人間と同様に、義務と責任を負うのでしょうか？

　ＡＩを人間と同様に義務を負う主体として捉えているのが、SF作家アイザック・アシモフが提示した「ロボット3原則」（the three laws of robotics）です[18]。アシモフの原則は、ロボットの開発者や利用者ではなく、ロボット自体を名宛人として、(1)人間に危害を加えないこと、(2)人間の命令を遵守すること、(3)自己を保護することといったロボットが遵守すべき原則を定めています。今日のＡＩ・ロボット法の議論でも、アシモフの原則は多大な影響を与えています。しかし、今日のＡＩ・ロボットに関する原則・指針は、アシモフの原則から示唆を受けつつも、基本的にＡＩ・ロボットを開発または利用する人を名宛人として想定するものが有力となっています[19]。また、先述の欧州議会の報告書のように、ＡＩを責任の主体として捉えるアイディアも、中長期的な立法論上の選択肢としては検討されていますが、現状では各国の立法や判例などに採用されるには至っていません。というのも、ＡＩの自律性がそれほど高くなく、開発者や利用者など人によるＡＩのリスクのコントロールを一定の範囲で期待できる現状においては、ＡＩ自体に責任を負わせる実益はそれほどないからです。

　ＡＩ自体に責任を負わせることが現時点で適当ではないとすれば、ＡＩによる事故が生じた場合には、ＡＩの開発者や利用者などＡＩに関係する人が責任を

---

18)　アイザック・アシモフ『われはロボット　決定版』（早川書房、2014年）。

19)　たとえば、欧州議会が2017年に公表したロボットに関する民事法的規則の策定を提言する報告書では、「アシモフの原則は、マシン・コードに変換することができないので、組み込まれた自律性及び自己学習機能を付与されたロボットの場合を含め、アシモフの原則は、ロボットの設計者、製造者及び操作者に向けられたものとみなされなければならない」と述べられています（European Parliament, Supra note 11）。

負うことになります。**不法行為**による**損害賠償責任**については**過失責任主義**が原則とされてきました。すなわち、事故を引き起こした主体に、不注意など何らかの過失が認められる場合に限り、その主体は損害賠償責任を負うという考え方がとられてきたのです[20]。もっとも、今日では、日本をはじめ多くの国において、過失責任主義の例外が設けられています。たとえば、日本の**製造物責任法**では、製品を製造する大企業（メーカー）と消費者との間の情報の非対称性などを踏まえ、消費者を保護する見地から、製造物に欠陥があり、それにより人の生命、身体または財産にかかる被害が生じた場合には、過失の有無にかかわらず製造者が損害賠償責任を負う「**厳格責任**」という考え方がとられています。したがって、AI システムの製造者も、自らの製造した AI システムの欠陥により人の生命、身体または財産にかかる被害が生じた場合には、過失の有無にかかわらず、製造物責任法により損害賠償責任を負う可能性があります[21]。

また、AI システムの事故により人を死傷させた場合には、開発者らが過失による**刑事責任**を問われる可能性もあります。しかし、AI は学習等により出力やプログラムを変化させる可能性があるため、開発者の刑事責任を問うためには、開発者らに過失犯の成立の前提となる**予見可能性**が認められるか否かが問題となります。また、仮に予見可能性が認められたとしても、AI の社会的な有用性などを考慮して、「許された危険」として違法性が阻却されるべきか否かも議論されるべきでしょう[22]。

---

20)　過失責任主義の原則とその修正につき、潮見佳男『債権各論 II　不法行為法　第 3 版』（新世社、2017年）3 頁以下等を参照。

21)　日本の製造物責任法は、有体物である製造物を対象としているため、無体物であるソフトウェア自体には適用されないと解されています。したがって、AI（ソフト）自体には製造物責任法は適用されないものと考えられます。もっとも、ソフトウェアを組み込んだ製造物には製造物責任法が適用され、ソフトウェアの不具合はそれを組み込んだ製品の欠陥となりうると解されています（土庫澄子『逐条講義　製造物責任法』（勁草書房、2014年）38頁等を参照）。したがって、AI（ソフト）が組み込まれたロボットなど、有体物にあたる AI（システム）は、製造物責任法が適用され、AI（ソフト）の不具合が原因でそれを組み込んだ AI（システム）の事故が発生した場合には、AI（システム）の欠陥が認められる可能性があるでしょう。

22)　AI による事故に関する刑事責任に関する問題については、稲谷龍彦「技術の道徳化と刑事法規制」松尾陽編『アーキテクチャと法』（弘文堂、2017年）、深町晋也「ロボット・AI と刑事責任」弥永・宍戸、前掲『ロボット・AI と法』等を参照。

AIのリスクについて誰が責任を負うべきかという問題は、経済学的な観点からは、誰に費用を負担させるかという問題として理解することができますが、以上で見てきたように、その答えは法分野（不法行為法、刑事法など）によっても異なり一様ではありません[23]。いずれにせよ、AIの発展を見極めつつ、適切な責任の分担のあり方について議論を続けていくことが求められるでしょう。

4　AIに政治を委ねることはできるか？

手塚治虫の『火の鳥　未来編』で描かれているように、私たちは、政治をAIに委ねることができるのでしょうか、また、委ねるべきなのでしょうか。能力に限界があり、しばしば私的利害のために動いてしまいがちな人間の政治家に代わり、AIに政治を委ねてみたいと思ってしまうのは自然なことかもしれません。しかし、AIに政治を委ねることは、本当に**民主主義**の観点から問題ないのでしょうか？

民主主義国家において国家の統治は、自己統治という理念に支えられています。**自己統治**とは、民主主義国家において、治者と被治者は一致しなければならず、自分たちで自分たちの社会のルールについて決定すべきという考え方です。このような考え方に基づいて、私たち国民は**主権者**として、自分たちの社会のあり方について、ニュースで情報を得て、ネットで議論しつつ、**選挙**により自分たちの**代表者**を選び、私たちの代表者が国会で**法律**を定めるとともに、その多数派に選ばれた内閣が、国民とその代表者に**説明責任**を果たしつつ、法律に基づき国を動かしているのです[24]。しかし、AIが政治を担うとき、私たちは、主権者として民主的な自己統治を行うことができていると言えるのでしょうか。もちろん、たとえば、国会がAIに立法を部分的に委任するなど、私たちがAIを道具として用いる限りでは、私たちは自己統治を直ちに失うことはないでしょう。しかし、AIは、データを学習することにより、自らの機能や出力を変化させていくことなどから、開発者や利用者の意図しない動作をす

---

23)　パガロ、前掲『ロボット法』48-49頁参照。

24)　日本国憲法前文、15条、21条、41条、43条、63条、65条〜69条、72条〜73条等参照。宍戸常寿「統治の基本原則」宍戸常寿ほか編『憲法学読本　第3版』（有斐閣、2018年）等も参照。

68　第 2 部　現代社会と法

る可能性（制御不可能性のリスク）があります。また、AI の判断の根拠はしば
しば説明することが困難で、**不透明化・ブラックボックス化しやすい**という問
題が指摘されています[25]。このように制御可能性と透明性に疑念があり、説明
責任を果たすことが困難な AI に立法を委ねることなどにより、国民が「情報
を与えられた市民」として、代理人である AI の判断を監視し統制することが
できなくなるおそれもあります[26]。

　AI に政治を完全に委ねることができないのだとすれば、AI 時代の民主主義
において、AI に代替されない、人間に固有の役割は何なのか見極め、代表民
主主義を担う議員やそれを監視するメディアの役割を問い直すとともに、国会
に AI による委任立法等を監視・統制する専門機関を設置するなど、AI によ
る統治を監視・統制する新たな統治機構のデザインのあり方についても検討し
ていくことが重要な課題になるでしょう[27]。

5　AI は裁判官になれるか？

　それでは、裁判を AI に委ねることはできるのでしょうか？　映画『マイノリ
ティ・リポート』では、犯罪予測システムを用いて犯罪が予防される世界が描
かれていました。このような世界は未だ実現していないとしても、刑事裁判の
量刑判断において再犯可能性予測プログラムが利用されるようになっているな
ど[28]、AI はすでに**司法の道具**として利用されるようになっています。**裁判官
は**訴訟において、証拠に基づいて**事実認定**し、認定された事実に対し、**法を解
釈・適用**して、個別の事件を解決するための判断を導き出します[29]。このよう

---

25)　ロボット法の中心的な問題を「制御不可能性」と「不透明性」に見出す議論として、平野晋『ロ
　　ボット法』（弘文堂、2017年）174頁以下参照。

26)　山本龍彦「序章　AI と憲法問題」山本、前掲『AI と憲法』30頁以下等参照。

27)　水谷瑛嗣郎「ＡＩと民主主義」山本、前掲『AI と憲法』29頁以下等を参照。

28)　ウィスコンシン州の刑事裁判において裁判官が量刑判断を行う際に再犯可能性予測プログラムの
　　判断を参照したところ、これが憲法により保障された被告人のデュープロセスを受ける権利を侵害
　　するか否かが争われましたが、州最高裁は、再犯可能性予測プログラムの判断を参照することは、
　　その限界と注意点を認識し、一定の条件の下で適切に利用される限りにおいて、被告人のデュープ
　　ロセスを受ける権利を侵害しないと判示しました（State v. Loomis, 881 N.W.2d 749 (Wisc. 2016),
　　cert. denied, Loomis v. Wisconsin, 137 S.Ct. 2290 (2017)）。

第4章　ＡＩから考える法　69

に裁判官が訴訟等において行っているタスクは多種多様であり、そのうちの一部を AI に委ねたり、AI を用いて行うことは可能でしょうし、現に行われている例もあります[30]。このように、AI が裁判官のタスクを徐々に代替していくことにより、将来的には、AI が、人間の裁判官を完全に代替し、「AI 裁判官」として統治の担い手となる可能性も否定しきれないでしょう。

　しかし、「AI による判断が結果として正当なものであるとしても、それを私たち人間が正統なものとして受容できるかどうかは別の問題」[31] です。「AI 裁判官」による裁判が受け入れられるか否かは、私たちがいかなる裁判手続に正統性を認めるかに依存しています。

　人々が AI による裁判官を受け入れることができるかは、AI による裁判が人々に納得できる理由を与えられるか否かによっても左右されるでしょう。裁判官は判決を言い渡す際に理由を付すことを求められます。たとえば、被告人を傷害罪で有罪とし懲役 3 年の刑に処するのであれば、そのように判断した理由を判決において示さなければなりません[32]。裁判とは、理由を示す実践でもあるのです。結果が正しければそれで良いとはせず、それに至る理由づけのプロセスにこだわるところに、法という営みのエッセンスを見出すことができるでしょう。ところが、ディープ・ラーニング型の AI をはじめ、いま実用化されている主流の AI は、一般に判断の根拠となる理由を説明することが苦手だといわれています[33]。司法における AI の利用は、私たちに（人間によって理解可能な）理由なき判断、あるいは確率による制裁を正統なものとして受け入

---

29)　法の解釈・適用のあり方について概説したものとして、山下純司・島田聡一郎・宍戸常寿『法解釈入門　補訂版』（有斐閣、2018年）参照。

30)　事実認定、法の適用判断、量刑判断など刑事司法の場面ごとに AI による裁判官等の代替の可能性について検討したものとして、笹倉宏紀「AI と刑事司法」弥永・宍戸編、前掲『ロボット・AI と法』等を参照。

31)　柳瀬昇「ＡＩと裁判」山本、前掲『AI と憲法』379頁等参照。関連して、駒村圭吾「「法の支配」VS「AI の支配」」法学教室443号（2017年）61頁以下も参照。

32)　刑事訴訟法44条1項。なお、民事訴訟法253条も参照。関連して、赤坂幸一「統治機構論探訪13──術（アルス）としての裁判」法学セミナー 760号70頁以下（2018年）も参照。

33)　もっとも、最近の AI 研究では、透明で説明可能な AI の開発が試みられています。*See e.g.*, Wachter, Sandra, Brent Mittelstadt, Luciano Floridi, *Transparent, explainable, and accountable AI for robotics* (2017).

70 第2部 現代社会と法

れることができるのか、という根本的な問題を投げかけているのです[34]。

6 AIネットワーク時代の法はどうなるか？

　AIやそれを実装したロボットなどがインターネット等を通じて相互に接続し連携する「AIネットワーク化」の進展により、国境を越えてAIが協調し多種多様なサービスを利用者に適時適切に提供するなど、社会や経済に多大な便益がもたらされるとともに、各種のリスクも国境を越えて波及し複雑化していくことが見込まれています[35]。

　AIネットワーク化により、AIの便益とリスクが国境を越えて瞬時に波及するようになることで、各々の国家による法的規制等のみによっては対処することが困難な問題が生じるおそれがあります。そこで、AIのガバナンスに関する国際的なルールを形成する必要が出てきます。このような問題意識の下、AIに関する国際的なルール形成に向けて、日米欧をはじめ世界的に議論が活発になっています[36]。

　たとえば、日本では、総務省情報通信政策研究所が、2016年10月より「AIネットワーク社会推進会議」を開催し、「国際的な議論のためのAI開発ガイドライン案」の作成などAIネットワーク化のガバナンスの在り方について検討を行ってきました。また、米国では、米国電気電子学会（IEEE）が報告書「倫理的に調和した設計」を公表しています。IEEEの報告書では、道徳的価値及び倫理的原則に照らして人間と調和するAIを設計する方法について技術者コミュニティの議論を促すための論点が提示されるとともに、AIの倫理的

---

34)　このような理由なき統治が有する問題は、ダニエル・ソロブが指摘するように、フランツ・カフカの『審判』において、理由を明かされずに逮捕された男が直面する経験を通じて描き出されている（ダニエル・ソロブ（大島義則・松尾剛行・成原慧・赤坂亮太訳）『プライバシーなんていらない！？——情報社会における自由と安全』（勁草書房、2016年）27-29頁参照）。ビクター・マイヤー・ショーンベルガー／ニケネス・キクエ（斎藤栄一訳）『ビッグデータの正体』（講談社、2013年）等も参照。

35)　AIネットワーク化の定義及び進展段階については、AIネットワーク社会推進会議「報告書2017」（2017年）3-4頁参照。

36)　AIに関する国際的なルール形成に向けた日米欧の議論の動向について詳しくは、成原慧「AIの研究開発に関する原則・指針」福田雅樹・林秀弥・成原慧編著『AIがつなげる社会——AIネットワーク時代の法・政策』（弘文堂、2017年）参照。

設計に関する標準の策定について提言が行われています[37]。

　先述の総務省の AI 開発ガイドライン、欧州議会の報告書、IEEE の報告書などでは、AI のデザイン（設計）によりプライバシー、セキュリティ、安全、公平性等の価値を確保しようとするアプローチが採用されています[38]。AI の学習による変化の可能性を考慮すると、デザインによる権利保護には限界もありますが、法に代わり、アーキテクチャのデザインにより個人の権利等を保護することが一定の範囲で可能となった際に、法はいかなる役割を果たせるか問われることになるでしょう。そこでは、法は、AI という技術が適正に設計されるように技術の設計のあり方を規制するという「メタ技術」としての役割を果たせるようになるかもしれません[39]。このように、AI の発展は、法の役割に見直しを迫る可能性があります。

7　むすびにかえて

　本章で見てきたように、AI の発展は従来の法のあり方を大きく変える可能性があります。このことは、AI を通じて、従来の法のあり方を見直す機会が得られるということも意味しています。AI は私たちに法を学び直すこと、法について考え直すことを迫っているのです。

■より深い学習のためのガイド■
①　弥永真生・宍戸常寿編『ロボット・AI と法』（有斐閣、2018年）
②　福田雅樹・林秀弥・成原慧編『AI がつなげる社会』（弘文堂、2017年）
③　ウゴ・パガロ著、新保史生監訳『ロボット法』（勁草書房、2018年）

------

37)　THE IEEE GLOBAL INITIATIVE ON ETHICS OF AUTONOMOUS AND INTELLIGENT SYSTEMS, ETHICALLY ALIGNED DESIGN - VERSION TWO (2017).

38)　技術自体に一定の価値を埋め込むという発想は、すでにプライバシー・個人情報の分野では「プライバシー・バイ・デザイン」という考え方により実装されています。堀部政男ほか編『プライバシー・バイ・デザイン』（日経 BP 社、2012年）等参照。

39)　「メタ技術としての法」という視点を提示するものとして、パガロ、前掲『ロボット法』11頁等を参照。

第5章
情報化社会と法

Keywords：AI ／ビッグデータ／
データ・ポータビリティ／
ネットワーク中立性／
コネクティッドカー／ドローン／
ソフトロー／ハードロー

　手塚治虫が50年以上前に漫画で描いた近未来の画のうち、いくつかは現実のものとなっています[1]。高速道路、物言うロボット犬（AIBOなど）、小さな箱から音楽が聴け、映像がみられ、簡単に顔などをみながら遠隔にいる人とも話ができる装置（iPhone など）。私たちが読む本も、近年は、多くがデジタル化されようとしています。

　また、AI が浸透しつつある社会の現状については、すでに第4章においてもみましたが、AI の発展も含めて、大きく数十年前とは異なり、新たな様々な問題が発生しています。

　それは、多くのデータが私たちの想像の範囲を超えて蓄積され、利活用されているという問題とも結びついています（ビッグデータの諸問題）。私たちの世界は、便利になりつつあると同時に、古典的な法や法体系がこれまで想定していなかった、様々なリスクに対応しなければならないようになっているのです。

　このような現代社会から、さらに未来には、以下のような生活がより現実になるかもしれません。次頁のような社会にどのような問題があるか、考えてみましょう。

1）　漫画家（手塚治虫：1928－1989）。代表作は数多くあり、たとえば、『鉄腕アトム』『ブラック・ジャック』『火の鳥』『ブッダ』『陽だまりの樹』『アドルフに告ぐ』など。近未来を描いた作品も多く、それらの作品の中で、高速道路や会話のできるテレビ、空を飛ぶ車などが描かれています。

第5章　情報化社会と法　*73*

　朝7時。ベッドが振動し、起きる時間を告げる。ミチルは、目を覚ましつつ、朧げに昨日の夕食の記憶を思い出す。そういえば、昨日、いつ眠ったんだったっけ……。

　ベッドは起きる時間を告げているが、実は今日は、仕事はない。AIが発達した2126年の現在、実際に仕事に行かなければならない（仕事を行わなければならない）のは月に5日くらいである。それも、ほとんどの場合は、どこにいても仕事ができる。ミチルがやらなければならないのは、情報をみたうえで、「決定」をすることだけである。それは、実際のところ、どこにいてもできる。

　外を眺める。都市の天候はことごとくAIによって管理されるようになっており、気温も含めて管理が行き届いている。ここ、トウキョウシティも含め、100年以上前は異常気象に悩んでいた時期もあったようだが（というような歴史が残っていたのを微かにミチルは記憶していた）、現在はそういったことはない。そうこうしている間に壁から音がし、今日着るべき服や食べ物の提案をしてくる。「あなたの体重は現在、65.7キロです。身長は変わりありません。昨日と比べて0.8キロ増加しています。体温は36.5度です。」「今日は、外気温は27度に調整されているので、この服がよいのではないでしょうか。」これは、ミチルが自己管理のためにこのようなサジェスチョン機能を家にいれているからでもあるが、そもそも、身体に埋め込まれたチップと照合すれば、すぐにこういった情報を取り出して買い物などにも利用できるようになっている。壁の色がまた変わり、ロサンゼルスシティからの着信が入る。応答しているうちに、全自動化されたキッチン（一応形だけは21世紀型キッチンではあるが、希望したものが自動的に出てくる仕組みとなっている）から、朝食ができた旨の通知がミチルの目の前の透明なボードに映し出される（ボードは、必要な場合だけ出てくるようになっている）……。ダイエット情報の記録に同意していれば、過去の記録と照合しながら、飽きないような食事が提供される仕組みとなっているのだ……。

　朝食をとり終わったミチルは、着替えたのち家から外へ出て、すでにミチルの思考回路を読んで玄関前に来ていた車（一応21世紀型セダンの形をしているが、実際は高機能全自動移動装置である）に乗り込んだ……。

　本章においては、今後ますます進展する情報化社会がもたらす（たとえばビッグデータがもたらすと言われる）様々なベネフィット（利点）とともに、リスクに対応するために、現代社会においてどのような形で法制度が対応しようとしているのか、もしくはどのような方法で対応がなされるべきなのか、についてみていくこととします。

74 第2部 現代社会と法

1 ビッグデータと AI、個人情報保護の諸問題

（1） インターネットと SNS、IoT 機器等がもたらす情報の氾濫

いつも、そしてどこにいても、人々がつながり、体験や経験を共有していく社会をインターネットや SNS は可能としています。このような中、情報に含まれる個人情報や、位置情報などの利用方法のあり方を含めて、プライバシーとの関係も法的に様々な観点から問題となります。

また、最近は、多くのモノがネットワークにつながり、膨大な量のデータを生み出しています。ネットワークの発達により、ありとあらゆる「モノ」がそれぞれインターネットにつながり、「モノ」同士が通信を行うことを、「モノのインターネット」（IoT：Internet of Things）と言います[2]。このIoTは、モノとモノがつながってそれぞれの「モノ」が通信を行うことを意味しますが、その中で、データの漏えいの問題や、IoT 機器（たとえば、コーヒーメーカー、体温計、冷蔵庫など）に蓄積され、自動的に作り出されることとなるビッグデータが、そのまま、IoT 機器を作るメーカー等企業に把握されてしまうかもしれない、といったプライバシー情報の取扱いの問題を含みます。そのため、現在、様々な観点から IoT が関連する法的諸問題について、検討が進められている状況にあります。

（2） 個人情報保護法の時代に合わせた改正

情報を取り扱う事業者側の視点に立ってみると、携帯電話やスマートフォン、タブレット端末等の通信基地局の情報や、GPS 機能により、端末の利用者の位置情報が把握でき、当該利用者がどのような場所をよく利用するのかといった情報や、どういった学校に通っているのか、さらには、どこに住んでいるのかといった情報まで得られる状況となっています。

しかし、情報が無尽蔵に収集され、利活用されることは、情報漏洩のリスクのほか、情報の不正使用や不正取得、その他、名寄せされる情報が多くなることによる様々なリスクがあることが考えられます。

このような状況は、ルールが未整備の中では、事業者がそれぞれ独自に判断

2） IoT は二つの種類の通信を含んでいます。すなわち、モノとモノ（thing-to-thing）をつなぐ場合と、機械と機械（Machine-to-Machine: M2M）をつなぐ場合です。

した基準によって獲得されたデータが利用される、または売却されることとなります。たとえば、こういったビッグデータの利用として問題となった例としては、JR 東日本株式会社による、情報の売買の問題があります（Suica 事件）[3]。

そこで、このような個人情報（パーソナルデータ）を取り巻く、インターネットの進展と端末の進化による環境の変化の中で、個人の権利利益を守りつつ、個人情報を含めた多くのデータの集積——ビッグデータ——を活用した事業活動も行えるように、具体的に、利活用が可能なデータとはどういったものか、適正な取扱いをどうしたらよいのかといった事が明確化されることが求められることが強く認識されるようになりました。

2013年6月14日に閣議決定された「日本再興戦略」及び「世界最先端 IT 国家創造宣言」においては、パーソナルデータに関して、オープンデータやビッグデータの利活用を推進するためのデータの利活用環境整備を行うため、法改正を視野に入れた検討を進めることが明記されました。その後、IT 総合戦略本部（高度情報通信ネットワーク社会推進戦略本部）の下に、パーソナルデータに関する検討会が設置され、保護と利活用の側面から多角的な検討がなされ、2015年の個人情報保護法の全面改正の基礎となる、基本的な検討がなされました。これら検討も受けた改正個人情報保護法は、それまでは、各事業所や事業等を各省庁が監督をしていた、主務大臣制を廃止し、独立した**第三者機関**として新たに設立された個人情報保護委員会に権限を一元化するとともに、法律上保護される対象を明確化しています。また、情報流通や事業者による個人情報の取扱いの透明性を確保し、適正性を保つために、差別や偏見につながる可能性のある個人情報を要配慮個人情報として類型化してその取扱いを整備しています。さらに、個人情報を加工して特定の個人の識別ができない形とし、個人の権利利益侵害等がその取扱いによって生じないようにした情報を「匿名加工情報」として類型化し、本人の同意がなくとも、自由な流通・利活用を認め、

3） 2013年6月に、JR 東日本が、日立製作所にマーケッティング目的で JR の1800駅の乗降客の利用データを、当該 Suica 保持者の同意なく販売することが明らかとなり、プライバシー面での問題などを含め、様々な報道がなされて批判された事件。参照、Suica に関するデータの社外への提供についての有識者会議（2015年10月）「Suica に関するデータの社会への提供について　とりまとめ」。

76 第2部 現代社会と法

利用目的の変更要件を緩和することなどを規定しています[4]。その他、グローバル化の観点からも、本人の保護を図りながら、諸外国との間でのデータの移転を実現するために、個人情報を外国の第三者に提供する場合のルールの整備や、外国の事業者に対する個人情報保護法の適用関係を明確化することなどを行っています。

なお、個人情報保護法は、制度の詳細について、政令と委員会規則に委任する形をとっており、このように、行政立法に委任することによって、法律では迅速に対応できない細かな制度の調整を図り、柔軟に個人情報の利活用を図る体制を構築することができるようにしています[5]。もっとも、かなり重要な制度の内容についても行政立法（行政立法については第1章を参照して下さい）で規定することとしている枠組みとなっているため、この点は、今後、法律の中に組み入れていくなどの法改正が必要だとも考えられます。

（3） 次世代医療基盤法と医療情報の活用について

個人情報の利活用については、特に、医療分野における情報の活用が重要であると指摘されています[6]。しかし、上記にみたように、改正された個人情報保護法において、病歴（病気に罹患した経歴）や、病歴に準ずるものとしての健康診断・遺伝子診断の結果や保健指導、診察・調剤情報等については、「要配慮個人情報」として、原則、同意を取らなければならないというように、特に慎重な取扱いが求められる仕組みとなりました[7]。そのため、医療分野において最も活用が期待される在宅医療分野や地域包括ケアやその他複合的医療研究の推進などにおいて個人情報の利活用ができないのではないかとの指摘がなされていました[8]。そこで、「デジタルデータを活用した次世代の医療分野の研究、医療システム、医療行政を実現するための基盤として、デジタル化した医

4） 日置巴美・板倉陽一郎『個人情報保護法のしくみ』（商事法務、2017年）104頁。

5） 日置巴美・板倉陽一郎『平成27年改正個人情報保護法のしくみ』（商事法務、2015年）19頁。

6） 厚生労働省「医療機関等における個人情報保護のあり方に関する検討会」報告書（http://www. mhlw.go.jp/stf/shingi/2r9852000002k0gy-att/2r9852000002k0kz.pdf）。

7） 個人情報保護法2条3項、同施行令2条。

8） 宍戸常寿・鈴木正朝・上原哲太郎・曽我部真裕・実績寿也・森田朗「特別座談会　情報法制の現在と未来」論究ジュリスト No. 20（2017年）175頁。

療現場からアウトカムを含む多様なデータを大規模に収集・利活用する仕組み
を設ける」ために、次世代医療の基盤となる、「次世代医療基盤法」（医療分野
の研究開発に資するための匿名加工医療情報に関する法律、平成29年法律第28号）
が制定され、2018年5月11日に施行されました[9]。この法律は、匿名加工医療情
報作成事業者を認定する仕組みを設けてそれら事業者が医療等分野の情報を活
用した創薬や研究開発の促進のための、治験や検査データを広く収集し、安全
に管理・匿名化を行い、利用につなげていく枠組みを作るものです[10]。また、
同時に、認定匿名加工医療情報作成事業者によるデータ利活用基盤の構築に合
わせ、革新的な人工知能（AI）の基盤技術を構築し、収集された医療情報を基
に人工知能技術を活用することで、診療支援や新たな医療技術の創出に資する
研究開発を進めるとともに、実際の実用化に向け、AIを活用した医療機器の
質や安全性を確保するための評価のあり方等のルールの整備を行うことも目指
しています[11]。

2 ネットワークの活用とデータに関する諸問題

　以下においては、ネットワークの活用とデータに関する諸問題として、EU
において制定された欧州一般データ保護規則（General Data Protection
Regulation; GDPR）の中に制定された権利等から、ネットワークの活用とデー
タの保持者のデータのコントロールという観点から重要な問題をみることとし
ます。

　このように、EUにおいて議論され、規則に制定されている権利等は、EU
のみにおいて効力を有するのではなく、EUに関係する活動を行う――もしく

9）　首相官邸　健康・医療戦略推進本部「次世代医療基盤法の施行について」平成30年5月11日
（https://www.kantei.go.jp/jp/singi/kenkouiryou/jisedai_kiban/houritsu.html）。

10）　参照、寺田麻佑・板倉陽一郎「改正個人情報保護法と災害――防災情報，医療情報の取扱いにつ
いて――」『EIP』70/1（2015年）1－7頁、寺田麻佑・板倉陽一郎「医療分野における個人情報と
いわゆる『代理機関』：規制の整備に関する現状と課題」『信学技報』No.117（69）（2017年）1－7
頁。

11）　平成30年4月27日閣議決定「医療分野の研究開発に資するための匿名加工医療情報に関する基本
方針について」6頁（https://www.kantei.go.jp/jp/singi/kenkouiryou/jisedai_kiban/pdf/
kihonhoushin.pdf）。

はインターネット上で EU との取引などを行う、もしくはサービスを利用する——国や人に影響を与えます[12]。

（1）　データ・ポータビリティの問題

　私たちの多くは、グーグルやマイクロソフトの提供する Gmail や MSN メールといった、メールサービスや、Twitter や Facebook といった SNS サービスを利用しています。このようなサービスを利用し続けることで、様々な情報が蓄積され、それらのサービスから容易に他のサービスに乗り換えることができなくなる（ロックインされる）、というようなことが現実になろうとしています。

　データ・ポータビリティとは、インターネット上における様々なサービス（E メールサービスやソーシャルネットワーキングサービス（SNS）等）に蓄積される個々人（データ主体（data subject））[13]の電磁的に処理されるデータに関して、プロバイダーやサービス間におけるデータの移転を、技術的に可能な限り、サービス等におけるデータ管理者（data controller）に妨害されることなく移転すること、またはその移転が可能な状態のことを言います。データ・ポータビリティに関しては、すでに、2010年に出された報告書「EU における個人データ保護に関する包括的アプローチ」において、個人がそれぞれ有するデータに関する個人のコントロールを拡大するために、欧州委員会においてその方法を議論すべきであるとされていました[14]。そして、その後制定された欧州一般データ保護規制（GDPR）において、データ・ポータビリティの権利は、その20条に規定され、①自らの個人データを受け取ることのできる権利や、②個人データが提供された管理者から別の管理者へ支障なくデータを送信する権利、③技

12）　EU の法制度は日本の個人情報保護法改正にも影響を与えており、個人情報保護委員会の設立は、欧州一般データ保護規制（GDPR）への対応ということが強く意識されたものでした。参照、宍戸常寿「パーソナルデータに関する『独立第三者機関について』」ジュリスト1464号（2014年）21頁。また、寺田麻佑「先端技術と規制——技術の発展に対する規制手法と行政組織」行政法研究第26号（2018年）70頁。

13）　データ主体（Data Controller）と Data Processor に関する定義は、欧州データ保護規則 2（d）条ならびに（e）条に存在しています。See, above note 1, Directive 95/46/EC, Articles 2（d）（e）.

14）　European Commission, *Communication from the Commission to the European Parliament, The Council, The European Economic and Social Committee and the Committee of the Regions, A comprehensive approach on personal data protection in the European Union*, COM（2010）609 final, pp. 7-8.

術的に可能な形でデータを管理者から管理者に送信してもらう権利等がその主要な内容として規定されています[15]。

現状では様々なインターネット上のサービスに関してロックインされてしまう危険があり、また、サービスを切り替えるとしてもスイッチングコストがかかってしまいます。このような問題に対処し、個人のデータ保護をより強化するという観点からは、データ・ポータビリティに関する権利は、重要な権利の一つであると言うことできます。

（2） プライバシー・バイ・デザイン、忘れられる権利の問題

その他、データ・ポータビリティ等と同様に、以下のような権利も規則案の段階から議論され、GDPR に組み込まれました。

(1) 忘れられる権利（Right to be forgotten）──同意して収集されたデータの保存期限が切れた場合や、本人がデータの消去を要求した場合に、当該本人のデータの消去を行うことを権利として認めるもの（規則案17条）。

(2) プライバシー・バイ・デザイン──サービス等の導入や製品の製造の際に、その設計の段階から、あらかじめプライバシーの対策を講じること（規則案30条3項）。

具体的には、まず、忘れられる権利については、GDPR17条に取り入れられ、その内容としては、データの主体が自らに関係する個人データの削除について、管理者に対して、遅滞なく削除してもらう権利を有し、管理者は遅滞なく個人データを削除する義務を負うこと等として規定されています。また、プライバシー・バイ・デザインは、Data Protection by Design（データプロテクションバイデザイン）として、GDPR25条に取り入れられ、個人データの処理の最小限化と匿名化、個人データを処理する際の透明化を確保する措置などが求められることになりました。

（3） ネットワーク中立性の問題

また、インターネット上の通信量が大きく増えている現状から、「ネットワーク中立性」に関する議論もはじまっています。

---

15) Article 20, General Data Protection Regulation.

80 第 2 部 現代社会と法

　ネットワークの中立性とは、ネットワーク上でビジネスを行っている事業者にどの程度の負担を行わせるべきか、インターネットというオープンなプラットフォームとして運用されてきたネットワークのコストをだれがどのように負担するのかという問題として認識されています[16]。

　一般消費者による大量の動画サイトの消費などを含めて、ネットワーク上の負荷の負担をだれがどのように負担するのかという問題が最近は非常に多く出てきており、ネットワークの中立性の問題は、たとえば、以下にのべるようにゼロ・レーティングを巡る問題などとともに、サービスのあり方の問題としても議論となっています[17]。すなわち、日本においても、諸外国においても、特定のサービスを利用した際に、その特定のサービスの通信料については、料金がかからないサービスを提供する事業者が、最近出現しはじめています。このような、特定のサービスの利用時のみに通信料がかからない仕組み（ゼロ・レーティング）とネットワーク中立性の関係を含め、近年、ネットワーク中立性に関する規制の整備の必要について注目がなされています。この点は、また、インターネットに接続できることが、たとえば EU においては、権利として考えられはじめていることからも、今後、どのような形でのインターネットでの接続が権利として保障されるべきであるのか、といった議論とともに検討を進める必要があるでしょう[18]。

---

16)　寺田麻佑「ネットワーク中立性規制の現状と課題について──EU における新規則と日本への示唆──」Nextcom29号（2017年）14－23頁。

17)　アメリカの FCC は、ネットワークの中立性に関する規制の大半を2017年12月に、インターネットフリーダム命令（Internet Freedom Order）によって撤廃しました。

18)　欧州におけるネットワーク中立性に関する考え方は、「すべての EU 市民がオープンなインターネットへのアクセスを確保されなければならず、すべてのコンテンツやサービスプロバイダーは、高品質なオープンインターネットを通じ、サービスを提供可能とする必要がある」という視点にたっており、インターネットへのアクセスを権利として考えています。See, Regulation（EU）2015/2120 of the European Parliament and of the Council of 25 November 2015 laying down measures concerning open internet access and amending Directive 2002/22/EC on universal service and users' rights relating to electronic communications networks and services and Regulation（EU）No 531/2012 on roaming on public mobile communications networks within the Union, OJ L 310, 26.11.2015, pp. 1－18.

3　コネクティッドカーやドローンなど、先端技術を活用したサービスの諸問題
──特区法制の活用─生産性向上特別措置法の制定？

　本章の冒頭に出したような近未来の話ではなく、実際にAIを活用した車
（コネクティッドカーと言われることもあります）やドローンによって、私たちの
生活がより便利になろうとしている状況が生まれています。しかし、現行法制
度上は、コネクティッドカー（自動走行車）の公道の走行や、ドローンの道路
上の飛行には、様々な障害があります[19]。

　そこで、さしあたり、関連する法改正を行うことが考えられますが、すでに
第1章から第3章においてみたように、法改正には多くの時間がかかり、か
つ、実際に法改正がなされるかどうかは、時の政権の状況等によって不安定と
なる場合があります[20]。また、まだあまり技術が確立していない、もしくは法
改正をするにあたって十分な立法事実がない状況の中では、法改正や新たな法
制定ができない場合もあります[21]。

　そのようななか、コネクティッドカーやドローンの活用については、たとえ
ば、国家戦略特区制度を利用することや、2018年6月6日に施行された「生産

---

19)　全自動で動く車が公道を走行できるためには、道路交通法の改正が必要となります。また、ド
ローンの飛行については、現在は、多くの場合に許可が必要となり、定期的に何かを運搬する等のこ
とはまだ想定されていないため、関係法令を整備する必要があります。ドローンと法整備について
くわしくは、寺田麻佑「航空法の改正：無人航空機（ドローン）に関する規制の整備」法学教室
426号（2016年）47－53頁、寺田麻佑「ドローンに関する法的規制の現状と課題──各国との比較
を中心に──」情報ネットワークローレビュー15巻（2017年）138－153頁、寺田麻佑「ドローン
ハイウェイに関する法的考察」情報ネットワークローレビュー16巻（2018年）31－49頁。

20)　立法過程は政治的な過程でもあります。我が国が採用している議院内閣制の下における世論と立
法の関係については、第1章参照。内閣提出法案の場合、国政上必要とされる場合や、法律の解釈
を明確にするために必要とされる場合、また、裁判所の判断を受けて法律の改正が行われる場合や、
国政上の必要を受けて審議会等の答申に基づいて法案が準備される場合などがあります。

21)　「立法事実」とは、立法的判断の基礎となっている事実であり、「法律を制定する場合の基礎を形
成し、かつその合理性を支える一般的事実、すなわち社会的、経済的、政治的もしくは科学的事
実」のことを指します。芦部信喜、判例時報932号（1979年）12頁、また、渡辺千原「法を支える
事実──科学的根拠付けに向けての一考察──」立命館法学2010年5・6号（333・334号）1803－
1846（1807）頁も参照。立法事実の確認は、迅速な立法が必要とされる分野においても、拙速な立
法を避けるためにも大切なことです。なお、2018年の違法ブロッキングを巡る日本における議論に
ついては、立法事実との関係も含め、成原慧「海賊版サイトのブロッキングをめぐる法的問題」法
学教室453号（2018年）45－52頁をみて下さい。

性向上特別措置法」（平成30年法律第25号）に基づく規制のサンドボックス制度を利用することも考えられます。

　まず、国家戦略特区[22]は2013年から、地方創生戦略の一環としても、また大幅な規制緩和特区として日本の規制改革を行うきっかけとなる地区としても各地で進められている制度です。国家戦略特区の特徴は、これまでの、地域発意に基づくボトムアップ型の特区に比べて[23]、民間の有識者の知見等も活用しながら、国が自ら主導し、国と地域の双方が有機的な連携を図り、国・地方・民間が一体となるプロジェクトが推進される点にあります。特区制度に指定された地域においては、既存の法規制にとらわれず、柔軟な社会実験ができると考えられています。

　次に、生産性向上特別措置法の趣旨は、近年のIoTやビッグデータ、人工知能など、ICT分野における急速な技術革新の進展に対応するための生産性革命の実現にあり、短期間に生産性を向上させる方策として[24]、①法改正を前提とせず、企業ごとに申請し、事業所管大臣、規制所管大臣認定の下で参加者を限定して実証を行うことができる（プロジェクト型）規制のサンドボックス制度、②グレーゾーン解消制度——企業が、現行の規制の適用範囲が不明確な分野においてあらかじめ、規制の適用の有無を確認できる制度、③新事業特例制度——企業自らが、規制が求める安全性等を確保する措置を講ずることを前

---

22)　平成26年2月26日閣議決定資料「国家戦略特別区域基本方針」1頁。日本経済の再生に向けた第三の矢としての成長戦略である「日本再興戦略— JAPAN is BACK —」（平成25年6月14日閣議決定）において、内閣総理大臣主導で、国の成長戦略を実現するため、大胆な規制改革等を実行するための突破口として、国家戦略特区が創設されることとなった。「国家戦略特別区域基本方針　平成26年2月25日閣議決定　平成26年10月7日一部変更　平成27年9月18日一部変更　平成29年7月7日一部変更」（http://www.kantei.go.jp/jp/singi/tiiki/kokusentoc/pdf/290707_kihonhoushin.pdf）。

23)　国家戦略特区のまえは、構造改革特別区域法に基づく特区制度が主に利用されていました。これは、総合規制改革会議中案答申（2002年7月）を受け、2002年11月に閣議決定、臨時国会での審議を経て2003年4月より施行されたもので、全国に先駆けて特定の地域を限定し、所与の制度や規制の特例措置（規制改革）の効果を試すことや、規制改革の責任を担う市町村に、国の規制の一部を移管する新しい地方分権の試みとして、二重の意味における社会実験のための手段であると考えられていました。

24)　2017年12月に「新しい経済政策パッケージ」がとりまとめられました。この中で、2020年までを「生産性革命・集中投資期間」として、あらゆる政策を総動員することとしています。

提に、企業単位で規制の特例措置を適用する制度、などを創設しています。特に、①のプロジェクト型規制のサンドボックス制度は、AIやIoTなどの新たな技術に基づくビジネスの実用化の可能性を検証し、実証の結果を規制の見直しにつなげる制度とされています。

　もっとも、我が国においてこのように、実証実験等のためとはいえ、規制を一部撤廃するような形（それがすべて行政立法等、国会制定法以外の法による対応だったとしても）で技術発展に対応する運用を認めていく、かかる法の仕組みは、ある意味においては大きな規制緩和ともいうべき状況であり、法が本来予定している以上の「例外」を認めてしまう可能性があります。現行法規制の枠組みの中で、例外をこのように認めるのではなく、本来は一般的な法改正によって対応していくべきであるとも考えられます。今後、どのような形でかかるサンドボックス制度が運用されていくのかについては、注視していく必要があるでしょう。

4　情報化社会におけるアーキテクチャの重要性

（1）　インターネットは無法地帯を作り出すのか、より監視された社会を作り出すのか

　法律は、国家を背景に成立しており、その適用の範囲が時々問題とはなりますが、基本的にその国で起きたことについては当該国の法律が適用されます。それに対して、インターネット上で起きる事柄について、法律がどのように適用されるのかということには、大きな問題があります。

　この点については、サイバースペースには規制がそもそも適しないといった見解もあります。インターネットはボーダーレスな性質を有しており、そもそも、何らかの規制を押し付けることは非現実的であるといった考え方が示されています（サイバースペースのセルフガバナンス論）[25]。もっとも、この点については、たとえば、中国においては、グレートファイアーウォールと呼ばれる政

---

25)　平野晋・牧野和夫『判例国際インターネット法──サイバースペースにおける法律常識』（プロスパー企画、1998年）62頁以下。See, John Perry Barlow, A Cyberspace Independent Declaration (1996)（https://www.eff.org/ja/cyberspace-independence）.

府によるインターネットの規制が行われており、匿名でのインターネットの利用なども禁止されるなどしています。むしろ、インターネットの世界は、すべての情報が記録されるため、監視しようと思えば、より監視された社会を作り出すともいうことができます[26]。

（2）　ソフトローと国際的ルールメイキング

情報化や電子化の進展の結果、たとえばマイクロソフトやグーグル、アマゾン、アップルといったプライベートセクターによる独自のソフトローの形成がますます進んでいるということもできます。すなわち、皆が使い、デファクト・スタンダードになっている場合、そこにおいて用いられる当該サービス内の基準は、国家の規制の枠組みを超えて、大きな影響力を私たちにもたらします。

同時に、私的団体等を含めた様々な民間団体によってルールメイキングの提唱もなされており、たとえば、AIについても、多くのガイドライン等の模索がなされています[27]。プライベートセクター（たとえばプラットフォーム事業者）が独自のソフトローの形成を通して、それらのソフトローが次第に強制力を拡大していくことも考えられます[28]。情報化と技術の発達の進む現代社会においては、多くの団体や国によって、規範形成の提案がなされる状況にあるとも言えます。そのような中では、国際標準の策定の模索に、必要であれば積極的に参加していくことが各国においても必要となり、求められているものと言えます（国際的なルールメイキングへの参画の重要性）[29]。

---

26)　参照、日本貿易振興機構（ジェトロ）北京事務所「中国「インターネット安全法」に基づく　企業コンプライアンスについて」（2017年11月）。

27)　Partnership on AI（アメリカの主要なネット企業が参画しているオープンなプラットフォーム），TENETS, See, https://www.partnershiponai.org/tenets/.
電気・電子分野に関連する規格の標準化や標準化の提案を行っている学界団体であるIEEE（Institute of Electrical and Electronics Engineers，米国電気電子学会、アイトリプルイー）もAIに関する国際的ガイドラインを発表しています。起業家や研究者等によって設立されたFuture of Life Institute（FLI）という非営利団体も、「アシロマAI原則」を公表しています。

28)　中里実「情報、法、国家——電子社会における国家の役割」原田尚彦先生古稀記念『法治国家と行政訴訟』（有斐閣、2004年）605頁。

29)　詳しくは、寺田・前掲注12)「先端技術と規制」31－73頁。

第5章　情報化社会と法　85

（3）　アーキテクチャを規律する必要性

　私たちの意思決定は、私たちが利用するものによって形作られていることがあります。

　特に、インターネット上における情報発信や情報の交換は、何らかのアプリケーションを通じてなされたりすることが多く、その際に、私たちがどのような情報を「公開」したり、「交換」したりすることに同意するのかといった事柄に関するアプリケーションの作り方によって、私たちの情報が、自ら認識している以上に他者に公開されていたり、検索可能な状況になっていたり、断片的な情報からでも、推測可能となることがあります。

　SNS（ソーシャルネットワークサービス）等の発達により、様々な社会的属性が簡単にネット上で示されるようになりました。たとえば、Facebook には、趣味、会社、政治的信条などに関する様々なグループが形成され、それらに「賛同」したり、それらグループの一員となったりすることができるような仕組みが作られています。それらグループから、自らが招き入れられて一員として追加されることもあります[30]。

　その結果、他の人には知らせていなかった、たとえば性的志向などについて、他の人が「この人はこのグループに属している人だ」と知ることもあります。このような事態は、おそらく、近年顕著に問題として認識――あるいは問題として認識もまだしていない人も多いかもしれませんが――されるようになっています。

　また、たとえば、あるインターネット上の何らかの（趣味嗜好に関する集まりや、デーティングサービス、その他）サービスに関するアプリケーションがあるとしましょう。当該アプリケーションをだれが利用しているのかということはもちろん機密情報なので公開はしていないとしていたとしても、メールアドレスの登録を試みる際に、たとえば自分の親のメールアドレスを入力してみたところ、「このアドレスはすでに登録されています。」といった応答が出てくることによって、当該メールアドレスの使用者が当該サービスを利用しているこ

---

30)　See, Woodrow Hartzog, *Privacy's Blueprint*, Harvard University Press, 2018.

86　第2部　現代社会と法

とが推測される形となっているなどの問題が明らかになることがあります。このように、インターネット上に情報が公開されていなくても、サービスの提供形態によっては、当該サービスを利用している人が想定しない形で、情報がその他の人に知られることがあります。

　情報の流通は、まさに、技術的な仕組みによってコントロールされることが多いと言えます。このような、物理的な技術構造は「アーキテクチャ」と呼ばれ、このアーキテクチャを規律することや、その規律の問題などを——たとえば、自主規制的にアーキテクチャへの規律を求めていくのか、企業とともに規律構造を考えていくのか（共同規制）等、情報化社会においては真剣に考える必要があります[31]。

5　情報化社会と立法・行政・司法——そして、今後考えられる対応

（1）　情報化社会とグローバル化
　　　　——特に、ネットワーク利用犯罪対策に関する立法対応について

　インターネットは一つの社会経済基盤として不可欠なものとなっています。インターネットに国境はなく、ネットワークに接続された様々な情報・データに対して、サイバー攻撃が行われることも多くなっています。また、インターネットに接続できる端末も爆発的に増加しており、スマートフォンやタブレット端末、様々な家電製品や車に至るまで、ほとんどすべてのものがネットワークに接続されることが可能な状況となっています（IoT 機器の諸問題）。このことはとりもなおさず、外部からの攻撃をうけるリスクが増加するということでもあります。

　ネットワーク犯罪については、デジタル化やネットワーク化に対応する刑法の規定の改正や整備、また、特別法の制定もなされています。刑法には、電磁的記録不正作出罪、電子計算機損壊等業務妨害罪、電子計算機使用詐欺罪が

---

31)　成原慧『表現の自由とアーキテクチャ』（勁草書房、2016年）。自主規制について、原田大樹『自主規制の公法学的研究』（有斐閣、2007年）、共同規制について、生貝直人『情報社会と共同規制』（勁草書房、2011年）。EU における共同規制の模索について、寺田麻佑『EU とドイツの情報通信法制』（勁草書房、2017年）188-198頁。

第 5 章　情報化社会と法　*87*

1987年 5 月の改正によって新設され、さらに、1999年には不正アクセス禁止法も制定されています。また、コンピュータウイルス等を利用した犯罪に対応するため、2011年 6 月に、情報処理の高度化等に対処するための刑法等の一部を改正する法律（いわゆるサイバー刑法）が成立し、不正指令電磁的記録に関する罪（コンピュータウイルス作成・共用罪）も新設されました。また、同サイバー刑法によって、刑事訴訟法の一部も改正され、電気通信事業者に対する通信記録の保全要請や、コンピュータの差押えに関する規定が整備されました。

　また、ネットワーク上の犯罪は国境を越えたものであることが多いため、ネットワーク犯罪の解決には、国際的な協力の必要性や、一定程度の共通の基準が必要であると考えられ、2001年11月にサイバー犯罪条約が欧州評議会によって採択されており、この条約の策定作業から参加していた我が国も署名し、2012年に批准しています[32]。サイバー犯罪条約は、児童ポルノ等への最低限の禁止規定を策定することや、システムへの不正な攻撃に対応する規定を設けること、サイバー犯罪に関連する捜査手続の整備などを定めています。

（ 2 ）　情報化社会と裁判所──裁判所の IT 化、IT 活用について

　情報通信技術の進展は、それでは、裁判所の手続にも進展をもたらしているのでしょうか。実は、日本は、オンライン上での訴えの提起や書面の提出ができず[33]、すでに1996年には開始されたテレビ会議システムの利用も、利用環境に制約があることから、活発化しておらず、情報化社会の中で、裁判手続はIT 化から取り残されているとも言える現状にあります[34]。

---

32)　Council of Europe, Convention on Cybercrime, ETS No.185. その他、今後ますます重要となるサイバースペース上の管理についてサイバー空間の秩序維持のための適切な規制のための「情報監視院」といった独立性の高い機関の設置を憲法改正も含めて議論すべきであると指摘するものとして、宍戸常寿「サイバー空間を守る『監視』と『負担』の議論を」WEDGE2019年 1 月号10頁。

33)　2004年の民事訴訟法改正によって、オンラインによる申立て等を可能とする規定が設けられ（民事訴訟法132条の10等）、2006年には、支払督促手続について、オンラインによる手続を可能とする「督促手続オンラインシステム」が導入され、この手続は年間 9 万件以上利用されています。しかし、まだ、一般的な民事訴訟手続はオンラインによる手続ができません。

34)　「裁判所で行っている手続は、権利関係の存否などに関する重要な手続です。そのため、テレビ会議システムは、裁判所が様々な事情から適当だと判断した場合に利用することができます。」との説明がなされています。裁判所資料「テレビ会議をご存じですか？」(http://www.courts.go.jp/vcms_lf/H2803kouhou.pdf)。

しかし、アメリカやシンガポール、韓国などにおいては、ITを利用した裁判手続の運用が広く普及していますし、ドイツにおいても裁判手続のIT化が進められています[35]。このように、各国においては裁判手続におけるIT利用が進んでいる中で——オンラインで裁判書類がやりとりされ、記録も電子化して保管されています——、日本においてはほとんどIT化が進んでいない現状を変えていくために、2018年現在、検討が進められています。

その検討の契機となったのは、2017年6月9日に閣議決定された「未来投資戦略2017」において、「迅速かつ効率的な裁判の実現を図るため、諸外国の状況も踏まえ、裁判における手続保障や情報セキュリティ面を含む総合的な観点から、関係機関等の協力を得て利用者目線で裁判に係る手続等のIT化を推進する方策について速やかに検討し、本年度中に結論を得る。」と言及されたことでした[36]。この未来投資戦略2017における裁判手続のIT化への検討の方向性を受けて、2017年10月に、首相官邸の政策会議の一つとして、「裁判手続等のIT化検討会」が設置されました[37]。

具体的には、裁判手続の紙媒体での申請からEメール等での申請を可能とするようにするだけではなく、裁判記録のデータ化などを広く進め、ひいては国民の司法アクセスの向上や、裁判手続の迅速化・充実化に資することを目指すこととされています[38]。

（3）　行政におけるAI等の活用

もちろん、裁判手続だけでなく、今後は、行政機関も、様々な先端技術——AIなど——を活用し、サービスを提供していくことも考えられます。すでに多くの自治体等で行われていますが、オンライン上での情報公開請求やパブリックコメントサービスなどを今後ますます拡充していくことも考えられます。

---

35)　手続等のIT化検討会「裁判手続等のIT化に向けた取りまとめ—『3つのe』の実現に向けて」平成30年3月30日（https://www.kantei.go.jp/jp/singi/keizaisaisei/saiban/pdf/report.pdf）。

36)　首相官邸「未来投資戦略2017　Society 5.0の実現に向けた改革」（http://www.kantei.go.jp/jp/singi/keizaisaisei/pdf/miraitousi2017_t.pdf）。

37)　事務局は、内閣官房日本経済再生総合事務局が担当しています（https://www.kantei.go.jp/jp/singi/keizaisaisei/saiban/index.html）。

38)　前掲、「裁判手続等のIT化に向けた取りまとめ」5－6頁。

第5章　情報化社会と法　*89*

同時に、市民との関係で、技術的な進歩についてこられない人たちへの対応も必要でしょう。

（４）　今後考えられうる対応──国際的ルールメイキングとソフトローの活用

　時代に合わせて、法も変わっていきます。今後の情報化社会におけるレギュレーションは、いわゆる、国会で決められる法律（ハードロー）だけではない、ソフトロー的な手法も含めたその他の様々な手段が合わさって進んでいくものだと考えられます。すでにみたように、欧州における規範形成や、規則のあり方なども日本の法形成に影響を与えています。また、ソフトロー的な規範形成の模索は、人工知能に関する各種団体や政府の検討が日本を含めて進められています。このようななかで、国際的なルールメイキングに日本も参画しながら、情報化社会においてどのような法的枠組みが望ましいのか、ソフトローの活用も含めながら調整を図っていく必要があるものと言えます。

　■より深い学習のためのガイド■
① 　大内伸也『AI 時代の働き方と法──2035年の労働法を考える』（弘文堂、2017年）
② 　日置巴美・板倉陽一郎『個人情報保護法のしくみ』（商事法務、2017年）
③ 　小向太郎『情報法入門　デジタル・ネットワークの法律　第 4 版』（NTT 出版、2018年）
④ 　松井茂記・鈴木秀美・山口いつ子編『インターネット法』（有斐閣、2010年）
⑤ 　宇賀克也・長谷部恭男編『情報法』（有斐閣、2012年）
⑥ 　曽我部真裕・林秀弥・栗田昌裕『情報法概説』（弘文堂、2015年）
⑦ 　宍戸常寿編著『新・判例ハンドブック情報法』（日本評論社、2018年）
　また、本稿においては細かく扱えていませんが、知的財産法も情報化社会における法秩序の重要な一部を担っているため、以下の本なども、より今後のインターネットと情報の流通などの問題を考える上でお薦めします。
⑧ 　島並良・上野達弘・横山久芳『特許法入門』（有斐閣、2014年）
⑨ 　島並良・上野達弘・横山久芳『著作権法入門　第 2 版』（有斐閣、2016年）

第6章
表現の自由とプライバシー

Keywords：表現の自由／プライバシー／
個人情報／忘れられる権利／
通信の秘密

　憲法により保障された人権の中でも表現の自由とプライバシーは、情報社会を生きる私たちにとって身近な権利となっています。インターネット上でどこまで他人の私生活について書くことは許されるのでしょうか？　ソーシャルメディアに友人の写った写真を無断でアップロードすることは許されるのでしょうか？　このような身近な問題にも、**表現の自由とプライバシー**をいかに調整するのかという問題が関わっています。本章では、表現の自由とプライバシーの意味や価値について学んだ上で、表現の自由とプライバシーの間には、相反する面だけではなく、支え合う面もあることを明らかにしていきます。

1　表現の自由とは何か、なぜ重要なのか[1]

　表現の自由とは、自らの思想や感情を外部に表明し他者に伝達する自由のことです[2]。日本国憲法は21条1項で「集会、結社及び言論、出版その他一切の表現の自由は、これを保障する。」と定め、表現手段・メディアの種別にかかわらず表現の自由を広く保障するとともに、同条2項で「検閲は、これをしてはならない。通信の秘密は、これを侵してはならない。」と定め、戦前及び戦中の検閲制度による言論抑制の反省も踏まえ、検閲を禁じています[3]。

---

1)　本節の記述の一部は、拙稿「表現の自由・メディア・アーキテクチャ」西垣通・伊藤守編『よくわかる社会情報学』（ミネルヴァ書房、2015年）を元にしています。

2)　表現の自由に関する概説として、芦部信喜（高橋和之補訂）『憲法　第6版』（岩波書店、2015年）第9章等を参照。

表現の自由は多くの立憲民主国家において憲法上保障された人権の中でも特に重要視され、手厚く保障されるべきだと考えられてきました。表現の自由が手厚く保障されるべき理由としては、国民が様々な意見・情報に接したり表現活動を行うことを通じて民主政治の過程に参加するという「**自己統治**」、個人が様々な意見・情報に接したり表現活動を行うことを通じて自律的に自己の人格を発展させていくという「**自己実現**」、真理は市場での自由な競争を通じて発見されるものであり政府が思想を抑制してはならないという「**思想の自由市場**」などの根拠が挙げられてきましたが、特に重視されてきたのが「自己統治」の価値です[4]。

　表現の自由の価値について理解する上では、表現の自由が経済学的に言えば**公共財**としての性質を持っていることが手がかりになるでしょう[5]。たとえば、国の政治に関わる問題について、報道したり、意見を表明することは、社会全体に広く便益を及ぼしうる一方で、表現活動を行う人は必ずしも十分な見返りを受けられません。また、見返りの薄さもあり、表現の自由は、処罰や損害賠償のおそれによって**萎縮**しやすいという性質を持っています[6]。そうなると、表現の自由を行使しようとする人は少なくなりがちです。そこで、表現の自由の公共財としての性質や萎縮しやすさを踏まえ、米国の判例やそれを受けた日本の学説では、表現の自由をできるだけ手厚く保障するべきだという考え方がとられてきました。

　実際、いくらインターネットを通じて表現活動が身近になったとは言え、私

3）　判例は、「検閲」を「行政権が主体となって、思想内容等の表現物を対象とし、その全部又は一部の発表の禁止を目的として、対象とされる一定の表現物につき網羅的一般的に、発表前にその内容を審査した上、不適当と認めるものの発表を禁止すること」と定義しています（最大判昭59・12・12民集38巻12号1308頁）。一方、学説では、検閲概念を受け手の「知る権利」の観点からより実質的に構成すべきであるなどとして、判例の検閲概念に対する批判も有力です。

4）　表現の自由の価値について哲学的・原理的に探求したものとして、奥平康弘『なぜ表現の自由か』（東京大学出版会、1988年）1章を参照。

5）　経済学における公共財の意味については、常木淳『公共経済学　第2版』（新世社、2002年）36頁以下等を参照。

6）　米国における萎縮効果論の形成と背景については、毛利透『表現の自由──その公共性ともろさについて』（岩波書店、2008年）4・5章を参照。

たちが表現の自由を行使しているという自覚を持つことは少ないようにみえます。私たちの多くは、ネットで表現活動を行うようになっていますが、それらの多くは、SNSでの身近な友人とのコミュニケーションだったり、旅行や映画の感想だったりするのではないでしょうか。そのような身近な表現が国家により規制されそうになり、表現の自由により対抗しなければならなくなることはそれほど多くありません。表現の自由が真に必要になるのは、政府を批判するデモを行ったり、女性器を象った作品を展示したりするなど、国家の権力や社会の多数派の常識に挑戦するときなのです。そのように考えると、表現の自由を行使するのは「変人」[7]であり、「私」のようなふつうの人（「私」や「あなた」がふつうの人であるという保証は実はどこにもないのですが）には関係ないように思えるかもしれません。たしかに、表現の自由を積極的に行使するのは「変人」かもしれませんが、そうした人がいるおかげで、私たちの多くも、様々な生き方や考え方を知ることができるなど、自由な社会の恩恵を享受できているのです。

　表現の自由は、以上のような理由により重要な人権であると考えられてきましたが、絶対無制約の権利ではなく、公共の福祉による制約を受けると解されてきました。いくら表現の自由が重要な権利といっても、たとえば、他者のプライバシーとの関係で一定の制限を受けるべき場合があることは否定できないでしょう。このように表現の自由も他の人権などとの関係で制約に服する場合がありますが、表現の自由は民主政治の過程に不可欠なものであることなどから、経済的自由に比べ優越的地位を有するとされ、表現の自由をはじめとする精神的自由を規制する立法の合憲性は、経済的自由を規制する立法よりも厳格に審査されるべきであるとされてきました（いわゆる「二重の基準」論[8]）。

　表現の自由の担い手としてこれまで重要な役割を果たしてきたのが情報を伝達する媒体である各種のメディア、とりわけ、新聞、出版、放送などのマスメディアです。マスメディアは、様々な情報を取材し、編集した上で、不特定多

7）　毛利、前掲『表現の自由』46頁。

8）　芦部、前掲『憲法』193−194頁参照。

数の受け手に情報を発信することにより20世紀の大衆社会において情報を伝達する枢要な役割を担ってきました。マスメディアの発達により、送り手と受け手の地位が分離し、一般の国民が受け手としての立場に固定化されるようになると、表現の自由を受け手の立場から再構成し、国民が思想や情報を求め受け取る自由である「知る権利」も憲法21条の保障する表現の自由に含意されると解されるようになりました[9]。そして、マスメディアは、報道機関として、国民の「知る権利」に奉仕するという観点から、報道の自由が保障され、その前提となる取材の自由も十分尊重されるべきであると解されるようになったのです[10]。

　20世紀末にインターネットが発展・普及したことで、一般の個人が表現者として復権し、表現の自由の意義が改めて注目されるようになります。今日では一般の個人がインターネットを通じて、マスメディアを介することなく、広く世界に向けて情報を発信し多種多様な情報を享受することが可能になっています。とはいえ、インターネット上でも個人は、誰の助けも借りずに独力で表現活動を行うことは困難です。インターネット上の個人の表現活動は、通信事業者、プロバイダ、ソーシャルメディア、検索事業者等の各種の媒介者に支えられていますが、これらの媒介者が様々な物理的・技術的構造、すなわちアーキテクチャを用いて表現活動や情報流通をコントロールする機会も増大しています[11]。このような媒介者が設計・管理するアーキテクチャを利用して、政府も間接的に表現の自由を規制するようになっています[12]。アーキテクチャによる規制は、情報の流通を受け手に届く前に不透明な形で広汎に抑制し、検閲に相当するような表現の自由への強度の制約となるおそれがあるため、表現の自由を尊重したアーキテクチャの設計・運用が求められます。

---

9 ）「知る権利」論の内容とその背景に関しては、奥平康弘『知る権利』（岩波書店、1979年）等を参照。

10）　最大決昭44・11・26刑集23巻11号1490頁［博多駅フィルム提供事件］等を参照。

11）　アーキテクチャによる規制については、松尾陽編『アーキテクチャと法』（弘文堂、2017年）等を参照。

12）　成原慧『表現の自由とアーキテクチャ──情報社会における自由と規制の再構成』（勁草書房、2016年）等を参照。

2 プライバシーとは何か、なぜ重要なのか

「プライバシー」(privacy) の権利は、「私的な」(private) と共通の語源を持っていることからもわかるように、個人の私生活に関する権利を意味してきました。プライバシー権の起源は、19世紀後半のアメリカに遡ることができます。当時のアメリカでは、カメラをはじめとするメディア技術が発達するとともに、それらを用いて取材・報道を行うジャーナリズムも発展していきます。当時発展していたジャーナリズムの中には、有名人のスキャンダルや私生活などを暴き立てる「イエロージャーナリズム」も少なくありませんでした。そのような中で、ウォーレンとブランダイスという二人の法律家は、当時の関係する判例などを手がかりにしながら、「プライバシー権」の必要性を主張したのです。このような問題意識から、彼らは、「**放っておいてもらう権利**」(the rights to be let alone) としてプライバシー権を定式化します[13]。彼らの論文は、プライバシー権の起源とされ、後のコモンロー及び憲法判例においてプライバシー権が承認・確立されていきます。

日本でも、1964年の「宴のあと」事件判決において、プライバシーが「私生活をみだりに公開されないという法的保障ないし権利」と定義された上で、プライバシー侵害に対し法的救済が認められるための要件として、公開された内容が、(1)私生活上の事実または私生活上の事実らしく受け取られるおそれがあり、(2)一般人の感受性を基準にして当該私人の立場に立った場合公開を欲しないであろうと認められ、(3)一般の人々に未だ知られていないことという要件が示され、以降、判例においてプライバシー権が承認されてきました[14]。

その後、官庁や企業におけるコンピュータの発達・普及などにより、個人のデータが大規模かつ体系的に収集・管理・利用される「データバンク社会」が到来します。このような情報環境の変容を踏まえ、プライバシーを「**自己情報コントロール権**」（自己に関する情報をコントロールする権利）として捉える見解

---

13) Samuel Warren & Louis Brandeis, *The Right to Privacy,* 4（5）HARVARD LAW REVIEW 194 (1890). ウォーレン＆ブランダイス論文の書かれた背景については、宮下紘『プライバシー権の復権』（中央大学出版会、2015年）1章参照。

14) 東京地判昭39・9・28下民集15巻9号2317頁［「宴のあと」事件］。

が提唱されます[15]。第2世代のプライバシー権論は、プライバシーの「情報論的転回」を試みたと言えるでしょう[16]。このような学説の発想の一部は、後にみる個人情報保護法制にも実質的に取り入れられたほか、最高裁の判例にも採用されていきます。たとえば、早稲田大学で開催された中国国家主席の講演会に参加した学生が、大学が自らの個人情報を無断で警察に提供したことはプライバシー侵害にあたるとして早稲田大学に対し損害賠償を求めた事案である早稲田大学名簿提供事件で最高裁は、「……本件個人情報を開示することについて上告人らの同意を得る手続を執ることなく、上告人らに無断で本件個人情報を警察に開示した同大学の行為は、プライバシーに係る情報の適切な管理についての合理的な期待を裏切るものであり、上告人らのプライバシーを侵害する……」と判示しています[17]。

　さらに、近年では、インターネットの発達・普及などにより、第3世代のプライバシー権論が唱えられるようになります。今日では、たとえ法的に自己情報コントロール権が保障されていたとしても、個人がコントロールすることすら困難な大量の個人情報がインターネット等を通じて流通するようになっています。また、警察や民間企業による検索履歴や読書履歴等のデータベースの構築により、（政治的な）言論や結社が萎縮し、民主主義のプロセスが歪曲される危険や[18]、個人情報のプロファイリングに基づいて意思決定の環境が操作され、個人の選択の機会が予め剥奪されることにより、個人の自律とそれに基づく民主主義が侵食されるリスクなども指摘されています[19]。このような認識の下に、第3世代のプライバシー権論では、プライバシーに個人の権利に還元さ

---

15)　佐藤幸治「プライヴァシーの権利（その公法的側面）の憲法論的考察──その比較法的検討（1）・（2）」法学論叢86巻5号（1970年）1頁以下、87巻6号（1970年）1頁以下、堀部政男『現代のプライバシー』（岩波書店、1980年）、堀部政男『プライバシーと高度情報化社会』（岩波書店、1988年）等を参照。

16)　山本龍彦『プライバシーの権利を考える』（信山社、2017年）4頁参照。

17)　最判平15・9・12民集57巻8号973頁。

18)　ダニエル・ソロブ（大島義則・松尾剛行・成原慧・赤坂亮太訳）『プライバシーなんていらない！？──情報社会における自由と安全』（勁草書房、2016年）168-169、213頁参照。

19)　ビクター・マイヤー・ショーンベルガー＝ケネス・キクエ（斎藤栄一郎訳）『ビッグデータの正体──情報の産業革命が世界のすべてを変える』（講談社、2013年）等を参照。

96 第2部 現代社会と法

れない社会・公共的価値（関係性（愛情・友情等）の維持、共同体の礼節のルール、民主主義の維持など）があることが重視されるとともに、今日の社会において人々のプライバシーを保護したり制限する上で重要な役割を果たすようになっている物理的・技術的構造、すなわち「アーキテクチャ」が着目されるようになっています。第3世代のプライバシー権論は、プライバシー権のいわば「構造論的転回」を試みています[20]。

　ネットワーク時代におけるプライバシーの保障のあり方が問われたのが住基ネット事件です。この事件で最高裁は、「憲法13条は、国民の私生活上の自由が公権力の行使に対しても保護されるべきことを規定しているものであり、個人の私生活上の自由の一つとして、何人も、個人に関する情報をみだりに第三者に開示又は公表されない自由を有する」と認めつつも、「住基ネットによって管理、利用等される本人確認情報は……個人の内面に関わるような秘匿性の高い情報とはいえない」とした上で「住基ネットのシステム上の欠陥等により外部から不当にアクセスされるなどして本人確認情報が容易に漏えいする具体的な危険はないこと……住基法は……本人確認情報の適切な取扱いを担保するための制度的措置を講じていることなどに照らせば、住基ネットにシステム技術上又は法制度上の不備があり、そのために本人確認情報が法令等の根拠に基づかずに又は正当な行政目的の範囲を逸脱して第三者に開示又は公表される具体的な危険が生じているということもできない」として、住基ネットの合憲性を支持しました[21]。この判決は、個人情報を取り扱うネットワークのアーキテクチャ・構造の審査を試みたものとして、ネットワーク時代におけるプライバシー権の保護のあり方を示したリーディングケースとして注目に値するでしょう[22]。

　では、プライバシーはそもそもなぜ必要なのでしょうか。「やましいことがないのなら、プライバシーなんていらない？」と思うかもしれません[23]。私は何も隠すような悪いことをしていないのだから、監視カメラなどで監視されて

---

20)　山本、前掲『プライバシーの権利を考える』7頁以下等を参照。

21)　最判平20・3・6民集62巻3号665頁。

22)　山本、前掲『プライバシーの権利を考える』54頁以下等を参照。

第6章 表現の自由とプライバシー　97

も一向に問題ないというわけです。だが、本当にそうなのでしょうか？　あなたが、いくら監視カメラによる道路や公園の監視に賛成していても、トイレの中を監視されるのはさすがにやりすぎだと思うでしょう。このことは、監視にも私生活との関係で一定の限界が必要だということを示しています。また、公共の場であっても、たとえば、自分の車の行き先がGPSなどにより常時監視され、収集されていたら、病院や教会、政治集会などに行きにくくなってしまうかもしれません。表現の自由と同様に、プライバシーにも、社会的・公共的価値があり、個人の人権を保障することが、長い目で見ると社会の多くの人々の利益になることが期待されます。

　今日の日本では、個人のデータ・情報に関するプライバシーは、**個人情報保護法**をはじめとする個人情報保護法制を通じて保護されるようになっています。EUをはじめ国際社会における個人情報保護の進展なども踏まえ、2003年に、個人情報保護法、行政機関個人情報保護法等が制定され、2015年には個人情報保護法が大きく改正されています。個人情報保護法1条では同法の目的として「個人情報の適正かつ効果的な活用が新たな産業の創出並びに活力ある経済社会及び豊かな国民生活の実現に資するものであることその他の個人情報の有用性に配慮しつつ、個人の権利利益を保護すること」が掲げられています。目的規定に「プライバシー権」は、明示的には掲げられていませんが、「権利利益」の中に含まれると解されています。

　個人情報保護法の2条1項では、「個人情報」が定義されており、「生存する個人に関する情報であって」、「当該情報に含まれる氏名、生年月日その他の記述等（……）により特定の個人を識別することができるもの（他の情報と容易に照合することができ、それにより特定の個人を識別することができることとなるものを含む。）」などが個人情報にあたるとされています。同法により、個人情報を取り扱う企業等には、個人情報の取得時の適正取得及び利用目的の通知等（18条）、個人情報の目的外利用時の本人同意の原則取得（15条・16条）、個人データの保管時のデータ内容の正確性の確保等及び安全管理措置（19条・20条）、

---

23)　このような素朴な疑問と向き合うことを通じて、今日の情報社会におけるプライバシーの価値の擁護を試みるものとして、ソロブ、前掲『プライバシーなんていらない！？』参照。

98　第 2 部　現代社会と法

個人データの第三者提供時の本人同意の原則取得（23条）、本人からの開示請求等があった際の保有個人データの開示、訂正、利用停止等（28項〜30条）の義務が課されています[24]。

3　表現の自由とプライバシーの対立
──モデル小説と検索エンジンによるプライバシー侵害を手がかりに考える

　表現の自由とプライバシーの間には、人格権（プライバシー権）に基づく雑誌の差止めや不法行為（プライバシー侵害）によるメディアへの損害賠償請求などにみられるように、緊張関係があります。

　今日では、インターネット上において前科など個人に関する情報がいつまでも記憶され、忘れられないことにより、個人のプライバシー権や個人が人生をやり直す自由が侵害されているという問題意識の下に「忘れられる権利」が認められるべきであるという議論が欧州を中心に有力になっています[25]。2013年に欧州司法裁判所が従前の EU データ保護指令の解釈の下に「忘れられる権利」を実質的に認める先決判決を下した上で[26]、2018年 5 月に発効した EU データ保護規則が17条で「消去権（「忘れられる権利」）」（Right to erasure ('right to be forgotten')）を承認し、日本でも話題になりました。

　日本では、「忘れられる権利」は認められていませんが、ノンフィクション小説において他人の前科等に関わる事実を実名により公表したことが不法行為にあたるか争われたノンフィクション「逆転」事件において、1994年に最高裁は、「前科等にかかわる事実を実名を使用して著作物で公表したことが不法行為を構成するか否かは、その者のその後の生活状況のみならず、事件それ自体の歴史的又は社会的な意義、その当事者の重要性、その者の社会的活動及びその影響力について、その著作物の目的、性格等に照らした実名使用の意義及び

---

24)　個人情報保護法について解説したものとして、日置巴美・板倉陽一郎『個人情報保護法のしくみ』（商事法務、2017年）等参照。

25)　忘れられる権利に関する問題について検討したものとして、栗田昌裕「プライバシーと「忘れられる権利」」龍谷法学49巻 4 号（2017年）1135頁、曽我部真裕「日本における「忘れられる権利」に関する裁判例および議論の状況」江原法學49号（2016年） 1 頁以下等を参照。

26)　Case C-131/12, Google Spain SL, Google Inc. v. AEPD, Mario Costeja González（May 13, 2014）.

必要性をも併せて判断すべきもので、その結果、前科等にかかわる事実を公表されない法的利益が優越するとされる場合には、その公表によって被った精神的苦痛の賠償を求めることができる」[27]と判示し、前科に関わる事実を公表した著作者の不法行為責任を認めた原審の判断を支持しました。

また、人格権に基づく**検索結果の削除**の可否が争われた事案において、2017年に、最高裁は、検索結果の提供について、「検索事業者自身による表現行為という側面を有する」とする一方で、「ネット上の情報流通の基盤として大きな役割を果たしている」とも評価し、このような検索結果の提供の二面性を踏まえ、事実を公表されない法的利益が情報を検索結果として提供する理由に「優越することが明らか」な場合に検索結果の削除を求めることができると判示しています[28]。この決定では、**検索事業者**がインターネット上の情報流通を支え、利用者らの表現の自由と知る権利を促進する役割を果たしていることも勘案して、検索結果の削除に謙抑的な基準が示されたといえるでしょう。

4 表現の自由とプライバシーの連携
──ネット監視とブロッキングを手がかりに考える

一方、表現の自由とプライバシーの間には、監視による萎縮効果に対抗して、個人の「精神的なプライバシー」の領域を守るなど、互いに協力する関係もあります[29]。

今日の社会では監視カメラなどにより街頭や店舗など至るところで監視が行われるようになっていますが、とりわけ世界的に大きな問題となっているのがインターネット上の通信の監視（**ネット監視**）です。ネット監視は、国境を超えるインターネット上の通信を大規模かつ遍在的に監視することで、グローバルな規模でプライバシーと表現の自由のあり方を巡り論争を巻き起こしていま

---

27) 最判平6・2・8民集48巻2号149頁。
28) 最決平29・1・31民集71巻1号63頁。
29) 表現の自由が保障される前提としてのプライバシーの不可欠性を指摘し、表現活動に関するプライバシーを「知的プライバシー」（intellectual privacy）として捉え直し、それを保護することの必要性を説くものとして、Neil Richards, Intellectual Privacy: Rethinking Civil Liberties in the Digital Age（2015）.

す。2013年には国家安全保障局（NSA）の元契約職員エドワード・スノーデンによりNSAのネット監視プログラム「PRISM」がネット企業の助力を得て米国外にいる外国人等による通信を大規模に傍受していた実態などが暴露され、各国のメディアに報道されたことで、世界に衝撃を与え、情報社会における監視とプライバシー保護のあり方について国際的な論争を引き起こしました[30]。

　ネット監視により生じる法的問題としてまず想起されるのは、プライバシー権の侵害でしょう。しかし、意外なことに、ネット監視がプライバシー権を侵害するか否かは自明ではありません。プライバシー権の母国である米国においても、憲法上の情報プライバシー権は未成熟で、判例上も、情報プライバシーを保護するための法理は十分には確立されていません。また、現代のネット監視においては、通信の内容よりも、通信の相手方や日時などに関する情報、すなわち、通信のメタデータが監視されることが多くなっています。今日では、大量のメタデータの監視に基づいて多くの情報が分析されるようになっていますが、米国の判例上、通信の内容ではなく、メタデータのみが監視される場合には、プライバシーの保護は期待しがたくなっています。さらに、ネット企業による自主的な監視に憲法上のプライバシー権を適用することは困難です。このような情報プライバシー権の未成熟を背景に、最近では、先に述べたように、ネット監視を、表現の自由との関係でも問題視する議論が有力になっています。とはいえ、近年の米国の裁判例が示しているように、訴訟において当事者がネット監視による萎縮効果を立証し、権利侵害が認められることは必ずしも容易ではありません[31]。司法による個別の事件における権利救済の限界を踏まえると、ネット監視からプライバシーや表現の自由を保護するための制度・構造の確立が求められるように思われます。

　一方、日本では、憲法21条2項により**通信の秘密**が明文で保障されるとともに、憲法の趣旨を踏まえ、**電気通信事業法**という法律により、民間の通信事業

---

30)　スノーデンによる暴露については、グレン・グリーンウォルド（田口俊樹他訳）『暴露——スノーデンが私に託したファイル』（新潮社、2014年）等を参照。

31)　詳しくは、成原慧「ネット監視・プライバシー・表現の自由」α -Synodos vol.208（2016年）参照。

者も通信の秘密を守るよう義務づけられているため、通信の秘密が手厚く保障されてきました。通信の秘密は、郵便や電話を念頭に個人のプライバシーを保護するとともに、表現の自由の保障を支えるという趣旨で手厚く守られてきましたが、インターネットにおいても、利用者のプライバシーを守ったり、また、そのことを通じて国家や通信事業者が通信内容や通信の宛先に干渉することを困難にすることで、実質的に表現の自由を保障する役割を果たしてきました。このような背景により、日本では、米国をはじめ諸外国に比べネット監視の範囲は限定的なものにとどめられています。日本国憲法21条2項とその趣旨を受けて定められた電気通信事業法等の規定は、政府のみならず通信事業者との関係でも、また、通信の内容のみならずメタデータについても、通信の秘密を保護しています。このことを通じて、意図せざる基本設計として、ネット上のプライバシーのみならず、表現の自由を実質化する機能を果たしてきた点で[32]、再評価されるべき側面があるように思われます。

ところが、ここに来て、日本の通信の秘密のあり方が揺らいでいます。2018年4月に政府の知的財産戦略本部・犯罪対策閣僚会議は、一定の要件の下でプロバイダが海賊版サイト（著作権侵害サイト）のブロッキングを行うことが適当であるとの方針を示しました。このような政府の方針に対しては、ネット企業、消費者団体、法学者らから、憲法及び電気通信事業法で保障された通信の秘密を法律の根拠なしに侵害するものであり、緊急避難による違法性阻却も認められ難いとの批判が示されました。ちなみに、児童ポルノについては、児童の人権を守るために、すでに2010年からプロバイダによる自主的なブロッキングが行われていますが、その導入の際には、児童ポルノのブロッキングはあくまでも例外的な措置であり、著作権侵害の場合には、緊急避難に基づくブロッキングは認められないとの整理が行われていました。もし法律の根拠すらなく海賊版サイトのブロッキングが認められることになれば、通信の秘密により表現の自由とプライバシーが実質的に手厚く保障されてきた日本のインターネッ

32）　インターネットの文脈における通信の秘密の保護の意義と課題について再検討したものとして、宍戸常寿「通信の秘密に関する覚書」長谷部恭男ほか編『現代立憲主義の諸相』（有斐閣、2013年）等を参照。

ト法制の基本設計は崩壊し、他の様々な領域にもブロッキングやネット監視が際限なく広がっていくおそれがあるでしょう[33]。我が国における通信の秘密のあり方がゆらぐ中、今後のさらなる情報社会において、いかにして表現の自由とプライバシーをともに守っていくべきなのかが問われようとしているのです。

5　むすびにかえて

　本章でみてきたように、表現の自由とプライバシーは、対立することもありますが、互いに支え合うこともあります。二つの人権をいかに調整し、最適な形で保障していくべきなのか、社会・経済・技術の状況の変化を踏まえ、両者の保障される根拠となる価値・原理に遡って、改めて問い直すことが求められています。

■より深い学習のためのガイド■
① 　志田陽子『表現の自由への明日へ』（大月書店、2018年）
② 　ダニエル・ソロブ著、大島義則ほか訳『プライバシーなんていらない？』（勁草書房、2017年）
③ 　山本龍彦『おそろしいビッグデータ』（朝日新聞出版、2017年）

---

33)　成原慧「海賊版サイトのブロッキングをめぐる法的問題」法学教室453号（2018年）45頁以下等参照。その後の動向につき、上沼紫野「海外版ブロッキングに関する法整備議論はなぜまとまらなかったのか」NBL1136号（2018年）1頁以下等参照。

第7章
環境と法

Keywords：大気汚染／水質汚濁／
公害問題／上乗せ条例／
横出し条例／政策形成訴訟／
憲法改正と環境権

プロローグ——環境と法を考える重要性

　私たちの社会は、環境問題を抜きにしては語ることができません。特に我が国においては、2011年3月11日に東日本地方を襲った地震と津波の結果、大きな原子力発電所の事故が発生し、環境と環境を取り巻く法の世界も大きく変革を迫られました。当時、原子力発電所の事故が起きた福島県はもとより、東京都においても、水道水に、食品衛生法における乳児の飲料基準を超えた放射性ヨウ素（放射性物質）が混ざっていることが数日後に厚生労働省より発表され、水道水の飲用を控えるように発表がなされ、大きな衝撃を与えていました[1]。

　もちろん、水道水の側面以外にも、福島で起きた原子力発電所の事故は様々な意味において、我が国における環境法の基本的な考え方に影響を与えています。そもそも、資源（リソース）の少ない我が国において、エネルギー対策としても、原子力発電所の活用は、クリーンエネルギーとして推奨され、国としても一つの方向性としてこれからも推進していく予定となっていました。しかし、その方針は大きく変更せざるをえなくなりました[2]。

　そもそも、今後何年かかるかわからない、原子力発電所の事故によって発生

1）　平成23年3月23日厚生労働省健康局水道課報道発表資料「福島県及び東京都における水道水中の放射性物質の検出について」（https://www.mhlw.go.jp/stf/houdou/2r98520000015zyp.html）。

2）　「エネルギー基本計画」（平成22年6月18日閣議決定）においては、原子力の利用拡大を図ることが明記されていましたが、原発事故後に決定された「革新的エネルギー・環境戦略」（平成24年9月14日エネルギー・環境会議決定）においては、原発に依存しない社会の実現に向けた三つの原則が定められました。

104　第2部　現代社会と法

した（している）大量の（放射性）廃棄物の処理や土壌の処理、除染や今後の廃炉に向けた後始末も含めて、環境法は対応を迫られています。もちろん、原子力問題だけが環境問題ではありません。大気汚染、水質汚濁、景観問題、土壌汚染、廃棄物問題など、個別の問題が多くあります。このように、環境問題には、本当に、様々な側面があります。

　現在、我が国における環境に関する法の基本法となっている環境基本法（平成5年11月19日法律第91号）という法律においては、典型的な環境問題が列挙されていますが[3]、それらに限らず、都市計画、化学物質の取扱い、一般のごみ問題など、生活の全般にわたる様々なことが環境問題となりえ、また、グローバルなコンテクストにおいては、大規模な埋め立てや開発に伴う汚染の問題や、温暖化の問題など、様々な事柄がボーダーレスに法律的な問題を引き起こしています（なお、原子力発電所の事故は、ほとんどすべての環境汚染問題を包含する、包括的な汚染ということができます）。

　本章においては、法と環境の関わりを学ぶとともに、我が国の環境法の特徴をみたうえで、環境問題の様々な側面と法との関わりから、環境と法に関するいくつかの問題を紹介しながら、法とは何かについて学ぶこととします。

1　環境問題と日本——公害の歴史

（1）　日本の環境に関する法の発展の特徴

　我が国における環境に関わる法の特徴は、公害に対応する政策から発展したという点にあります。特に、第二次世界大戦後の1950年代からの高度経済成長期に発生した、イタイイタイ病、（熊本）水俣病、新潟水俣病、及び四日市ぜんそくは、四大公害事件と言われ、それぞれ、大企業（大規模事業所）から非常に有害な環境汚染物質が排出され、周辺に居住する住民が命を落とし、または様々な健康上の障害を受けたという事件でした[4]。

　イタイイタイ病は、富山県の神通川流域で発生したカドミウム中毒に起因す

3）「公害」は、環境基本法2条3項において、事業活動その他の人の活動に伴って生ずる相当範囲にわたる①大気の汚染、②水質の汚濁、③土壌の汚染、④騒音、⑤振動、⑥地盤の沈下及び⑦悪臭によって、人の健康または生活環境に係る被害が生ずること、と定義されています。

第7章　環境と法　105

る骨軟化症のことであり、三井金属鉱業神岡鉱山からの鉱排水に含有されていたカドミウムが、神通川を汚染し、河川水を飲料水や農業用水として使われた結果、使っていた周辺住民や、その周辺の農地において作られたコメがカドミウム汚染されることとなったものです。

水俣病は、熊本県水俣湾周辺で発生した有機水銀中毒であり、チッソ水俣工場（なお、現在は、2009年7月に成立、公布・施行された「水俣病被害者の救済及び水俣病問題の解決に関する特別措置法」に基づいて2011年に設立されたJNC株式会社がチッソ株式会社の事業活動を継続しています）においてアセトアルデヒドの製造の過程で生成されたメチル水銀が排水として排出され、八代海、水俣湾のプランクトンから小魚、小魚から魚へといった形で魚介類に生物濃縮が進み、それら汚染された魚介類を摂取した地域住民が水銀中毒となったものです。

同様の水銀中毒は、新潟県阿賀野川流域においても、昭和電工の工場排水を原因として生じており、こちらを新潟水俣病と言います。

また、四日市ぜんそくは、1960年頃から本格的に操業が開始された三重県四日市市にある日本で最初の石油化学コンビナートから大量に（毎日）排出された硫黄酸化物によって、周辺住民がガスのにおいと刺激に苦しみ、喘息等の呼吸器系疾患が大量に発生したことを指しています。

これらの高度経済成長期に伴う公害問題の発生に対しては、公害に対応する、いくつかの法律によって対応がなされていました。しかし、本格的な公害対策は、1967年に制定された、公害対策基本法によってなされることとなりました。もっとも、この時期の公害対策法律は、高度経済成長を妨げないことも目的としており、公害対策基本法には、「生活環境の保全については、経済の健全な発展との調和が図られるようにするものとする。」という規定があり、このような「経済調和条項」を有していたことが問題でした。

その後、1970年の国会は、通称、公害国会とも呼ばれ、典型七公害が公害対

4）　大塚直『環境法』（有斐閣、2010年）の第1編　環境法の基礎　第1章　わが国の公害・環境法の歴史を参照。また、高度経済成長と公害の激化に関する紹介は、独立行政法人環境再生保全機構「大気環境の情報館　高度経済成長と公害の激化」なども参照して下さい（https://www.erca.go.jp/yobou/taiki/rekishi/03.html）。

106　第2部　現代社会と法

策事業として取り上げられるようになりました。そして、この1970年11月に召集された臨時国会では、経済調和条項が経済優先の姿勢を招くものであるといった批判を受けて削除されました。その後、1971年には環境庁（現環境省）が発足しています。さらにその後、自然環境保全法が1972年に公布され、先にみた公害対策基本法とともに、産業公害の克服や自然環境の保護を中心として環境政策が積極的に推進されました。

（2）　公害対策基本法から環境基本法へ

しかし、その後、都市への人口集中や、大量生産・大量消費・大量廃棄型の経済社会活動様式の定着などがあいまって、都市・生活型の公害や廃棄物の問題が生じるようになり、排水規制など産業公害対策では対応できない問題への対処が問題となりはじめました。さらに、1990年代に入り、地球規模での気候変動やオゾン層破壊（地球温暖化問題や酸性雨問題）や海洋汚染などの地球環境保全問題や、生物の多様性の保全の必要性などへの対処も必要と認識されるようになりました。また、都市化の進展とともに、大気、水、自然環境といったように環境問題を分断して対応するのでは適切な対応ができないことが認識されるようになりました。そこで、自動車公害や生活排水による汚染といった非点源汚染の解決や国際的な環境問題への対処のために、環境そのものを総合的に捉え、社会システムの変革につながる政策手法を盛り込み、さらに、国際的な取組みをも適切に位置づけた基本的な法制度の必要性が認識されるようになりました。そこで、以上の背景の下、環境基本法が1993年に、環境と開発に関する国連会議[5]を受けた形で、公害対策基本法を廃止し、また、自然環境保全法の一部（政策方針に係る条項）をも組み入れて、制定されました[6]。

環境基本法は、環境の保全に関する基本理念及び各主体の責務を規定すると

---

5)　United Nations Conference on Environment and Development：UNCED, 1992. 環境基本法に大きな影響を与えているのが「環境と開発に関するリオ宣言」です。これは、1992年の国連環境開発会議で採択された行動原則で、1972年のストックホルム会議の「人間環境宣言」に基づき、さらにこれを拡大して、全部で27の原則を定立しています。具体的な内容としては、人類は自然と調和しつつ健康で生産的な生活をおくる資格があること、各国は自国の資源を開発する主権的権利を有するが同時に各国の活動が他国の環境に損害を与えないようにする責任があること、開発の権利の行使は現在及び将来の世代の開発及び環境上の必要性を公平に満たす必要があること、環境保護と開発の一体性、持続可能な開発のために貧困の撲滅に協力して取り組む必要などが示されています。

ともに、施策の実施規定のうち基本的な部分を定めています。環境基本法は、政策目標を定めたいわゆる「プログラム規定」に加え[7]、環境基本計画の策定（15条）や、6月5日を環境の日とすること（10条）、環境の保全に関する白書を国会に提出すること（12条）、環境基準を定めること（16条）、公害防止計画を作成すること（17条）、国や地方で環境の保全に関する審議会等を置くこと（41条〜44条）、公害対策会議を置くこと（45条・46条）などの実体規定を置いています。なお、自然環境の保全に関しては、旧自然環境保全法の基本理念等の基本法的部分の「内容」を継承したものとなっています。環境基本法の施行に伴い、旧自然環境保全法の基本法的部分はその存在意義を失ったため、基本理念などの基本法的な部分を削除する等の所要の規定の整備がなされました（環境基本法の施行に伴う関係法律の整備等に関する法律（平成5年法律第92号）5条）。これに伴い、新しい自然環境保全法は、自然公園法等の自然環境の保全を目的とする法律と相まって、自然環境を保全することが特に必要な区域の自然環境の保全を総合的に推進すること等を目的とする実施法的な性格の法律に改正されています。

2　法と条例の関係――環境問題解決のための条例の重要性

（1）　法の規制を補う条例

　環境問題の解決のためには、法に基づく規制が必要な場合がありますが、特に環境に関する法律については、全国一律の基準を決めることが難しく、多くの場合において、全国の中で一番低い基準の規制が採用されている場合に、実際には条例によってより厳しい基準を課すことが非常に重要となることがあります。

6）　基本法とは、「特定の分野について、国の政策の基本的方向を示すことを主たる内容とする法律」のことです。環境基本法は、環境の保全全般に関する基本的な枠組みを定める法律であり、公害対策基本法の内容が、環境基本法に引き継がれています。具体的には、環境基本法施行に伴い、公害対策基本法は廃止されると同時に、公害対策基本法の各条文は、基本法の該当部分にそのまま引き継がれるか、より対象範囲を拡大した形で、あるいは、公害対策基本法後の法制度整備状況を踏まえて、引き継がれています。

7）　プログラム規定とは、当該条項から直接の法的効力が発生するものではないけれども、国家に対しその実現に努めるべき政治的、道義的目標と指針を示す条項のことを言います。

108 第2部 現代社会と法

　たとえば、水質汚濁防止法に基づき、排水の基準は全国一律に決められていますが、全国一律の基準では、法に規定されている項目や法の対象以外の汚染から水の汚染を守ることができません。そのため、水質汚濁防止法の下で、国の定める排水基準よりも厳しい基準を条例で導入するいわゆる**上乗せ条例**や、国が定めた規制対象項目や規制対象事業場以外の事業場を条例によって追加する、いわゆる**横出し条例**などをそれぞれの地域が制定し、法よりも厳しい規制を行うことが認められています。このように、環境に関する法の分野においては、地域で定められる条例が法の規制を補う役割を果たすことが多くあります[8]。

　このように、地方公共団体が制定するいわゆる上乗せ・横出し条例は、国が基本的な施策の枠組みを策定・実施する場合に、それのみによっては地域の環境の保全を図る上で十分でないときに、それぞれの地域に居住する住民の健康の保護や生活環境、自然環境の保全を全うするために重要な役割を果たしてきました。すでにみた水質汚濁防止法のほか、大気汚染防止法等の環境の保全に関する関係法律においても、地方公共団体が上乗せ条例、横出し条例を制定できることとされています。

　また、環境基本法の7条及び36条は、地方公共団体の責務または施策として「国の施策に準じた施策及びその他のその地方公共団体の区域の自然的社会的条件に応じた施策」を実施することを規定しています[9]。上乗せ・横出し条例の制定は、この「国の施策に準じた施策」として整理されます。そのため、この環境基本法の7条及び36条の規定を踏まえると、各地方公共団体により今後も、法の規定を補う条例の制定が必要に応じてなされていくものと考えられま

8）　地方公共団体において、水源の水質を守るために、水道水源保護条例が制定されている場合が多くあります。具体的には、水道水源保護区域を指定し、水源を汚染する可能性のある開発行為や特定事業について、事前の届出義務や市長との協議、関係住民との協議や住民への説明の義務付けなどが仕組みとしてしばしば採用されています。たとえば、市原市水道水源保護条例、紀伊長島町水道水源保護条例、鋸南町水道水源保護条例等々があります。ぜひ、水道水源保護条例で調べ、実際にいくつかの条例を読んでみて下さい。

9）　環境基本法36条は、環境の保全に関する施策の推進にあたって地方公共団体の果たす役割が極めて大きくかつ重要であることにかんがみ、7条（地方公共団体の責務）の規定を受けて、環境の保全のため地方公共団体が講ずるべき施策について定めています。

第 7 章 環境と法 　109

すし、実際に条例の制定が必要なものだとも言えます。

（2）　法律と条例の関係——地方公共団体の上乗せ条例、横出し条例の位置づけ

　そもそも、「地方公共団体は、その権能に属する事務について、固有の法を定立する権能を有する（憲法94条）。この法を自主法又は自治立法（byelaw, autonome Satzung）という。広い意味での行政立法であるが、国の行政権による立法と異なり、直接には、地方公共団体という一種の部分社会の法である。ただ、そこで定立された法が国の法令に抵触しない限りにおいて、国法としての性質をもつものといいうる。」[10] と説明されるように、地方公共団体は固有の法としての条例を定立することができます（憲法94条）。

　そして、この場合、いかなる上乗せ条例、横出し条例を制定することが可能かについては、「国の法令と条例の趣旨・目的・内容及び効果を比較し、両者の間に矛盾抵触があるかどうか」を考慮しながら、法令に反しない限りにおいて制定できるものとされています（憲法92条、地方自治法14条1項）。最高裁判所の判例においても、国の法令と条例の趣旨・目的・内容及び効果を比較し、両者の間に矛盾抵触があるかどうかによってこれを決しなければならない、とされています[11]。この点は、環境基本法の規定によりこの取扱いが変わるものではないため、個別の場合ごとに判断されることになります。

3　環境問題の特徴——リスクと環境、法的対応の難しさ

（1）　国境を超える環境問題と関連法の多さ

　環境問題の特徴は、極めてドメスティックな（また、地域的な）問題であることが多いと同時に、国境を超える問題ともなりうる点に挙げられます。いくつかの国を流れる川の汚染の問題や、広範囲に影響を与える原子力発電所の事故など、環境問題はまさに、トランスナショナルな問題でもあります。法律との関係で言えば、我が国における環境に関する基本法である環境基本法は、すでにみたように、国内的には、公害対策のための公害対策諸法が戦前から発達

---

10)　田中二郎『新版行政法（上）　全訂第2版』（弘文堂，1974年）159頁。

11)　徳島市公安条例事件：最判昭50・9・10刑集29巻8号489頁。

110　第2部　現代社会と法

したと同時に、国際的な環境問題への関心の発展をうけて、国際環境法（特に京都議定書）の影響もうけています。また、その他環境に関する法は、賠償に関する民事法、公法、各種条例や国際環境法などから成り立っています。

（2）　リスクと環境──法的対応の難しさ

　環境と法の関係は、環境問題を引き起こさないように、事前に対応をとるべきだというかたちで法システムを構築することを考えることができます。しかし、このように、事前に対応をとる、未然防止ということは、法の世界においては難しい場合がしばしばあります。

　たとえば、水俣病は、現代にも通じる問題を提起しています。実は、水俣病は、まだ解決がなされていないのです。水俣病はそもそも、1956年に公式に患者が確認されてから、その原因物質となった、チッソ水俣工場のアセトアルデヒド製造が1968年に停止されるまで十数年の時間がかかり、その間に多くの患者が発生しました[12]。水俣病を巡り、原因となった企業に対する民事裁判、当時の経営陣の責任を追及する刑事裁判、国や県の規制権限の不行使に基づく損害賠償請求を行う国家賠償請求訴訟などが多く提起されましたが、そのうちのいくつかの裁判がまだ継続しており、特に、水俣病患者の認定基準が厳しいことから、認定申請をして水俣病の認定を受けられない患者（未認定患者）が多く存在していることに関する訴訟が現在も続いています[13]。

　本来は、このような水俣病のような問題が発生する前に、企業に対する排水規制などがしっかりと整備されているべきだったのだということができます。しかし、今後発生しうる環境問題に関しても、特に、まだ不確実なリスクに対し、どのような問題が発生するのかを予測して事前に危険を回避する形での未然防止の法制度を構築することは、環境問題のリスク予測の難しさも含めて現

---

12)　水俣病が公式に確認されたのは1956年5月1日で、この日に水俣市の新日本窒素肥料（現チッソ）付属病院から水俣保健所に「類例のない疾患が発生した」と報告がなされました。水俣市立水俣病資料館編『水俣病─その歴史と教訓─2015』（水俣市立水俣病資料館、2016年）第二章5－9頁。

13)　たとえば、「新潟水俣病訴訟、9人全員の患者認定を命令　東京高裁」朝日新聞2017年11月30日付記事、「水俣病訴訟賠償受領後の補償認めず　遺族、逆転敗訴」毎日新聞2018年3月29日付記事など。

在も難しい問題となっています[14]。

（3）　環境問題を争うための方策

　環境問題は、様々な形で争うことができます。すなわち、民事訴訟、行政訴訟、国家賠償請求訴訟などで争うことができます。また、地方公共団体による公害苦情相談や、総務省に設置された公害等調整委員会による公害紛争処理制度を利用することもできます。公害苦情相談や公害等調整委員会は行政機関による紛争解決制度で、訴訟制度とは異なります。公害紛争処理制度の対象となる紛争は、事業活動その他の人の活動に伴って生ずる相当範囲にわたる民事上の紛争です（公害紛争処理法2条・26条）。環境を巡る紛争の大部分—大気の汚染、水質の汚濁、土壌の汚染、騒音、振動、地盤の沈下及び悪臭による被害に係るものが対象となっています（環境基本法2条3項）。訴訟による解決ではなく公害紛争処理制度を利用することによって解決が図られる例もあります[15]。

　もっとも、たとえば、原子力発電所の設置許可を争うには、行政事件訴訟法に基づく処分取消訴訟を起こす必要があります。しかし、行政事件訴訟法に基づく行政訴訟、特に処分取消訴訟を行う場合、処分があったことを知った日から6か月以内の訴訟提起が原則となっていること（行政事件訴訟法14条）、法律上の利益のある者のみが訴訟を提起できるとする原告適格の問題（行政事件訴訟法9条）などが重なり、かなり訴訟提起そのもののハードルが高くなっている問題があります。そこで、たとえば、原子力発電所の差止めに関する訴訟に

14）　科学的不確実性な場合の予防原則の要件については、大塚直『環境法　第3版』（有斐閣、2010年）53頁以下を参照して下さい。また、最近の論考として、松村弓彦「ドイツ環境法における予防原則（1 ～ 5・完）」法律論叢第86巻第1・第6号、第87巻第1・第6号、第88巻第6号。

15）　有名な例が、豊島産業廃棄物水質汚濁被害等調停申請事件（平成5年（調）第4号・第5号・平成8年（調）第3号事件）で、香川県小豆郡土庄町豊島に長期間にわたり大量の産業廃棄物が不法投棄された結果、土壌汚染に加えて海洋汚染、さらには周辺への悪臭など多くの問題が発生したため、1993年11月11日に豊島の住民438人から、香川県知事に対し調停を求める申請がなされ（公害紛争処理法27条1項）、その後、公害等調整委員会による当該土地のボーリング調査や環境調査を経て、最終的にごみ処理場を香川県や自治体も含めて建設して数十年かけて不法投棄された廃棄物を処理していくかたちで解決が図られた事案です。公害紛争処理制度は公害に関する専門委員が関わる制度であり、より専門的な判断ができるとの評価もされています。公害等調整委員会事務局資料「公害紛争処理制度のご案内」参照。また、公害等調整委員会ホームページも参照（http://www.soumu.go.jp/kouchoi/）。

112　第2部　現代社会と法

ついては、現在は、民事訴訟法に基づく差止めが多く利用されています[16]。

4　環境権と憲法改正

　私たちの身近に多く存在している環境問題をより争いやすくするために、環境権という権利が提唱されています。**環境権**は、日本においては、「環境を破壊から守るために、環境を支配し、良い環境を享受しうる権利であり、みだりに環境を汚染し、住民の快適な生活を妨げ、あるいは妨げようとしている者に対しては、この権利に基づいて、妨害の排除、又は予防を請求しうるもの」という定義が大阪弁護士会によって初めて提唱されました[17]。

　この環境権については、しばしば、憲法を改正して、環境権を憲法に入れようという主張がなされることがあります。この点については、一連の研究がありますが、少なくとも、環境権については、個々人の生活の維持を国家に対して要求を求める権利を定めた社会権に関する憲法25条と、幸福追求権に関する憲法13条を根拠に認められると考えられてきました[18]。

---

16)　原発訴訟に民事差止制度を利用することに疑念を呈する論者もいます。高木光「原発訴訟における民事法の役割」自治研究91巻10号（2015年）17－39頁。しかし、現実には、民事差止訴訟が多く利用されていますし、環境法体系は全体として行政訴訟も民事訴訟も含めて発展してきていますし、訴訟目的達成（実際の状況の改善や救済）のために利用できる制度を利用するべきだと考えられますので、利用しにくい行政訴訟しか利用できないと考えるのは適切ではないでしょう。参照、大飯原発に対する運転差止め請求を認容した福井地裁決定平成26年5月21日判時2228号72頁（なお、控訴審は認容せず）、高浜原発に対する運転差止め請求の仮処分の申立てが認容された福井地決平27・4・14判時2290号13頁（2017年3月28日に仮処分取り消し）、川内原発に対する運転差止め請求の仮処分の申立てを却下した鹿児島地決平27・4・22判時2290号147頁、高浜原発に対する運転差止め請求の仮処分の申立てを認めた大津地決平28・3・9判時2290号75頁など。参照、脱原発全国弁護団全国連絡会　全国原発訴訟一覧（http://www.datsugenpatsu.org/bengodan/list/）。

17)　たとえば、「われわれには、環境を支配し、良き環境を享受しうる権利があり、みだりに環境を汚染し、われわれの快適な生活を妨げ、あるいは妨げようとしている者に対しては、この権利に基いて、これが妨害の排除または予防を請求しうる権利がある。」大阪弁護士会環境権研究会編『環境権』（日本評論社、1973年）51頁。

18)　たとえば、「憲法第13条と第25条が人権の総則的規定で包括的基本権を保障するものだとしても，そこに環境権が含まれるか否かは、環境権が憲法上の権利としてふさわしい内実を持つかどうかによって決まるのであり、憲法上の権利性が論証されてはじめて包括的基本権の一部になるのではないか」等として13条と25条から環境権を導き出す見解には疑問も呈されています。松本和彦「憲法学から見た環境権」人間環境問題研究会編集『特集　環境権と環境配慮義務』環境法研究31号（有斐閣、2006年）21頁参照、松本和彦「権利保護としての環境保護――「環境権」の成立可能性――」阪大法学第64巻第3・第4号（2014年）861頁以下。

第7章　環境と法　*113*

　さらに、憲法21条の表現の自由の具体化として、参加権としての環境権も提唱されています。参加権としての環境権を認めているものとしては、国際的には、環境に関する情報へのアクセス、意思決定における公衆参加、司法へのアクセスに関するオーフス条約がありますが、日本はこの条約には加盟していません[19]。もっとも、条例で定めている場合があり、たとえば、東京都の環境基本条例は、参加権としての環境権を取り入れた規定を置いています[20]。

> ### 考えてみましょう
>
> 　環境権を導入するために、憲法を改正すべきなのでしょうか？　しかし、環境権に関する規定「だけ」を憲法に追加するために、憲法改正を行うべきなのか、たとえば、環境権を法律に規定するのとどう違うのか――たとえば、憲法ではなく環境基本法を改正することも考えられます――といった問題があります[21]。憲法改正が頻繁に（というよりも一度も）行われてこなかった我が国において、特に、その他の規定と合わせて改正提案がなされる可能性があることに関する問題を指摘する論者も多く存在しています[22]。

5　環境問題と政策形成訴訟

（1）　環境分野における政策形成訴訟の意義

　戦後の日本社会、特に公害に関係する問題の解決に、司法が果たしてきた役割は大きなものがあります。それらは、ある意味において、政策形成訴訟であったということができます。

　その中でも大きな役割を果たしたのは四大公害に関連する訴訟のうち、「四

---

19)　The UNECE Convention on Access to Information, Public Participation in Decision-making and Access to Justice in Environmental Matter, Aarhus, Denmark, 25 June 1998.

20)　東京都環境基本条例平成6年7月20日条例第92号第7条参照。

21)　たとえば、米国についてみると、連邦憲法に環境権の規定はないものの、州憲法において多彩な環境保護規定が存在します。そして、それら州憲法における環境保護規定の内容は、環境権を定めたもの、公共政策を定めたもの、公共信託を定めたものなど多種多様であり、いくつかの規定を重ねて規定している場合も多い点にも、特徴があります。環境権と憲法、米国の環境問題に応じた公共信託問題についてより深く知りたい場合は以下を参照してください。寺田麻佑「米国連邦憲法・州憲法における環境保護規定」環境研究 No.156（2010年）32-52頁。

22)　憲法における環境権導入に関する議論については、以下を参照して下さい。高橋滋・小舟賢・岡森識晃・寺田麻佑「「憲法における環境関連規定のあり方に関する比較法的分析」について――その2　座談会」環境研究 No.157（2010年）131-144頁。

114 第2部 現代社会と法

日市ぜんそく訴訟」（津四日市支決昭47・7・24判タ280号100頁）でした。この訴訟においては、汚染物質を含んだ大気に覆われる集落とそれ以外の地域における喘息患者の発生割合が大きく異なることが示され、他に影響の考えられるような場合を除けば「大気汚染の影響を認めてよい」と判断されて疫学的因果関係が認められ、被告となった企業の損害賠償責任が認められました（原告の請求が認容され、石油化学コンビナート施設を操業する被告企業6社に計8800万円の支払いが命じられた、原告全面勝訴判決でした）。この四日市ぜんそく訴訟や関連する環境訴訟の意義は、四日市ぜんそく訴訟において採用された疫学的因果関係のような法解釈の変更ということ以外にも、訴訟をきっかけとして、公害対策に関する政策の実現や、法整備、特に公害対策の立法や、大気汚染関係の補助事業などが各地において進められたということがあります。

　また、各種空港等の反対訴訟も、環境問題に関係する訴訟であると同時に、政策形成訴訟としての側面も持っています。

　詳しくはみられませんが、たとえば、騒音問題に関係する新潟空港訴訟、大阪空港訴訟等は環境問題に関するリーディングケースとなり、その後の環境関連判例に大きな影響を与えていると同時に、これらの訴訟が起こされたことで周辺地域の環境対策が進められることとなった判例です[23]。

　（2）　日光太郎杉事件

　また、単に政策形成だけを目的としたものではなく、具体的に、訴訟の提起によって、計画が停止した事案もあります。古くは、**日光太郎杉事件**があります。

　日光太郎杉事件（宇都宮地判昭44・7・9行集20巻4号373頁、東京高判昭48・7・13行集24巻6・7号553頁）とは、1964年の東京オリンピックの実施にあたり、現在では世界遺産[24]にも指定されている日光の杉群を、オリンピックに合わせて道路を整備するために伐採し、公共事業として道路拡張計画が栃木県知

---

23)　最判平元・2・17民集43巻2号56頁（新潟─小松─ソウル間の定期航空運送事業免許処分取消請求事件、新潟空港訴訟）、最大判昭56・12・16民集35巻10号1369頁（大阪国際空港夜間飛行禁止等事件、大阪空港訴訟）。

24)　世界遺産とは、世界の文化遺産及び自然遺産の保護に関する条約（世界遺産条約）に基づいて、登録された文化遺産・自然遺産のことを言います。日光は、1999年に登録されています。

第 7 章　環境と法　*115*

事らに認可されたことを、いったんは了承していた日光東照宮が争った事案です。

　この事件は、当時の新聞等で多く報道され、それを受けて多くの文化人が反対声明を出すなどして、大きな社会問題となっていました[25]。

　結果としては、「本件土地付近のもつかけがいのない文化的諸価値ないしは環境の保全という本来最も重視すべきことがらを不当、安易に軽視し、その結果右保全の要請と自動車道路の整備拡充の必要性とをいかにして調和させるべきかの手段、方法の探究において、当然尽すべき考慮を尽さず」、事業計画が本来考慮に入れるべきでない事項（オリンピックによる一時的な交通量の増加）を考慮に入れ、暴風による倒木（これによる交通障害）の可能性及び樹勢の衰えの可能性という、本来過大に評価すべきでない事柄を過重に評価した点で、その裁量判断の方法ないし過程に過誤があるとされました。これらの過誤がなかったとすれば、建設大臣（当時）の判断は異なる結論に到達する可能性があるため、建設大臣（当時）の判断は、その裁量判断の方法ないし過程に過誤があるものとして、違法なものとなる、とされ、当該土地収用裁決が取り消されました[26]。この判決ののち、栃木県は争わず、日光太郎杉は維持されることとなり、その周辺の道路拡張計画はなくなりました。

（3）　鞆の浦世界遺産訴訟

　最近の例として、具体的には、**鞆の浦世界遺産訴訟**（広島地判平21・10・1

---

25)　亀井勝一郎、大仏次郎、松本清張をはじめとする文化人が反対していました。「本件問題が報道されるや、一部の文化人の間から、このような自然景観を破壊することに反対する意見が強く出され、中島健蔵・亀井勝一郎・大仏次郎・松田権六・加藤土師萌・松本清張・木下義謙・鶴田吾郎・遠山茂樹等が発起人となつて、各界の文化人に対し、『日光杉を守る会』の結成を呼びかけたところ、約七〇〇名の文化人から、日光杉の伐採に反対し、右会の結成に賛成する旨の回答がなされたため、これらの者によつて、ここに、『日光杉を守る会』が結成され、同会は昭和四〇年五月一三日、世話人代表が東京の丸の内精養軒で、記者会見を行い、『道路を拡巾するために国の誇りともいうべき日光杉を伐採することには強く反対する。』旨の意見を発表し」ていた、との事実認定が地裁においてなされています。宇都宮地判昭44・4・9判タ233号268頁（いわゆる日光太郎杉土地収用事件判決）。

26)　行政の判断そのものではなく、行政の裁量判断の方法ないし過程に過誤がある、すなわち判断過程をみて判断する方法（判断過程統制）が採用されており、この判断方式はその後の判決にも影響を与えています。

116 第2部 現代社会と法

判時2060号3頁）が挙げられます[27]。鞆の浦世界遺産訴訟は、港湾の一部を埋め立てて架橋するという公共事業を巡る紛争について、地元住民である原告らが、広島県を被告として、公有水面埋立法2条に基づく、広島県知事による埋立免許の差止めを求めて提起した行政訴訟です。

　この訴訟提起に対して、広島地方裁判所は、2009年10月1日に、鞆の浦には歴史的・文化的・自然的諸価値を伴う良好な景観価値が認められ[28]、景観法及び環境影響評価法は、上記のような原告らが有する景観利益を個別的利益として保護する趣旨であると解すべきであるから、原告ら全員が行訴法所定の法律上の利益を有するとしたうえで、広島県知事が本件埋め立て免許を出すことが「その裁量権の範囲を超える」ものとして原告の請求通り、埋立免許処分の差止めを命じて注目されました[29]。その後、鞆の浦訴訟は高等裁判所に持ち越されましたが、その間計画は中止され、さらに、2016年2月15日に広島高裁で開かれた控訴審口頭弁論で広島県が埋め立ての免許交付申請を取り下げる意向を示し、原告側住民が訴えを取り下げて訴訟が終結しました。このように、鞆の浦の計画は、訴訟によって実際に中止となったものと言えます。

（4） 環境分野における訴訟提起の意義

　このように、実際の計画を巡り、訴訟を提起することで計画が中止となる場合もありますが、上記にみた二つの事件は、多くの環境問題に関係する事件の中でも、行政側が敗訴した珍しい事件でもあります。たとえば、沖縄の基地移転を巡る裁判や、諫早湾干拓関係訴訟などは、非常に複雑な経緯をたどり、問題解決には至っていません。訴訟を提起することによって新聞等で報道され、世間が注目することで関係する制度がよりよい方向に変わることもありますが、常に訴訟提起によって問題が解決するわけでもないため、やはり、個別の条例

27） 鞆の浦はアニメ映画「崖の上のポニョ」（宮崎駿監督）の舞台としても知られており、司法の判断が注目されていました。

28） 景観利益に対する侵害が民法上不法行為を構成する場合がありうることを認め、景観利益が一般的公益と区別される個別的利益としての性質を持つことを認めたのは国立マンション事件最高裁判決（最判平18・3・30民集60巻3号943頁）でした。

29） なお、広島地裁判決の原告適格論、裁量統制論は、その理由付けにおいて、従来の判例理論と整合性がないと批判されています。参照、高木光『行政法』（有斐閣、2016年）289頁。

第 7 章　環境と法　*117*

制定や、個々の環境関連法令の適宜の改正なども含めた立法的な解決方法も含めて常に環境問題には対応しなければなりません。

6　将来世代と環境、今後の環境と法について

（1）　将来世代と環境

　日本国憲法は、その11条と97条において、基本的人権の保障が「現在及び将来の」国民に対して与えられると定めています[30]。また、環境法の基本理念を定める環境基本法においても、将来世代への配慮は明確に示されています。その中においては、①健全で恵み豊かな環境の恵沢の享受と継承、②環境負荷の少ない持続的発展が可能な社会の構築、③国際的協調による地球環境保全の積極的推進、が特に定められています（環境基本法 3 条から 5 条）。

　将来世代のことをどのくらい考えられるか、ということは、しばしば法の規律に関する考え方において問題となります。たとえば、私たちは、過去の者たちが考えた規律に従っているのではないか、ということがしばしば問題となります[31]。しかし、環境分野においては、将来世代のことを考えて制度構築をする必要があり、そのことが強く認識されており、そして重要だと考えられています。

（2）　今後の環境と法について

　すでにみたように、2011年 3 月11日に発生した未曾有の震災とそれに続く福島第一原子力発電所の事故は、我が国の環境法に大きな影響を与えました。

　それまで、原発は、クリーンエネルギー、すなわち、CO_2を排出しないエネルギー供給源としてある種推進されてきた側面があります。実際、我が国のエ

---

30)　憲法11条は、「国民は、すべての基本的人権の享有を妨げられない。この憲法が国民に保障する基本的人権は、侵すことのできない永久の権利として、現在及び将来の国民に与へられる。」と規定しています。

　　憲法97条は、「この憲法が日本国民に保障する基本的人権は、人類の多年にわたる自由獲得の努力の成果であつて、これらの権利は、過去幾多の試錬に堪へ、現在及び将来の国民に対し、侵すことのできない永久の権利として信託されたものである。」と規定しています。

31)　立法時点では立法者が気づいていなかったことなどが後に問題となることがあります。参照、渕圭吾「租税法律主義と遡及立法」フィナンシャル・レビュー平成29年第 1 号（通巻第129号）（2017年 3 月）93-121頁。

ネルギーの安定供給に、原子力発電所が果たしてきた役割は否めません。しかし、福島第一原子力発電所の事故は、原子力発電によるリスクをあらためてまざまざと私たちにみせつけると同時に、今後のエネルギー供給のあり方に関する計画なども含めて大きな変更を迫るものとなりました。

それまでは、原子力基本法を中心とする、原子力法の法体系は、環境法とは独立した体系となっていましたが、事故をきっかけとして2012年に原子力規制委員会という新しい行政組織が設置され、同時に、原子力に関連する法と法体系も環境法の法体系の中に組み込まれることとなりました[32]。

なお、こうしたフクシマ原発の事故は、国際的にも大きく報道され、国際社会、他国においても多大な法政策的影響を与えています。具体的には、特にEUやドイツに与えた影響は大きなものがあります[33]。

このように、国内外に多大な影響を与えた福島原発事故とその後の対応も含めて環境に関する法の問題は考えなければなりません。同時に、最大の環境問題として放射性物質による、まさに将来に継承される汚染を抱える国としても、将来世代のためにどのような法体系が必要なのかということを、常に考えていく必要があります。もちろん、その他様々な問題（埋立てや騒音の問題）への対応も必要です。

環境に関する法分野は非常に幅広く、また、法による解決（時には立法による解決）が必要となることも多い分野であると言えます。ぜひ、皆さんも、身近な環境問題に直面したときに、条例の規定や法律の規定をみるようにして、解決方法を探れるようにして下さい。

---

32) 平成23年3月11日に発生した東北地方太平洋沖地震に伴う原子力発電所の事故により放出された放射性物質による環境の汚染への対処に関する特別措置法。

33) 福島原発事故3日目の2011年3月15日にはブリュッセルにおいてEUエネルギー緊急会合が開催されました。そして、EU加盟国内すべての稼働中の原子炉に関する安全性の検証—ストレステスト（Stress Test）の実施の合意がなされました。また、ドイツにおいては政治的に、2011年3月16日には、ドイツにおける原子力発電所の即時廃止が決定され、福島原発事故を受けた直後のドイツの選挙においては、緑の党が躍進し、ドイツは、政策的に、完全脱原発を推進することになりました。
See, https://www.bmu.de/en/topics/nuclear-safety-radiological-protection/nuclear-safety/response-to-fukushima/.

第 7 章　環境と法　*119*

```
┌──■より深い学習のためのガイド■─────────────────────────┐
│  ①  Rachel Carson, *Silent Spring*, 2002 (Originally Published in 1962)
│  ②  Novick, Sheldon M., Stever, Donald W. & Mellon, Margaret G., *Law of
│     Environmental Protection*
│  ③  Findley, Roger W. & Farber, Daniel A., *Environmental Law in a Nutshell*, 9 th ed.
│  ④  北村喜宣『自治体環境行政法　第 7 版』(第一法規出版、2015年)
└───────────────────────────────────────┘
```

第8章
契約責任と不法行為責任
——医療事故を念頭に

Keywords：民法／契約／不法行為／
医療過誤／医療事故／
損害賠償責任

1　様々な種類の責任

　法律の世界では、（広い意味での）ルールに違反した場合に、様々な責任が発生します。これらを大きく分けると、刑事責任・民事責任、そして行政上の責任の3類型に分けることができます。

　たとえば、手術ミスで患者が重症化したり、場合によっては死亡してしまうというような、いわゆる医療事故[1] が生じてしまった場合には、医師が業務上過失致死傷罪[2] で罰せられる（刑事責任）他、患者やその遺族に対して損害賠償義務を負う（民事責任）、そして、医者・医療機関に対する行政処分が下る[3]といった形で、刑事責任・民事責任、そして行政上の責任がそれぞれ発生します。

　今回は、これらの医療事故に関する責任のうち、民事責任について考えていきましょう。

2　具体的な事例[4]

　法律の学習の際には、抽象的に考えても、よくイメージがつかめませんので、以下の具体的な事例を考えてみましょう。

---

1)　これを「医療過誤」と呼ぶこともあります。
2)　刑法211条「業務上必要な注意を怠り、よって人を死傷させた者は、五年以下の懲役若しくは禁錮又は百万円以下の罰金に処する。重大な過失により人を死傷させた者も、同様とする。」
3)　たとえば医師法7条に基づく免許取消し、医業の停止等。

今回例に出すのは、いわゆる N 大学医学部事件と言われるロボットを使った医療事故事件です[5]。Da Vinci と呼ばれるロボットはご存知でしょうか。術者である医師がモニターを見ながらアームを操作することで手術を行う医療用ロボットです。

従前、たとえば胃癌の手術には開腹手術と言われる手術手法が取られてきました。開腹手術というのは、患者の体をメスで切って、大きな穴を開け、そこで手術対象の臓器を直視して手術をする方法です。この方法では、血が出る量が多く、患者への負担が大きいと言われます。これに対し、いわゆる内視鏡下手術という、患者の体に小さな穴をあけてそこに手術具と視野を確保するための内視鏡を入れて手術する方法は、患者の負担が小さいと言われます。しかし、従来の内視鏡下手術では、術者がアームそのものを手で持って直接操作していたので、ちょっとした手の動きで意図していない部分を切ってしまったり、一つのアームの操作に気を取られてうっかり別のアームで組織を傷つけてしまうというような危険性がありました。Da Vinci は、広い意味では内視鏡下手術の一種類ですが、ロボットを介した指令に基づきアームを動かすことで危険性が減るとされます[6]。

このように、Da Vinci そのものは優れた医療機器なのですが、それでも、使い方等を間違えると、重大な医療事故につながりかねません。

平成22年 9 月 8 日に N 大学医学部病院において、初期胃癌の患者に対し、Da Vinci を利用して胃の一部を切除する手術が行われましたが、手術の際に膵臓を損傷させてしまい、患者は 5 日目に死亡しました。

手術ビデオの検証の結果、術者である医師が、術野確保（患部を良く見ようとした）のためにロボット鉗子で膵臓を腹側から背側方向へ強く圧迫する操作

4）　本章の内容につき、松尾剛行「医療分野における AI 及びロボットに関する民刑事責任――手術用ロボットを利用した手術における医療過誤の事案を念頭に」Law&Practice12号（2018年）83頁を参照。

5）　「事故調査報告書（ロボット支援腹腔鏡下幽門側胃切除を受けた患者さんが、術後 5 日目に死亡した事例）」（https://www.med.nagoya-u.ac.jp/hospital/departments/file/authora1fe4/2017/pdf/20110607houkokusyo.pdf）

6）　角田美穂子・工藤俊亮『ロボットと生きる社会』（弘文堂、2018年）424－425頁（米村滋人執筆部分）参照。

122 第2部 現代社会と法

が約6分間持続する映像が確認されました。つまり、医者がDa Vinciを動かす際のロボット鉗子の操作の誤りによって、膵臓が椎体[7]と鉗子の間で圧迫されて損傷したことが明らかになりました。

この事案における術者の行為に関しては、様々な問題が指摘されていますが、前述の調査報告書によると、主に、

①そもそも、ロボット鉗子で膵臓を腹側から背側へ垂直に圧迫する操作は「膵臓に愛護的」という基本概念に反する行為であった。

②Da Vinciのロボット鉗子は、扱い方次第で過度の力がかかる危険性があるが、術者において、このような使用器械の特性を十分理解するという重要事項が厳守できず、術野を確保しようとするあまり、この点を十分に留意できず、膵臓に過度の力を掛けてしまった。

という二つの問題があったと指摘されています[8]。

3 契約責任と不法行為責任

このような医療事故において、どのような場合に誰がどのような民事責任を負うのでしょうか。民事責任には、たとえば、病院と医師の間の民事責任等、実際には様々なものがあります。ここでは、患者（またはその遺族）が誰に対し、どのような場合に損害賠償を請求できるかという問題を検討します。

医療事故の場合に、損害賠償請求を行う場合の法律構成には主に契約責任（民法415条）と不法行為責任（709条）の二つがあります[9]。

（1） 医療契約

契約責任を考える前提として、最初に、医療契約について簡単に説明します。

民法の世界では、当事者の関係としては基本的には、(1)物権に基づく関係[10]、(2)契約に基づく関係、(3)事務管理に基づく関係[11]、(4)不当利得に基づく関係[12]、

7） 脊柱の前方にある楕円形に近い形のもの。

8） そして、このように医師が重要事項を厳守できなかった点に問題があることからDa Vinci そのものに事故原因があった訳ではないとされています。

9） 米村滋人『医事法講義』（日本評論社、2016年）106頁。

10） たとえば第三者の車が家の駐車場に停められている場合において、所有権に基づく妨害排除請求権に基づき車の排除を求める場合。

そして(5)不法行為に基づく関係（たとえば、交通事故）の五つが想定されています。このうち、医療事故では、医療契約に基づく契約関係と、不法行為に基づく関係の二つが問題となり得ます。

医師・患者間で成立する診療行為・治療行為等を規律する契約は医療契約と称されます[13]。

民法は、「典型契約」と言って売買契約等13種類の契約を類型化し、「売買契約という類型の契約には〜という規律が適用される」という形で規定しています。ところが、民法には、「医療契約」という名前の類型の典型契約はありません。そこで、医療契約についてどのような規律が当てはまるのかが問題となりますが、通説は、準委任[14]という、相手から何らかの事務を委託され、これを受託する契約類型であるとしています[15]。

医療契約の一方当事者は一般には患者本人であり、また、医療機関開設者（たとえば、診療所を開設した医師個人や医療法人等[16]）が他方の当事者になります[17]。

（2）　契約責任

医療事故が起こった場合、患者ないしはその遺族は、医療契約に違反したことを理由に医療機関等の契約責任を追及することが考えられます。医療機関等が医療契約上負っていた債務を履行しないことを理由に責任を追及することになるので、これを「債務不履行責任」と言います。

現行民法415条は「債務者がその債務の本旨に従った履行をしないときは、債権者は、これによって生じた損害の賠償を請求することができる。債務者の責めに帰すべき事由によって履行をすることができなくなったときも、同様と

11）　たとえば、溺れている人を助けたために濡れた自分の服のクリーニング代を請求する場合。

12）　たとえば、誤って振り込んだお金の返還を請求する場合。

13）　診療契約等とも呼ばれます。米村、前掲『医事法講義』93頁。

14）　民法656条「この節の規定は、法律行為でない事務の委託について準用する。」

15）　米村、前掲『医事法講義』99頁。

16）　なお、本稿では契約主体は「医療機関等」という表現とし、それ以上の詳細には入らないこととします。

17）　米村、前掲『医事法講義』94−95頁。

124　第2部　現代社会と法

する。」と規定しています。

　債務不履行は、「債務者が、正当な事由がないのに債務の本旨に従った給付をしないこと」とされてきました[18]。ここでいう「債務の本旨に従」うというのは、内容・場所・時間などにおいて取引慣行や信義則の観点からその債務に適合しているということです[19]。

　債務不履行の類型としては、
・履行が可能であるにもかかわらず期限を徒過して履行しないこと（履行遅滞）
・履行が不能なために履行しないこと（履行不能）
・不完全な給付をしたこと（不完全履行）
の3種類があると言われます[20]。

　医療事故の場合、たとえば今回の事例のように手術が実際に行われたものの、その過程で問題があり、患者に損害が発生したという場合においては、履行が遅れたり履行が不能になったことが問題なのではなく、履行が不完全であったことが問題となるので、不完全履行の一類型となります。

　そして、債務不履行による損害賠償請求権が発生するためには、
・債務の本旨に従った履行がないという客観的状態
・債務の不履行について、債務者の責に帰すべき事由があることという主観的要件（帰責事由）
・債務の不履行が違法なことという客観的要件（違法性）
・債務の不履行と因果関係のある損害
の4つがそろう必要があるとされています[21]。

　このうちの違法性というのは、たとえば「代金の支払いと債務の履行が同時履行となっているので、代金が支払われるまで債務を履行しなくていい」（同時履行の抗弁、民法533条）等の債務の履行がないことを正当化ならしめる特別

---

18)　我妻栄『債権総論（民法講義IV）新訂版』（岩波書店、1960年）98頁。
19)　我妻栄ほか『我妻・有泉コンメンタール民法総則・物権・債権　第5版』（日本評論社、2018年）966頁参照。
20)　我妻、前掲『債権総論』99頁。
21)　同上、100－101頁参照。

第8章　契約責任と不法行為責任—医療事故を念頭に　*125*

の事由があるかの問題です。しかし、この点は医療事故ではあまり重要な問題とはならないことが多いと言えます。

また、因果関係ある損害については、実務的には重要なのですが、本稿ではこの問題には深入りしないことにします。

そうすると、医療事故における債務不履行責任については、本旨に従った履行がないことと、そのような客観的債務不履行状態につき、債務者（医療機関等）の責に帰すべき事由があること（帰責事由）という二つの要件が重要な要件と言えます。

（3）　不法行為責任

これに対し不法行為責任では、債務不履行責任とは、責任を追及する場合の要件が異なります。

民法709条は「故意又は過失によって他人の権利又は法律上保護される利益を侵害した者は、これによって生じた損害を賠償する責任を負う。」と規定します。

不法行為では、(1)故意・過失、(2)権利または法律上保護される利益の侵害、(3)因果関係・損害が主に問題となります[22]。

ここで、医療事故では、不法行為の文脈においても、故意が問題となるのは稀であり、過失が問題となることが多いとされます。そして、過失というのは予見可能性を前提とした結果回避義務違反と言われますが、医療事故の文脈の下では、種々の場面において医師等の医療従事者・医療機関が履行すべき義務が存在し、その義務に違反した場合に過失があるとされます[23]。

たとえば、生命や身体を保護するため、実際の治療においては「個別治療の適正実施の義務」があるとされ、医療機関等は、手術中の手技の過誤、投薬、内視鏡・カテーテルによる処置等の個別の処置を適正に行う義務を負うとされ

---

22)　なお、違法性も問題となることがあり、医者が患者にメスを入れることは正当な業務行為として違法性が阻却されると論じられていることには留意が必要です。ただし、これは、あくまでも、注意義務違反等がない場合について、単純にメスを入れることそのものが正当化されるかの問題であり、過失（注意義務違反）が正当化されるかの問題とは局面が異なることに留意が必要です。たとえば、我妻、前掲『我妻・有泉コンメンタール民法』1480頁以下参照。

23)　米村、前掲『医事法講義』108頁。

126 第2部 現代社会と法

ています[24]。

そして、これらの（過失を基礎づける）義務が、それぞれ権利または法律上保護される利益を保護するために存在することから、多くの場合にはこのような「義務」論によって権利または法律上保護される利益論の問題は解決します[25]。

上記のような「個別治療の適正実施の義務」は、生命や身体という権利・利益を保護するためのものですので、かかる義務違反（過失）があれば、生命身体という権利・利益への侵害があったと言えます[26]。

4 証明責任及び要件事実

（1） 民事訴訟の目的[27] と証明責任

さて、このような医療事故における民事損害賠償事案が当事者間の交渉で解決せず、裁判に持ち込まれると、患者または患者の遺族は、原告として医療機関等（被告）を訴え、契約責任（債務不履行責任）または不法行為責任を根拠として、損害賠償を請求することになります。

ところで、これまでは「民法」の債務不履行や不法行為の規定を説明して来ました。その中では、たとえば「帰責事由」があるとどうなるこうなる、といった議論がされています。しかし、「裁判」においては、全知全能ではない「人間」である裁判官が事件を解決する必要があります。たとえば、人間ですから、「ある事実が存在するのかどうか（真実かどうか）わからない」（真偽不明）といった事態も十分生じえます。そのような場合にどうするか、これは「民法」には規定がありませんので、裁判に関する法律、つまり訴訟法の問題

---

24) 米村、前掲『医事法講義』120 − 121頁。

25) 同上、152頁。

26) なお、因果関係・損害も興味深い論点が多いものの、前述のとおり本稿では割愛することとします。

27) 民事訴訟法学の世界で「民事訴訟の目的」という言葉を用いると、民事訴訟制度の根源的目的が権利を保護するためか、私法秩序を維持するためか、紛争を解決するためか、手続を保障すること自体が目的か等と華々しく論じられていますが、ここでは、そのような深い議論には立ち入りません。同議論につき、高橋宏志『重点講義民事訴訟法上　第2版補訂版』（有斐閣、2013年）1頁以下参照。

として解決する必要があります。

そもそも民事裁判というのは何のためのものなのでしょうか。それは、現在の権利義務関係（法律関係）を判断するためのものです。権利義務関係というのは、たとえば債務不履行に基づく損害賠償請求権が存在するか否か、といった関係です。

権利は抽象的で目に見えません。これに対し、事実は具体的で証拠に残ります。そこで、法律の世界では、ある事実があれば、権利が発生したり消滅するとすることで、事実から権利の有無を判断できるようにしました。

要するに、権利が発生してから消滅するまでの間が、権利がある状態です。権利は、権利を発生させる事実が存在すると発生し、権利が消滅する事実があれば消滅します。訴訟の段階[28]で、権利があるのかどうかは、このような権利を発生させる事実があるのか、権利を消滅させる事実があるのかという過去の事実を確定することで判断する訳です（図1参照）。

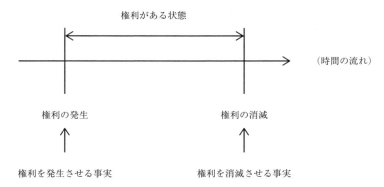

図1　権利と事実の関係[29]

もし、裁判官がすべての問題となる事実についてその存否を確定できれば、たとえば、「権利を発生させる事実はあるが、権利を消滅させる事実がない」等として当該認定に基づき、単純に、「権利がある／ない」と確定することが

---

28) 正確にいうと、事実審の口頭弁論終結時点です。
29) 和田吉弘『民事訴訟から考える要件事実　第2版』（商事法務、2013年）6頁より引用。

128　第2部　現代社会と法

でき、それで何ら問題ないわけです。ところが、実際には、人間である裁判官は「事実があるかわからない」（真偽不明）という状況に陥ってしまいます。

　人間である裁判官が判断するため、真偽不明の状態が生じる前提の下で、どのように裁判制度を運営していくか、ここで出て来た知恵が「証明責任」です。証明責任というのは、真偽不明になった場合には、主張責任を負う者が負けるという負担です[30]。つまり、証明責任を負う当事者は、きちんと立証して、裁判官に「こういう事実は確かにあった」と認定してもらう必要があり、「あるかどうかわからない」となった場合には、その存在はなかったものとして、その者にとって不利に扱われると言うことです。

（2）　証明責任と要件事実

　そこで、単にどのような要件の下で債務不履行責任が追求できるかを考えれば良い民法の世界とは異なり、裁判においては、証明責任を織り込んで、

・原告（患者・患者の遺族）はまず何を証明すればいいのか

・医療機関等はこれに対し何を証明しなければならないか

という点を考えなければなりません。これが「要件事実」と言われる問題です。

　一方当事者がまずは一定の事項を証明し、それが証明されると、もう一方の当事者が一定の事項を証明しないといけなくなる（そしてそれが証明すると元々の当事者がさらに一定の事項を証明しないといけなくなる……）、というのが要件事実の世界の大まかなイメージです。

　このように証明責任を織り込んだ要件事実の世界では、債務不履行責任（不完全履行）については原告（債権者）側は、まず、

・契約の成立

・どのような不完全な履行があったのか

・因果関係ある損害

を主張・立証する必要があるとされています[31]。

---

30)　たとえば伊藤眞『民事訴訟法　第6版』（2018年、有斐閣）374頁は「証明責任とは、法令適用の前提として必要な事実について、訴訟上真偽不明の状態が生じたときに、その法令適用にもとづく法律効果が発生しないとされる当事者の負担をいう」としています。

31)　大江忠『要件事実民法中』（第一法規、1995年）27頁。

そして、このような事実が証明されると、不完全な履行が責に帰すべき事由に基づかないこと等は、被告（債務者）側が主張立証するとされています[32]。

　民法の世界では、（客観的な）不完全履行と帰責事由というのは「債務不履行に基づく損害賠償のための要件」として並列に列挙されているのですが、裁判の世界（要件事実の世界）では、（客観的な）不完全履行は原告側が証明責任の負う事実、帰責事由は被告側が証明責任の負う事実と分けられているのです。そこで、契約責任に基づく主張をする場合、患者（原告）側は、民法上の要件をすべて主張立証する必要がなく、帰責事由については医療機関（被告）側が主張立証しなければなりません。

　これに対し、不法行為については

①　原告の権利または法律上保護される利益の存在
②　被告が①を侵害したこと
③　②についての被告の故意または過失
④　損害の発生及び額
⑤　②と④の因果関係

が原告（被害者）側が主張立証すべき事実とされます[33]。

　医療事故であれば、①～⑤の全てを患者側が主張・立証しなければならないということです。

5　契約責任と不法行為責任の相違と接近

（1）　二つの責任類型の相違点

　このようにしてみると、「理論的」な観点から、契約責任と不法行為責任のどちらかを選択するのが患者側にとって有利でしょうか。

　たとえば、契約責任を追及した結果、不完全履行は存在したけれども、それが債務者の帰責性によるかどうかよくわからない、このような事案を考えてみましょう。

---

32)　大江、前掲『要件事実民法中』28頁。
33)　岡口基一『要件事実マニュアル2　第5版』（ぎょうせい、2016年）385頁。

この場合、債権者（患者側）は、不完全履行の存在を主張・立証することに成功しており、後は帰責性の有無という債務者（医療機関等）が主張・立証すべき事項について真偽不明となっているだけです。そして、真偽不明となっている以上、帰責性の有無について証明責任を負う債務者（医療機関等）は、帰責性の不存在について立証することができないので、帰責性がないとして責任を免れることはできず、なお責任を負うということになります。つまり、原告（患者側）の勝訴ということです。

これに対し、不法行為では、①〜⑤のすべてを原告（患者側）が立証しなければならないわけです。

そうすると、理論的に言えば、患者側にとっては、契約責任を追求した方が不法行為責任を追求するよりも勝ちやすいと一応言うことができます。

なお、これ以外にも不法行為と債務不履行の間では、時効・除斥期間[34] 等においても相違がありますが、ここでは説明を割愛します。

（2）　二つの責任の接近

ところが、実務においては、医療事故につき契約責任構成と不法行為責任構成の差異はほとんどないとされることが多いと言われます[35]。

なぜ医療事故の事案については実務上ほとんど契約責任と不法行為の相違がないのでしょうか。それは、医療事故で問題となる医療契約上の債務が、いわゆる「手段債務」であるという点が重要です。

例えば、売買契約であれば、契約の目的物を引き渡すという「結果」が債務の内容をなしています。「頑張って渡そうと努力すること」は、その結果に向けた過程にすぎません。これに対し、医療契約においては、「治す」こと自体が債務の内容ではありません。

もちろん、医者は患者の病気を治すため最善を尽くすわけですが、どのような病気であっても100％治ると言うことはなく、いくら医師が最善の努力をし

34）　現行民法167条「債権は、十年間行使しないときは、消滅する。」、現行民法724条「不法行為による損害賠償の請求権は、被害者又はその法定代理人が損害及び加害者を知った時から三年間行使しないときは、時効によって消滅する。不法行為の時から二十年を経過したときも、同様とする。」

35）　米村、前掲『医事法講義』107頁。

第8章　契約責任と不法行為責任—医療事故を念頭に　*131*

ても結果的に病気が治らないとか、患者が死んでしまうと言うことはありうるわけです。そうすると、そのような結果的に病気が治らない場合には債務不履行なのでしょうか。

　この問題については、医療契約は「手段債務」、すなわち、医療を提供すること自体が債務の内容であって、治すと言う結果そのものは債務の内容ではないとされており、そのため、結果的に病気が治らないとか患者が死んでしまっても、それだけで債務不履行にはならず、その原因が不適切な医療の提供による等と言う場合にはじめて債務不履行となる、と考えられています。

　このような前提の下、売買のようないわゆる結果債務であれば、上記のように原告（債権者）は「債務不履行の事実」をそのまま主張立証する（たとえば、買った車のエンジンの出力が約束された出力より低い）だけで、なすべき主張立証をしたとされるのですが、手段債務である医療契約においては、「患者が死んだ」「病気が治らなかった」といった「結果」を単に主張してもそれだけでは主張としては不十分であって、債権者（患者等）の側で帰責事由に相当する内容、つまり、本来医療の過程で医師がこのような注意を払う必要があったが、実際には当該注意を払わなかったといった内容を主張・立証しなければならないとされています[36]。

　そこで、医療事故についての債務不履行については
・医療契約の成立
・<u>医師側の義務の違反に該当すべき事実又は義務違反を基礎づける事実</u>
・因果関係ある損害の発生
を患者側（債権者側）が主張立証しなければならないとされています[37]。

　そして、このような内容、特に「義務の違反に該当すべき事実又は義務違反を基礎づける事実」部というのは、まさに不法行為責任において患者が証明すべきとされた「過失」の内容と重なり合うのです[38]。

　もちろん、個別の事情の下で常に不法行為責任と契約責任が同じ結果を産む

---

36)　米村、前掲『医事法講義』106 - 107頁。
37)　大江、前掲『要件事実民法中』29頁。
38)　米村、前掲『医事法講義』106 - 107頁。

132　第2部　現代社会と法

のかについては疑義が呈されているところですが[39]、契約責任と不法行為責任
が原則としてどのような要件で認められ、それが原告・被告の証明責任の分担
としてどのように配分され、そしてそれが医療契約の場面においてどのように
接近するのか、をご理解いただければ、契約法と不法行為法の相違について、
民法だけではなく民事訴訟実務についても、その要点を理解したといって良い
でしょう。

（3）　事例の簡単な解説

では、上記の事例における民事責任はどのように判断されるのでしょうか。

上記の事例において、患者等は、「医師側の義務の違反に該当すべき事実ま
たは義務違反を基礎づける事実」つまり、医師（術者）が具体的にどのような
義務を負っていたかを特定する必要があります。

基本的には、患者の生命や身体の安全を保護するという観点から、手術過程
の手技において、膵臓に愛護的に手技を行うとか、利用する機器の特性を理解
した上で手技を行う義務があるということになるでしょう。

そして、上記事例においては、医師（術者）は、利用する機器の特性を十分
に理解できず、視野がよく見えなかったということで、Da Vinci のロボット
アームで膵臓に強い圧迫を与えてしまい、その結果として愛護的であるべき膵
臓を損傷し、死に至らしめたということになりますので、契約責任構成であっ
ても、不法行為責任構成であっても、N 大学（医療機関等）は損害賠償責任を
負う（裁判であれば患者の勝訴となる）ということになるでしょう。

6　医療水準論

上記では、非常に簡単に医師の遵守すべき義務を設定してしまいましたが、
実務では、何が医師の遵守すべき義務かが争いとなることも非常に多くみられ
ます。このような注意義務の特定をする上で参考になるのがいわゆる医療水準
論です。

最高裁は、「人の生命及び健康を管理すべき業務に従事する者は、その業務

39）　米村、前掲『医事法講義』107頁。

第8章　契約責任と不法行為責任―医療事故を念頭に　*133*

の性質に照らし、危険防止のため実験上必要とされる最善の注意義務を要求される」が」「注意義務の基礎となるべきものは、診療当時のいわゆる臨床医学の実践における医療水準である」と述べました[40]。

　そして、人の生命・健康を守るために医師が何をすべきかという基準である医療水準は、医師個人の知能や技能によらず医療機関単位で決まり[41]、患者との特約がない限り医療水準を超える医療を提供する義務は発生しないと解されています[42]。

　とはいえ、これでも医療水準ないしは義務の内容は比較的抽象的ですので、実際には上記事例のような個別治療の適正実施の義務については、特に新しい問題の場合には専門家の鑑定意見等を利用して、医療水準に基づき具体的な場面で具体的にどのような義務があったかを明らかにしていくことが必要になります[43]。

7　民法改正

　なお、民法改正についても一言補足しましょう。

　改正民法415条は1項と2項に分かれます。2項は本稿とあまり関係がないので、1項について見ますと、

　　「債務者がその債務の本旨に従った履行をしないとき又は債務の履行が不能
　　であるときは、債権者は、これによって生じた損害の賠償を請求することが
　　できる。ただし、その債務の不履行が契約その他の債務の発生原因及び取引
　　上の社会通念に照らして債務者の責めに帰することができない事由によるも
　　のであるときは、この限りでない。」

となります。

　この改正は、現行民法415条と対比するとわかりやすいでしょう。現行民法415条は

---

40)　最判昭57・3・30判時1039号66頁。

41)　医療機関の特性によって高い医療水準が求められる場合と低い医療水準でいい場合があります。

42)　米村、前掲『医事法講義』112頁。

43)　同上、121頁参照。

134　第 2 部　現代社会と法

　「債務者がその債務の本旨に従った履行をしないときは、債権者は、これに
　よって生じた損害の賠償を請求することができる。債務者の責めに帰すべき
　事由によって履行をすることができなくなったときも、同様とする。」
としており、文言上は、どの種類の債務不履行に債務者の帰責事由が必要であ
るか（履行不能については明文（「履行することができなくなったとき」）上、帰責
事由が必要と思われるが、不完全履行はどうか）や、債務者の帰責事由は債権者
と債務者のどちらが主張・立証すべきか等が条文上は明確ではありませんでし
た。

　改正民法415条は、「債務者がその債務の本旨に従った履行をしないとき又は
債務の履行が不能であるときは、債権者は、これによって生じた損害の賠償を
請求することができる。」として、いわゆる不完全履行の場合には原則として
損害賠償が請求できるとした上で、「ただし、その債務の不履行が契約その他
の債務の発生原因及び取引上の社会通念に照らして債務者の責めに帰すること
ができない事由によるものであるときは、この限りでない。」として、例外的
に帰責事由がない場合には損害賠償が請求できないとされています。このよう
な「本文」と「ただし書き」を分ける書き方は、原則である本文の要件を原告
（債権者）が主張立証しなければならず、例外であるただし書きの要件を被告
（債務者）が主張立証しなければならないという趣旨のことが多いと理解され
ており、その意味では、これまでの通説的な主張立証責任のあり方を条文上確
認したと言っていいでしょう。

　また、「契約その他の債務の発生原因及び取引上の社会通念に照らして」と
していかなる場合に免責がされるかは契約の趣旨や取引上の社会通念に照らし
て判断されるべきであるという点が強調されています[44]。

　このように改正民法を概観してきましたが、少なくとも医療事故の側面では、
要件事実に変更はないと解されており[45]、その意味では、本稿における説明に

---

44)　潮見佳男『民法（債権関係）改正法の概要』（金融財政事情研究会、2017年）68頁。及び筒井健
　　夫・村松秀樹『一問一答　民法（債権関係）改正』（商事法務、2018年）74頁。なお、いわゆる過
　　失責任主義からの決別についても潮見、同頁参照。
45)　大江忠『要件事実民法（4）　第 4 版』（第一法規、2016年）97頁参照。

関する限り、民法改正の影響はあまり大きくないと言えるでしょう[46]。

8　おわりに

　ここまで、医療事故を念頭に、契約責任と不法行為責任について見て見ました。民法の講義では、かなり抽象的に様々な条文や理論・制度が説明されることが多いのですが、特に勉強を始めてから時間が経っていない人こそ、その条文やその理論・制度はどのような具体的な場面で利用されるのか、という形で具体的に考えることが民法の理解に資すると思われます。

> ＊　本稿は、鈴木雄介医師・弁護士と共同で担当させていただいている、慶應義塾大学法学部の医事法演習（民事）の内容を元にしている部分があります。鈴木先生に心より感謝したいと存じます。

■より深く学ぶためのガイド■

① 米村滋人『医事法講義』（日本評論社、2016年）
② 古川俊治『メディカルクオリティ・アシュアランス　第2版』（医学書院、2005年）
③ 弥永真生・宍戸常寿『ロボット・AI と法』（有斐閣、2018年）
④ 角田美穂子・工藤俊亮『ロボットと生きる社会』（弘文堂、2018年）
⑤ 平野晋『ロボット法』（弘文堂、2017年）
⑥ ウゴ・パガロ『ロボット法』（勁草書房、2018年）

------

46)　なお、時効や遅延損害金等に関し、比較的大きい改正があります。

第9章
起業家のための会社法の基礎

Keywords：起業／会社法／M&A／
IPO

1 選択肢としての「起業」

　本書の読者の皆様の多くは大学生ではないかと思われます。読者の皆様にとって、大学を卒業した後の進路は重要な問題ではないでしょうか。公務員、会社員、法曹等の数多く存在する選択肢の中で、「起業」、つまり新しいビジネスを自分で起こすことが注目を集めています。2013年6月に閣議決定された日本再興戦略では起業の増加が掲げられ、直近3か年（2014〜2016年度）において開業率は毎年上昇しています。確かに、大学を卒業してすぐに起業することはあまり多くないとしても、自分のライフプラン（人生設計）の中で、適切な時期を見計らって起業することを選択肢の一つとするのは、十分に有益なことと思われます。そして、将来的に起業の可能性があるのであれば、学生のうちに起業についての情報を収集し、準備しておくことが望ましいでしょう。

　起業を選択肢として検討する場合、もちろん、ビジネス、会計、税務等の観点も重要ですが、法律という観点からはどのような点に留意する必要があるでしょうか。

　確かに、取引を行うという観点からは、民法や商法（商取引法）、消費者法等を学ぶことは重要です。また、たとえば、医療系の企業であれば、医事法（薬機法、医師法、医療法等）、Fintech企業であれば金融法（銀行法、金商法、資金決済法等）といった、「業法」と言われる、業界別に許認可制度や行為規制等を定める法令も重要です。加えて、従業員を雇う際の労働法や、会社の技術や信用を守るための知的財産法（知財法）、健全な競争制度を定める競争法（独

第9章　起業家のための会社法の基礎　137

禁法等)、税金に関する法律（税法）等も重要であることは否定できません。

しかし、「会社法」もまた企業家にとって非常に重要な法令の一つです。この章では、起業家を念頭に会社法の世界について少し考えてみましょう。

2　企業の成長ステージと会社法の意義

（1）　企業の成長ステージ

起業には「ヒト（人材）」、「モノ（製品）」、「カネ（資金）」が必要であり、これらをいかに調達するかが重要になります。

最初は、自分一人、または数人のチーム（「ヒト」）で製品やサービスを開発するものの、軌道に乗れば、どんどん組織を大きくしていくことになります。

「モノ」は、たとえば、世の中に問いたい製品やサービスであり、どういう人をターゲットとして、どのようなニーズを満たす製品やサービスとするのか

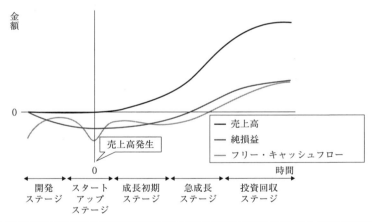

ステージ名	説　明
開　発	売上高ゼロ、純損益は赤字、フリー・キャッシュフローは負。
スタートアップ	製造用の設備装置や従業員を確保したときから始まる。売上高が発生。
成長初期	売上高は増加するが、純損益やフリー・キャッシュフローは負。
急成長	外部資金調達を必要とする最後の段階。
投資回収	フリー・キャッシュフローが正の値をとる地点まで成長率が低下する。

図1　ベンチャー企業の成長ステージ[1]

138　第2部　現代社会と法

資金調達源 ＼ ステージ	開　発	スタートアップ	成長初期	急成長	投資回収
アントレプレナー					
友人、家族					
エンジェル投資家					
戦略的パートナー企業					
ベンチャー・キャピタル					
資産担保融資					
設備リース					
公的制度投融資					
企業間信用					
ファクタリング					
メザニン					
公　募　債					
新規株式公開（IPO）					

注)　塗りつぶしの濃い部分は、資金調達源の分類ごとに最も重点的に資金提供しているステージ
　　を示している。薄い部分は、次に重点的に資金提供しているか、あるいは各分類の中で一部の
　　投資家が重点的に資金提供しているステージを示す。
　　　ファクタリングとは、企業の持つ売掛金や受取手形などの売掛債権をファクタリング会社に
　　売却することによって調達する方法を示す。メザニンとは、通常の借入とエクイティの中間に
　　位置する証券（たとえば劣後債や優先株など）によって調達する方法を示す。

図2　ベンチャー企業の成長ステージ別の資金調達源[2]

（ないしは新しいニーズを作り出すのか）を考える必要があります。

　そして、組織を大きくする（人件費等）ためにも、良い製品やサービスを開発し、生産し、運営するためにも、資金（カネ）が必要になります。

　企業の成長ステージとしては、開発ステージ、スタートアップステージ、成長初期、急成長、投資回収の各ステージがあるとされ、それぞれ資金調達方法

1）　R. L. スミス・J. K. スミス『アントレプレナー・ファイナンス——ベンチャー企業の価値評価と
　　ディール・ストラクチャー』（中央経済社、2004年）48頁＝忽那憲治・山本一彦・上林順子編
　　『MBA　アントレプレナー・ファイナンス入門——詳解ベンチャー企業の価値評価』（中央経済社、
　　2013年）45頁より。
2）　スミス＝スミスの前掲『アントレプレナー・ファイナンス』53頁に加筆＝忽那・山本・上林、前
　　掲『MBA　アントレプレナー・ファイナンス入門』53頁より引用。

第9章　起業家のための会社法の基礎　*139*

に違いがあります。

　スタートアップステージでは株式の形で、その後は融資等も含めた形で資金を獲得し、これを利用してビジネスを伸ばしていく、というのが基本的な企業の成長のイメージです。このようなビジネス実務と会社法の関係について、これから説明していきます。

（2）　会社を作ることの意味──法人性

　このような起業の際に、なぜ会社を作るのでしょうか。確かに、起業、特に起業の初期段階においては、会社を作らずに、一人または少人数のチームで開発等を行うことも多いと言えます。しかし、事業がある程度の大きさになり、対外的な信用を得ようとする場合には、会社という形式を選択することが多くみられます。

　ここで重要なのは、会社が「法人」である、ということです（会社法3条)[3]。会社が法人だ、というのはどういうことでしょうか。AさんとBさんとCさんがチーム取引をする場合と、三人が会社を作る場合でどのように違うのでしょうか？

　我々ヒト（自然人）は、生まれながらにして人格ないしは権利能力が認められます。しかし、会社法は、ヒトではない会社が法人として人格の主体であるとしました。すなわち、会社が構成員（AさんとBさんとCさん）とは別個・独立の権利・義務の主体だということです。このことにより、会社の対外活動、たとえば、取引活動から生じた権利義務は会社に帰属することから、法人の財産と構成員（株主）の間の分離がなされ、権利義務の帰属及び社団の管理が簡明になり、団体としての統一的活動が容易になると言われます[4]。

　要するに、法人を設立することで、取引の相手としては、誰と取引をしているのかがわかりやすくなる訳です。会社が成長して行くにつれ、外部にたくさんの利害関係者、たとえば、その会社に投資する投資家、その会社にお金を貸し付ける銀行、その会社のサービスを利用するユーザーないし消費者等々が出

3）　なお、「社団」法人と元々言われていたところ「社団」性が会社法になったとき、削除された経緯については江頭憲治郎『株式会社法　第7版』（有斐閣、2017年）26-27頁参照。

4）　同上、30頁。

てくる訳です。これらの人にとって、取引をするたびにAさんとBさんとC
さんの全員といちいち契約をしなければならないのは煩雑ですし、特に構成員
が入れ替わった場合にとても不便です。会社という法人が人格を持って、会社
と契約することができるとすると、（三人のはじめた）そのビジネスに関する取
引関係、契約関係等を会社を中心に整理することができ、大変便利です。

（3）「株式」と「融資」の違い──営利性

さて、上記の企業の成長ステージの図を見ますと、このような（株式）会社
ができた後の資金調達方法としては、一般には最初は株式（出資）という形で
資金を調達し、その後、ある程度の成長を遂げると融資という形で資金を調達
することが多いとされています。それは、どうしてでしょうか。

それは、会社の営利性と関係します。営利性というのは、会社が対外的経済
活動で得た利益を構成員（株主）に分配することを目的とすることです[5]。わか
りやすい言葉で言い換えれば、ビジネスで儲けたお金を株主に分配するのが会
社の目的である、ということです。そこで、株主は、会社が儲かれば儲かるほ
ど、それに応じていくらでもリターンが得られる、ということになります。利
益が上がれば会社から利益配当（まさに上記の営利性により分配される利益です）
を得ることができる他、出資の価値（株価）が上がれば、それによっても利益
が得られることになります[6]。

これに対し、融資の場合には、元本の返還に加え利息[7]を得ることができま
す。逆にいうと、最善の場合でも得られるのは元本と事前に約束された利息だ
けであり、もし、投資先の支払い能力がなくなれば、元本も利息も返って来な
いことがあります。

すると、融資と株式出資のどちらが初期のステージの相対的に「信用のない
会社」に対してふさわしいでしょうか。

5）　江頭、前掲『株式会社法』22頁。

6）　逆に言えば、儲からなければ元本は保証されないので、たとえば100万円の株式が紙切れになる
　　 こともあります。

7）　利息制限法によって上限利息に限度がありますが、一般には多くても年利10％台だと考えて下さ
　　 い。

第9章　起業家のための会社法の基礎　*141*

　上記のとおり、融資では、その会社が大儲けしても、得られるリターンはそう大きくなりません。これに対し、株式出資であれば、大きな利益を得ることもありうる訳です。

　そこで、融資の世界では融資先企業がいかに失敗しないかに関心があるのに対して、出資の世界では、成功する企業がどの程度の成功を収めるかに関心があると指摘されます[8]。

　相対的に信用が低い、失敗する可能性が高いスタートアップ期においては、なかなか融資という形で資金を調達することは難しいと言えます。しかし、確実に元本と利息を返せるかわからなくても、「大化け」するかもしれない、ということであれば、株式投資を呼び込むことができる可能性もあるということになります。

（4）　投資という目的により適合する株式会社
──有限責任・株式譲渡自由の原則

　会社にはいくつか種類がありますが、株式会社という種類が一番ポピュラーな種類と言えます。株式会社において、株主は、会社に対し株式の引受価額を限度とする出資義務を負う以外に、会社の債務につき責任を負いません（会社法104条）。要するに、出資すると約束した額（たとえば100万円）を会社に払えば、仮に会社が倒産しても、原則としてそれ以上の追加責任を負わないということです。これは有限責任と呼ばれます[9]。

　単なる投資家にとっては、たとえば100万円投資する場合、最悪その100万円がゼロになってしまうのはやむをえないとしても、それ以上に、会社の債権者が要求すれば、会社の債務を自分の資産から払わないといけないというのは、投資を躊躇する重要な原因になるところです。友達から「起業するから1口投資してくれ」と、100万円の支払いを求められた場合、「失敗しても100万円がゼロになるだけ」なのか「失敗したら100万円がゼロになるのに加え、さらに自分の財産から会社の債務を弁済しなければならない（マイナスになる）」なの

8）　忽那憲治ほか『アントレプレナーシップ入門』（有斐閣、2013年）154頁。

9）　江頭、前掲『株式会社法』35頁以下参照。

142　第2部　現代社会と法

かで、だいぶ投資する際の心構えが変わってくる、と言えばイメージがし易いのではないでしょうか。株式会社の有限責任により、投資家は、より安心して株式会社に投資できるようになっています。

　加えて、株式会社では、株式譲渡自由の原則（会社法127条）という原則によっても、投資を呼び込もうとします。投資家（株主）は、急に現金が必要になることがあります。そのような場合に、会社が自由に投資家（株主）に投資の払戻し[10]をできるとしてしまうと、たとえば、経営が苦しい際に経営陣である株主に対し、他の株主に優先して投資を払い戻してしまうといった不適切な事態を招きかねません。そこで、会社法上、投資の払戻しについては厳しく制限されています（たとえば分配可能額に関する会社法461条参照）。しかし、上記のような投資家の投資を回収したいとのニーズを満たすことで、投資を呼び込むことができます。そこで、株式会社では、株式譲渡自由の原則という原則を設けることで、その株を第三者に譲渡することによって投資を回収できるようにしました[11]。

　なお、このような投資家が会社に投資する文脈と異なり、たとえば、会社の社長のような重要な経営陣（が株主を兼ねている場合）であれば、実務上は、この人を信じて取引をしますということで、たとえば会社への融資や不動産を貸す際に連帯保証人として、会社と連帯して責任を負わせることがみられますので、もし起業をして経営陣になった場合には、注意が必要です[12]。

3　会社法による「利害調整」と合意による「上書き」

（1）　会社法による利害調整

　これまで、会社法の定める会社制度、とりわけ株式会社制度を利用すること

---

10)　投資の払戻しというのは、会社がたとえば100万円の出資を株主に返却する、ということです。

11)　なお、実際には、定款で第三者へ譲渡する際には取締役会等の承認を必要とする旨を規定することができます（譲渡制限株式、2条17項）。これは、信頼関係を有する株主の間でのみ会社を運営したいというニーズに合わせたものですが、投資回収の目的を果たすため、取締役会等が承認を拒絶した場合には、取締役会等は他の買主を指定する等して投資回収の目的を達成できるようにしなければなりません（会社法140条）。

12)　なお、「経営者保証に関するガイドライン」（https://www.zenginkyo.or.jp/fileadmin/res/abstract/adr/sme/guideline.pdf）等も参照。

第9章　起業家のための会社法の基礎　*143*

で、起業時、特に融資による資金調達が難しい時期の資金調達を株式投資という方法で実現できる、という話をしてきました。しかし、会社法の役割は、これだけではありません。

前述のとおり、会社は様々な人（ステークホルダー）が関係します。経営陣、会社に投資する投資家、その会社にお金を貸し付ける銀行、その会社のサービスを利用するユーザーないし消費者、従業員、地域住民等々です。

このようなステークホルダーの間でどのように利害を調整するか、これも会社法の果たす重要な役割です。

「ステークホルダー間の利害調整」と言いますが、これは、起業家にとっては決して他人ごとではありません。つまり、起業家（会社の経営陣）こそ、まさに最重要ステークホルダーの一人なのであり、会社法がどのようにこの利害を調整しているのかを知ることは非常に重要です。

会社法が定める利害調整ルールの中には、強行規定といって、会社法のルールと異なる合意をしても無効なものもありますが、任意規定といって、当事者間で合意すれば、それが優先することもあります。これはどういうことかといえば、起業家は会社法の利害調整ルールを知った上で、強行規定については、そのような変更ルールがあることを前提に最も有利になるように行動する必要がありますし、任意規定であり、それが自分にとって不利な場合には、積極的に他の当事者と交渉して、合意によるルールの変更を実現しなければならないということです[13]。

（2）　経営陣間の利害調整

起業においてチームを形成する傾向があることは、よく知られた事実です[14]。上記の事例でも、A、B、Cという3人がチームで起業する場面を考えてきました。確かに、ある程度以上ビジネスの規模が大きくなると、すべてのことを一人の企業家が決めるのが大変になってくるので、スムーズに起業をしたいな

---

13)　とはいえ、たとえば、いわゆるタコ配当と言われる、分配可能な利益がないにもかかわらず株主に配当をすることを禁止するルール（会社法461条）等強行規定も少なくないので、何が強行規定で何が任意規定であるかにも注意が必要です。

14)　忽那ほか、前掲『アントレプレナーシップ入門』139頁。

144　第2部　現代社会と法

らば、パートナーと一緒に始めた方が良いと言われます[15]。しかし、経営が進むに連れて役割や関係性が変わっていき、パートナーが会社から離れることも多いといえます[16]。

　このように、複数人で起業をする場合、様々なトラブルが生じます。トラブル防止のためには、事前に契約書等の書面でルールを決める必要がありますが、「結婚する前に離婚の条件に合意する」ようなもので、実際にはこのようなトラブル防止対応をきちんとしていないことも多く見られます。実務でよくみるトラブルを以下で例示しましょう[17]。

事例1　私はあるスタートアップ企業の社長です。友人が、会社に貢献するからということで、私の会社の株主になることを認めたのに、その友人は自分のビジネスに忙しく、会社には何の貢献もしてくれません。そんな人に約束の配当を与えるのはおかしいのではないでしょうか？

事例2　自分の会社を設立する時にお金がなかったので、友達に990万円を出してもらい、自分は10万円を出してそれぞれ99株と1株の株主になりました。自分が社長としてほぼ実務を取り仕切っていて、友達は何も会社のことはしていません。友達から、「儲かっているんだから配当をしてくれ」と言われるのですが、何もしていないのに99％の配当を渡さなければならないのでしょうか？

事例3　起業パートナーとどうしても一緒にやっていけないので、どちらかが会社を出るべきということでは合意しました。しかし、どちらが会社を出るべきか、その場合にその人の株をどう処理すべきかについて何度も話し合いを持っているものの、どうしても合意できません。

　会社法の定める経営陣の間の利害に関する規定としては、概ね、原則として出資割合に応じて株主総会における議決権を持ち（会社法308条）、株主総会においてたとえば過半数で役員等を選任できる（会社法309条1項）、重要事項に

---

15)　長谷川博和『ベンチャー経営論』（東洋経済新報社、2018年）61頁。

16)　忽那ほか、前掲『アントレプレナーシップ入門』140頁。

17)　このような事案は世の中に多く存在し、また、守秘義務があるのでデフォルメはしていますが、筆者も類似の相談を受けたことがあります。

ついては、３分の２ないしそれ以上の多数が必要（会社法309条２項）、という
ような規定を挙げることができます。しかし、当事者間（パートナー同士）で
話し合って合意することで、相当程度これらの原則を変えることができます。
逆に言えば、実際の状況が、このような[18]原則通りの利害調整にふさわしくな
い事案であるにもかかわらず、当事者で合意をしないと、やはり不満が生じて
紛争の元となります。

　事例１は、最初にパートナー同士でどのような役割を果たすべきかについて
十分に明確に合意しなかったことが原因と言えるでしょう。当事者間で株主間
契約等の契約を締結し、その中で、誰がどのような役割を果たすべきかを定め、
契約違反の際の措置について合意していれば、このような不満が出てきた場合
には、その条項に基づき対応することができました。しかし、事例１ではこの
ような合意がされていません。会社法の規定では、必ずしも株主が会社の営業
等に貢献する義務を負うという規定にはなっていない[19]ので、営業に貢献しな
いことだけを理由に会社法違反や契約違反等と主張することは容易ではありま
せん。

　事例２は、その時点で手持ちのお金が幾らであるかだけを基準に株式の発行
割合を決めるという、非常に典型的な失敗です。このままだと、「友達」は99
％の株主ですから、二人の関係が悪くなると、あなたを取締役から解任し、自
分やその息のかかった人を取締役にし、利益配当等をすることが可能になって
しまいます。このような「雇われ社長」型の起業は、そのリスクを理解した上
で、たとえば一部資金を融資として出してもらうことで株式持分を調整した
り[20]、属人的定め（会社法109条２項）等について合理的な合意をすれば良いの
ですが、そのような工夫をしないままだと、99％株主と仲違いした時点で「自

---

18)　なお、上場等をする場合を念頭に、経営ができない株主が、経営のプロである取締役に経営を委
　ねる（所有と経営の分離）という説明がされることがあります。もっとも、今回のような起業直後
　の場合では、株主が経営するという、いわば所有と経営が未分離なことも多くみられます。

19)　たとえば上場企業の少数株主にとって、基本的にはその経営に参加することは現実的ではないで
　しょう。

20)　たとえば、社長が出せる金額が少なければ、二人で同額（または社長の方が多い額）を出し合っ
　て、残金をローンとして会社に融資してもらうといった方法がありえます。ただし、具体的な資本
　構成とその会計・税務的な影響については、専門家と相談すべきです。

146　第2部　現代社会と法

分の会社」[21)] が「乗っ取られ」てしまいます。

　事例3は、事前に関係が悪化した場合の処理について合意しておくことの大切さを示す事例です。人間が長くプロジェクトを一緒にやっていれば、それによって関係が深まることもありますが、関係が悪化することも当然ありえます。相当の時間とお金をコミットするのであれば、万が一関係が悪化したらどうするかについて、コミットする際に合意しておかなければ、関係が悪化した際に泥沼に引き込まれます[22)]。だからこそ、共同事業に関して、誰がどのような役割を持つのか、持ち株割合をどうするのか、新しい投資が必要となった場合どうするか、万が一関係が悪くなった場合にどうするのか等を合意しておくことが重要です。

（3）　株主と経営者間の利害調整

　製品やサービスの開発や提供、場合によっては大量生産のために多額の資金が必要です。作ろうとしている製品やサービスが有望だとすると、投資家が投資をしたいと希望をすることがあります。

　このステージでは、多くの投資家が投資契約を結ぶことを要求します。投資契約の内容としては、新株発行とその引受けに加え、

・表明保証——経営者がその会社の設立、株式関係、事業内容、コンプライアンス等について投資家に説明した内容が真実であることを保証する

・通知義務——重要事項について投資家に（多くの場合事前に）通知する

・同意権・拒否権——（持ち株数にかかわらず）一定の重要事項については投資家の同意を得ずに進められないようにする、ないしは投資家が拒否できるようにする

・株式譲渡関係——経営者が勝手に株式を売らないようにその譲渡を制限する、

---

21)　この表現はやや誇張的表現であり、友達に99％の株式を渡した時点で、すでに会社法の観点からは、この会社は「友達の会社」だったのです。

22)　もちろん、株式の51％を握っておけば、前述の会社の意思決定方法から取締役を誰が選任するか等は自分で決められる訳ですから、合意がなくともある程度の対応はできます。しかし、たとえば、51％を握っていても49％の反対派株主がいれば、美味しいM&A（合併）の話があっても、決議要件を満たさない可能性が高く、事例3の場合において単に「51％を持っていれば大丈夫」とは言えないのです。

経営者が株を売りたい場合には、同じ条件で投資家がその株を買うことができるようにする（先買権）、経営者が株式を売る場合には、投資家も一緒に売ることができるようにする（タグアロング）

・投資回収関係──投資家は一定の事項が生じた場合に投資家の株式を会社または経営陣が買い取るよう請求ができる等

・連帯保証──会社の負う義務を経営者が連帯して保証する

等の内容を要求されることがあります。

　経営者はこれらの内容につき、慎重に吟味して、どこまで応じることができ、どこは断るべきかを考えなければなりません。たとえば、契約違反の場合に投資家の株式を買い取るという条項は、もしかするとやむをえない（当該契約上負っている義務の内容が合理的であることが前提です）かもしれませんが、たとえば、一定時期まで上場できない場合には経営者または会社が一律に投資家の株を買い取らなければならないといった条項[23]を安易に認めると、その時期に現金がない場合には、経営者は大変苦労することになるでしょう。

　次に、資本政策やバリュエーション（株価の評価）についても十分に考慮すべきです。たとえば、パートナー三人が330万円ずつ（一人は340万円）計1000万円を出して1株1万円で計1000株を発行し、会社を作ったところに、ある投資家が「1000万円を出すよ」と言ってくれたとしましょう。この場合、会社設立時と同じ1株1万円として1000株を発行してしまったらどうなるでしょうか。その投資家が一気に50％の大株主になってしまい、経営陣だけでは何も決められなくなります。今後さらに資金を株式発行の形で取得せざるを得ないことも多く、このままでは、どんどん経営陣の持株比率が減ってしまいます。誰にどのくらいの資本を持たせるか（資本政策）をしっかり考えないと、会社が自分の会社ではなくなってしまいます。

　そこで、いつ、いくらの外部資金を入れ、それを何株とすべきか、という資本政策が重要です。たとえば、最初1000万円で設立していても、投資家が来たときにはその会社はすでに1億円の価値があるので、1株10万円とみて、1000

---

23) 投資ファンドが一定の時期に投資家に対して償還をしなければならない場合等にこのような条項を求めることがあります。

148 第2部 現代社会と法

万円なら100株だけ発行するようにしよう等と適切なバリュエーションをして新株を発行することが考えられます[24]。また、100％を出資（株式）とするのではなく、一部は融資として投資家の持株数を増やさないようにすることも考えられます。適切な資本政策を実現するためには、様々な方法があり、これらの手法を活用しなければなりません。

そして、このような第三者が入ってきた段階では、まさに会社法の取締役（役員）と株主の関係に関する規定が重要になってきます。パートナー（経営陣）以外の「他人のお金を預かっている」立場になれば、これを適切に管理・運用する必要があります。取締役は、会社に対して善管注意義務（会社法330条、民法644条）と忠実義務（会社法355条）を負い、会社ひいては株主の利益のために行動しなければなりません。取締役は株主から経営を委託された「受託者」なのです。

たとえば、個人の借金を返すために、会社からちょっとお金を「借りる」というのも、適切な手続きを経なければ「業務上横領」（刑法253条）や「特別背任」（会社法960条）になり得る、ということに十分に気をつけて下さい。

（4）　社外の第三者との利害調整

最後に、様々な社外の第三者との利害関係も大変重要です[25]。

たとえば、会社と債権者等第三者の間の関係が問題となります。会社を隠れ蓑に使って有限責任で責任を逃れようとしても、「法人格否認の法理」によって、会社の裏にいる本人に責任を追及することができる余地がありますし、取締役が悪意で任務懈怠等をしてその結果債権者等の第三者に損害を与えれば、その第三者は取締役の個人責任を追及することができます（会社法429条）。また、会社が株式ではない、元本を返済する形での資金を調達する場合に、「社債」という形で資金を調達することもあります。この場合、たとえば一定の要件のもと、社債管理者（会社法702条）を選任する等、債権者の利益を守るための制度が会社法に定められています。

---

24)　この場合には、税務・会計の観点も重要になります。

25)　なお、社内には労働者という重要なステークホルダーがいますが、労働者との関係は主に労働法によって規律されます。

第 9 章　起業家のための会社法の基礎　*149*

　なお、会社、特に上場企業は CSR（会社の社会的責任）等として、社会や環境に対する社会的責任を果たすべきという潮流が生まれています。ESG（環境・社会・ガバナンス）投資として、環境問題や社会責任、そしてガバナンスを果たしている会社に投資しようという動きもあります。

　このような社外の第三者との利害関係については、会社法以外の規定も重要[26]ですが、やはり会社法も一定の役割を果たしています。

4　M&A と IPO

　最後に、起業家が興味を持っているであろう Exit、投資の回収についても少し検討しておきましょう。

　起業、とりわけスタートアップと言われる急速な成長を目指す企業を念頭におくと、その Exit 方法（投資回収方法）としては、M&A と IPO が考えられます。M&A は merger and aquisition の略です。要するに、他の会社（特定の1社が念頭に置かれますが、複数社に買ってもらうこともあります）に買ってもらう、ということです。実際、大手インターネット企業は活発に M&A をしており、米 Google が2000年以降に買収したテック系企業の数だけで207社、309億ドルという途方もない数と金額になっていると言われます[27]。このような M&A による Exit の場合、デューディリジェンス（Due Dilligence）と呼ばれる調査がなされます。たとえば、弁護士が入って、株式の発行が適法に行われたか等、投資をする上で問題がないか、会社法を含む法令を遵守しているのかの徹底的なチェックをされるということです。

　IPO は initial public offer の略で、新規株式公開のことです。証券取引所において最初に株式を公開することを言い、これによって、非常に容易に株式の取引をすることができるようになります。しかし、上場の場合でも上場審査といって、証券会社や証券取引所から法令に違反していないかの審査を受けることになります。ここでも、会社法を含む法令を遵守していることが重要となり

---

26)　たとえば、環境であれば環境法の規定が重要ですし、ガバナンスについては、法律ではない「ソフトロー」としてのコーポレート・ガバナンス・コード等が重要です。

27)　DiGITALIST（https://project.nikkeibp.co.jp/atcldgl/business/062000031/）

150　第 2 部　現代社会と法

ます。

5　会社法の世界へようこそ

　このように、「起業」という観点から会社法の基礎と実務の一部を紹介して来ました。起業家にとっていかに会社法が大事かを触りだけでもご理解いただければ幸いです。

　そして、法律は自分で学ぶことも大事ですが、適切なタイミング（3（2）の事例に鑑みれば、できればパートナーと一緒に起業するタイミングですが、遅くとも投資家の出資を受け入れるタイミング）で弁護士等法律の専門家の助言を受けることも大事です。

　　＊　本章は2016年以降毎年順天堂大学で実施している「医療経営学（MBA）」コースの「医療系スタートアップを念頭に置いた法学入門」講義（2016年は講演）の内容を参考にしています。このような機会をいただいた猪俣武範先生に感謝しています。

　■より深い学習のためのガイド■

　ここでは紹介できていない、たとえば監査役制度や株主代表訴訟等、重要な制度があります。このきっかけに会社法を勉強したいと思った方は

① 　大塚英明『会社法のみちしるべ』（有斐閣、2016年）
② 　近藤光男・志谷匡史『基礎から学べる会社法　第 4 版』（弘文堂、2016年）
③ 　落合誠一『会社法要説　第 2 版』（有斐閣、2016年）
④ 　中東正文・白井正和・北川徹『会社法』（有斐閣、2015年）
⑤ 　伊藤靖史・大杉謙一・田中亘『会社法　第 4 版』（有斐閣、2018年）
⑥ 　髙橋美加・笠原武朗・久保大作『会社法　第 2 版』（弘文堂、2018年）
⑦ 　田中亘『会社法　第 2 版』（東京大学出版会、2018年）
⑧ 　田中亘・飯田秀総・久保田安彦『数字でわかる会社法』（有斐閣、2013年）
⑨ 　江頭憲治郎『株式会社法　第 6 版』（有斐閣、2015年）

　等を参照してください。

第10章
刑事法の基礎

Keywords：罪刑法定主義／疑わしきは被告人の利益に／
修正された当事者主義／被疑者国選弁護制度／
裁判員制度／ダイバージョン／

法益保護主義／責任主義／罪刑法定主義／
業務上過失致死傷／結果予見義務／
結果回避義務／過失の競合／信頼の原則／
監督過失

1 刑事司法制度の変化と現状から法学のあり方を考える

　この章においては、刑事司法の問題点をみることにより、我が国の刑事司法が抱えている問題を明らかにすることとします。

　私たちは、常に、現在の制度がすでにある中で議論を行ったり、考えたりします。しかし、制度というものは変革するものであり、特に、法制度は時代や状況に合わせて変化を続けています[1]。

　刑事司法の分野における我が国の変化は、実は近年とみに大きく[2]、様々な変革がなされてきました。すべてを明らかにすることは難しいのですが、本節においては、その一端を紹介することとします。

---

1)　実践の積み重ねが立法事実を形成し、制度を構築し、新たな制度が次の課題を提起することを刑事弁護の観点から指摘したものとして、川副正敏「国選弁護制度と日本司法支援センター」川崎英明・古賀康紀ほか編、美奈川成章先生・上田國廣先生古稀祝賀祈念論文集『刑事弁護の原理と実践』（現代人文社、2016年）92頁。なお、制度がひとたび定着したのち、改変の目的があいまいなまま、徒に「制度いじり」にさらされれば国政の方向が動揺する惧れもある、との指摘も重要です。辻清明『公務員制の研究』（東京大学出版会、1991年）1頁。

152　第 2 部　現代社会と法

1　民事法と刑事法の違い

　刑事法分野は、刑事実体法である刑法[3]、刑事手続法である刑事訴訟法と、刑事学の刑事政策によって成り立っています。

　民事法によって規律される世界を民事といい、主に刑法によって規律されている世界を刑事、と呼称することが多くあります。民事事件と刑事事件は責任の根拠も異なり、責任を問われる手続も異なっています。これらは、同時に存在しており、民事と刑事が同時に世界を二重に覆っている、ということも言えます。

　一つの行為について、民事責任と刑事責任の両方の責任を問われる場合もありますし、片方のみの責任を問われることもあります。

　たとえば、例として、民事責任と刑事責任の関係の図を挙げてみます。

表 1　民事責任と刑事責任の関係（例）

	民事責任あり	民事責任なし
刑事責任あり	ほとんどの刑事犯罪 例：交通事故、傷害、殺人	例：覚せい剤自己使用
刑事責任なし	契約違反 例：借金を返さない	世の中のほとんどの行為

2　刑罰の本質や正当化根拠──応報刑主義、一般予防と特別予防

　そもそも、罪とは何なのでしょうか。犯罪を犯した人は、なぜ処罰されるのでしょうか。こういったことに簡単な答えはありません。現代社会の構造の中

---

2)　刑法分野においても、2010年 4 月27日に成立、公布された「刑法及び刑事訴訟法の一部を改正する法律」（平成22年法律第26号）によって殺人罪など最高刑が死刑となる罪の公訴時効が撤廃されたことをはじめ、様々な規定の変更がなされ（最近では2017年の「刑法の一部を改正する法律」（平成29年法律第72号）によって強姦罪が強制性交等罪に変わり、法定刑の引き上げや非親告罪化が行われるなど）、多くの変化がありました。また、この節の 8 で述べますが、裁判員制度の導入がなされたほか、刑事司法分野においても、日本版「司法取引」の導入など、きわめて多岐にわたる刑事司法制度の改革もなされています。刑事司法改革につき、川崎英明「序章　刑事司法改革の原点と『新時代の刑事司法制度』」川崎英明・三島聡編著『刑事司法改革とは何か──法制審議会特別部会「要綱」の批判的検討』（現代人文社、2014年）13頁。

3)　犯罪と、それに対する法効果としての刑罰を定めた法規を刑法（実質的意義における刑法、刑罰法規）と言います。

で、刑法が存在する世界の下では、罪を犯せば処罰される、ということは当然だと考えてその前提で様々な物事を考える人も多いでしょう。

刑罰は「応報」刑であり、犯罪という行為を犯したことに対する報いを受けるという考え方がよくなされます。刑法は、究極的には、**法益保護**を目的として存在していると言われます。法益とは、法によって保護される社会生活上の利益のことを言います。

罪を犯した人は、目的と離れた応報によって処罰が正当化されるのではなく、法益保護という目的を達成するために、非難され、刑罰という害悪が加えられるということになります。

刑罰を科すことができるのはなぜなのか、という考え方については、まず、**応報刑主義**、すなわち、犯罪に対する応報であるという考え方があります。犯罪は害悪であり、その当然の報いとして、害悪や苦痛を内容とする刑罰が科されるべきであるとする考え方です。古くはハンムラビ法典のタリオの法（「目には目を」）にも見られる考え方ですが、このような報復としての制裁ではなく、正当な、当然の報いとして、応報について把握しようとする考え方が主にとられています[4]。

これに対して、**一般予防**（主義）という考え方は、刑罰を科すことが一般人に対する威嚇になるため、将来の犯罪を予防することと考えており、刑罰の執行そのものが「みせしめ」として一般予防となる考え方と、刑罰を予告することで一般人の心理を強制して犯罪の抑止を図る考え方とに分かれています。

さらに、**特別予防**（主義）は、刑罰を科すことによって犯人が将来もう一度犯罪を犯すことを予防するためとする考え方を取っています。特別予防の内容は、さらに、①刑罰を科して犯人を社会から隔離して特別予防の目的を達成す

4）人間は、素質と環境との制約を受けながらも、主体的に自己の行動を決定する自由意思を有すると考えられます（相対的意思自由論と言います）。素質と環境とに完全に支配されていない以上（犯罪の性質を犯人の社会的危険性によって把握することを主観主義と言います）、外部に現れた犯人の行為とその結果を中心に、犯罪の理論が展開されることになります（客観主義・実在説）。このように、犯罪が人間の自由意思に基づくことを考えると、過去の違法な行為に対する応報として刑罰が犯人に加えられるという応報刑主義を基本に考える考え方と結びつきます。このような応報刑主義と一般予防・特別予防もそれぞれ両立するものと考えられています。裁判所職員総合研修所監修『刑法総論講義案 四訂版』（司法協会、2016年）10-13頁。

154 第2部 現代社会と法

ること、②刑罰という苦痛を犯人に加えて犯人を懲らしめることで再犯を防止すること、そして、③刑罰によって犯人を改善し、教育して社会復帰させ、再犯を防止する、といった考えを含んでいます。

このように、刑罰の本質や正当化根拠については、応報刑主義、一般予防主義、特別予防主義といった考え方があり、現代における刑罰は、応報を本質的内容として、その範囲内で犯罪者の改善や更生のための特別予防的な意味合いや、一般予防的な意味合いを加えて考えられています[5]。

なお、一般予防と特別予防については、いずれを重視するのか、予防の目的や実質と応報との関係はどのように考えたらよいのか、応報という考え方をそもそも取り入れてもよいのか、といったことを巡っては様々な学説が展開されており、それらは一つにまとめられる状況ではありません[6]。実務においては、刑の量刑を行うにあたり、応報的な考慮（犯罪の重さと刑罰との均衡）を基礎としながら、教育的な改善などの考慮や、更生といった特別予防の観点と、一般予防の観点も含めて具体的な考量がなされていると考えられます。

3　罪刑法定主義の原則

どのような行為が犯罪となり、それに対し、どのような刑罰が科せられるのか、ということについては、必ず、あらかじめ成文の法律によって規定がなされていなければならず、事前に規定された法律によらずに人を処罰することはできません。これは、「法律なければ犯罪なく、法律なければ刑罰なし」という法格言にも表される、罪刑法定主義という刑法の基本原則です（この原則については、本章②でも確認します）。

罪刑法定主義に関する歴史的経緯は古くイギリスのマグナ・カルタにもさかのぼり、近代自由主義思想の所産とも言うことができますが[7]、国連総会の世

───────────────

5）　近代刑法学は、18世紀後半の啓蒙思想とともにはじまり、中世から近代初期にかけての（アンシャン・レジューム時代の）過酷な刑罰や政治権力による恣意的な運用を伴った刑法を批判したのがベッカリーア（1738-1794）による『犯罪と刑罰』です。ベッカリーアは、罪刑法定主義や客観主義を説き、個人の自由と平等を基礎とする観点からアンシャン・レジューム時代の刑法を批判し、近代の刑法学の基礎を築きました。

6）　「第1編　刑法の基礎原理」、前掲『刑法総論講義案』11-12頁参照。

界人権宣言11条Ⅱにおいても「何人も、実行の時に国内法又は国際法により犯罪を構成しなかつた作為又は不作為のために有罪とされることはない。また、犯罪が行われた時に適用される刑罰より重い刑罰を科せられない。」と宣言されているように、刑法上の当然の原則として広く認められています[8]。日本国憲法においては39条前段に「何人も、実行の時に適法であつた行為……については、刑事上の責任を問われない。」とする規定が定められており、罪刑法定主義から派生した遡及処罰の禁止の原則が謳われています。

　たとえば、被害者がいないと言われる覚せい剤の自己使用についてはどう考えたらよいのでしょうか。麻薬とは何かという考えについても各国で異なります。大麻が他国では合法である場合もあるなか、なぜ日本では処罰されるのでしょうか。こういった事柄の究極的な答えとしては、その所持等が大麻取締法によって「日本では違法だから」というような答えが考えられます。何を処罰するのか、という判断は、各国で異なり、また、時代によっても異なります。そのため、なおさら、罪刑法定主義の原則にのっとり、犯罪が行われたときに適法であった行為によっては処罰されないことが徹底されなければならないのです。

4　日本の刑事訴訟の構造

　いったい、何のために法律を学ぶのでしょうか。特に、法律のプロフェッショナルになるのは何のためか、ということは常に法を学ぶものが自問自答すべき問題でもありますが、端的に言って、法は、社会正義の実現のためにある、と言うこともできるでしょう。

　特に、刑事法は、国民の基本的な権利や自由に対する究極の不利益を与えることを規定しているものですから[9]、刑事法に基づいて人に何らかの危害が加えられる（刑罰が与えられる）までのプロセスとしての、刑事司法の充実は、

7）　アメリカ合衆国憲法修正5条（適正手続条項）のほか、ナポレオン刑法典（1810年）などに明示されています。

8）　日本も批准している国際人権規約B規約「市民的及び政治的権利に関する国際規約」の中にも同様の規定があります。

9）　酒巻匡『刑事訴訟法』（有斐閣、2015年）2頁においては、刑事法が、国民の権利や自由に対する危険物の最たるものであると指摘されています。

156　第 2 部　現代社会と法

無辜の人（無実の人）を罰しないためにも、また、実際に適切な刑事手続きが
すべての人に保障されることを前提として、罪を犯した人（やそう疑われてい
る人）を正しく判断することが、社会正義の実現につながるという意味におい
ても、非常に重要なものとなります。罪を犯したと疑われる人の逮捕やそれに
伴う裁判手続については、憲法上も様々な規定がありますが、それらを受けて
刑事手続法（刑事訴訟法）などの様々な法規に基づいて捜査や裁判が行われます。

　我が国の刑事訴訟の構造は、民事事件において適用されている当事者主義の
形式を、被告人側に有利に修正した、アメリカ型の当事者主義（modified
adversary system）となっています[10]。このように、**修正された当事者主義**に
おいては、**刑事弁護人**は、国家の宿敵（nemesis）として機能することが意図
されている、ということもできます[11]。

　民事訴訟においてとられている当事者主義は、当事者が対等であることを前
提としており、当事者の対等性、互換性があることをもとに、それぞれ異なっ
た視点に立つ当事者（相対立する）の主張と立証から浮上する事実を、訴訟法
上の「真実」とすること（訴訟的真実と言います）としています。

　刑事司法の場合においては、しかし、国家の刑罰権を発動するのは国家（検
察官）であり、国家の刑罰権の対象とされるのは市民（被告人）であり、そこ
に、対称性も互換性もありません。そのために、憲法は31条以下に多くの人権
保障的な規定を設け、弁護人の援助を受ける権利を含めた被告人の防御権を付
与し、被告人にとって有利な修正をして、単なる**当事者主義**から修正を行って
いるのです（刑事手続におけるデュープロセス（適正手続）保障）。こういった考
え方の基本にあるのが、「**無罪推定の原則**」や、「**疑わしきは被告人の利益に**」、
といった言葉です。

　民事事件とは異なり、当事者間には対等性がないため、被告人には「無罪推
定」が与えられ、国家（検察官）は、一方的かつ全面的に被告人の有罪を立証

---

10)　村岡啓一「『平成刑事訴訟法』の下での刑事弁護　弁護人の役割は変質したのか」前掲『刑事弁
　　護の原理と実践』55頁。

11)　日本司法支援センター（法テラス）座談会「裁判員裁判における弁護活動の現状と課題」判例時
　　報2219号（2014年）3 頁［村岡啓一発言］。

する責任を負うこととされています。民事事件においては、証拠の優越基準といったものがありますが、刑事事件においては合理的な疑いを超える、高度の証明基準をクリアする必要があります[12]。被告人は、証拠等によって証明され、確実に罪を犯したことが証明されてはじめて刑罰を科されることになりますし、その前提として、罪を犯したことの証明に必要な証拠についても、たとえば、拷問などの違法な手段で収集された証拠（違法収集証拠）は、裁判資料として使うことができません（第11章も参照して下さい）。このようにして、特に戦前の一時期、拷問による自白の強要などの人権侵害が行われてきたことが二度と繰り返されないように予防がなされているのです。

5 刑事弁護人の役割

　先にのべたように、刑事法は、国民の基本的な権利や自由に対する究極の不利益を与えるものになりますから、刑事裁判における被告人の人権保障は非常に重要で、その中でも、**刑事弁護人の役割**は、法の適正な実現のためにも、究極的に重要であると言っても過言ではありません[13]。

　モンロー・フリードマンの著作『なんで、あんな奴らの弁護ができるのか？』においては、刑事弁護人について、このように書かれています。

　「無実の人を弁護することが刑事弁護人の仕事なのではない。弁護人の仕事

---

12)　旧法時代の判例ではありますが、「訴訟上の証明は、自然科学者の用いるような実験に基づくいわゆる論理的証明ではなくして、いわゆる歴史的証明である。論理的証明は『真実』そのものを目標とするのに反し、歴史的証明は『真実の高度の蓋然性』をもって満足する。言いかえれば、通常人ならだれでも疑を差挟まない程度に真実らしいと確信を得ることで証明ができたとするものである」と判示した最判昭23・8・5刑集2巻9号1123頁のほか、「刑事裁判における有罪の認定に当たっては、合理的な疑いを差し挟む余地のない程度の立証が必要である。ここに合理的な疑いを差し挟む余地がないというのは、反対事実が存在する疑いを全く残さない場合をいうものではなく、抽象的な可能性としては反対事実が存在するとの疑いをいれる余地があっても、健全な社会常識に照らして、その疑いに合理性がないと一般的に判断される場合には、有罪認定を可能とする趣旨である……このことは、直接証拠によって事実認定をすべき場合と、情況証拠によって事実認定をすべき場合とで、何ら異なるところはない」と判示した最一小決平成19・10・16刑集61巻7号677頁［木谷明、平成19年度重要判例解説（ジュリスト1354号）211頁］などが参考になります。

13)　上田國廣「刑事弁護の形骸化とその克服への努力　歴史的経緯と現状」前掲『刑事弁護の原理と実践』3頁。日本の刑事裁判は、過去100年の間に、近代的刑事裁判制度の導入と第二次世界大戦後の改革を経験しており、刑事弁護制度は江戸から明治への転換の中ではじまりました。

とは、刑事上の罪に問われた市民すべてに対し私たちの憲法が保障した基本的権利を提供することなのだ。……それゆえ、『あんな奴ら』を弁護することで、弁護人は、我々の一人一人がこうした権利の利益を、紙の上だけではなく、事実として享受していることを確かめているのだ」[14]

　我が国においては、憲法37条3項において、「刑事被告人は、いかなる場合にも、資格を有する弁護人を依頼することができる。被告人が自らこれを依頼することができないときは、国でこれを附する。」と定められています。また、刑事訴訟法36条は、「被告人が貧困その他の事由により弁護人を選任することができないときは、裁判所は、その請求により、被告人のため弁護人を附しなければならない。但し、被告人以外の者が選任した弁護人がある場合は、この限りでない。」と定めており、被告人には、弁護人の依頼権が憲法とそれをうけた刑事訴訟法上保障されています[15]。しかし、被告人というのは検察官が起訴をしたあとの状態をいうため、逮捕されて勾留等されて取調べをうけている被疑者に関しては憲法上も何ら規定がないため、国選弁護人が必要ではないと解されていました。

　しかし、実際には、後に述べるように被告人段階ではほとんど有罪が確定してしまう流れとなってしまうような日本の刑事司法の現状に鑑みると、警察等から取調べを受けている、被疑者段階から必要であれば国が支援して弁護人をつけることの必要性が長く議論されてきました[16]。

　多くの刑事弁護に関わる実務家たちの努力の結果[17]、その後、我が国においては、2006年に（ようやく）**被疑者国選弁護制度**が発足し、2009年には、被疑

---

14)　Monroe H. Freedman, Why It's Essential To Represent "Those People", Abbe Smith and Monroe H. Freedman, *How Can You Represent Those People?*, Palgrave Macmillan（2013）, p. 75.

15)　特に、法定刑が死刑又は無期若しくは長期3年を超える懲役若しくは禁錮に当たる事件、公判前整理手続若しくは期日間整理手続に付された事件又は即決裁判手続による事件を必要的弁護事件と言い、弁護人がいなければ開廷することができない（刑事訴訟法289条1項、同316条の29、同350条の17）とされているため、弁護人を必ずつける必要があります。

16)　平野龍一博士は「被疑者の国選弁護を設けることは、刑事訴訟の一つの変革を意味する。それは、捜査の論理と弁護の論理をあらためて問い直すことでもある。しかしそれは、あらかじめ解決できることではない。実践のなかで議論し向上させてゆくほかはない」と述べていました。平野龍一「被害者の弁護人は何をなすべきか　被疑者国選弁護制度の早急な実現のために」季刊刑事弁護創刊号（1995年）22頁。

者国選弁護の対象事件の拡大と、**裁判員裁判がはじまりました**。さらに、被疑者国選弁護制度は、被疑者国選弁護の対象を全勾留事件に拡大することを含む「新たな刑事司法制度の構築についての調査審議の結果【案】」の採択と法務大臣への答申をうけ、政府が2015年に刑訴法等一部改正案を国会に提出し、2016年5月24日に成立したことによって、さらに拡大しています。

6　絶望的な刑事手続

　しかし、我が国における刑事手続・刑事弁護は絶望的、とまで称されてきました[18]。平野龍一博士は、当時、「刑事裁判はかなり絶望的である」と評価し、「欧米の裁判所は『有罪か無罪かを判断するところ』であるのに対して、日本の裁判所は、『有罪であることを確認するところ』であるといってよい」と評価し、「わが国の刑事訴訟法の実質は、捜査手続にある。しかもその捜査手続は、検察官・警察官による糺問手続きである。そこにわが国の刑事訴訟の特徴がある」として、被疑者取調べや自白の問題点を挙げていました。このような指摘がなされたのは1980年代ですので随分前のことになりますが、このように、刑事裁判における絶望的な状況は刑事手続制度の解釈と運用において長く継続していました（います）[19]。このような事態はなぜ発生しているのでしょうか[20]。

　こういった状況が続いてきた、そして続いている、というのは、たとえば、つい近年においても「それでもボクはやっていない」といった映画や、「99.9―刑事専門弁護士」というドラマにも現れているように[21]、日本において、起訴された場合、ほぼ有罪となる現実が続いていることは確かであることからも言うことができます[22]。もっとも、その前の段階として、日本においては起訴

---

17)　川副、前掲「国選弁護制度と司法支援センター」72頁以下、村岡、前掲注10)「『平成刑事訴訟法』の下での刑事弁護」51頁以下。

18)　大出良知「刑事弁護の質的向上の到達点と課題」前掲『刑事弁護の原理と実践』28頁。

19)　平野龍一「現行刑事訴訟法の診断」平場安治ほか編『団藤重光博士古稀祝賀論文集（4）』（有斐閣、1985年）407頁。別件逮捕や、逮捕後の勾留の長さなどは現在も問題であり、「人質司法」として（2018年11月のゴーン日産元会長の逮捕後の状況などから）国際的に非難されています。

20)　たとえば、神山啓史弁護士（桜丘法律事務所、司法研修所教官）や村岡啓一弁護士（白鴎大学教授）をはじめ、日本において刑事裁判に特化して豊富な経験を有している著名な弁護士たちがどれだけ争っても、日本において無罪を勝ち取ることはほとんど不可能でした。

160 第2部 現代社会と法

便宜主義がとられており、起訴される率が低いということもありますが、それ
でも、無罪判決が出ない率は低すぎる、との多くの指摘がなされています。平
野龍一によってなされた「日本の刑事裁判は有罪であることを確認する場所で
ある」という指摘は、現代においても続いていると言ってよいでしょう。

7 日本の刑事司法の問題点・転換期にある刑事司法

　刑事司法制度は、取調べの録音や録画制度の導入、捜査や公判協力型協議・
合意制度（日本版「司法取引」制度と言われています）、通信傍受の対象犯罪の拡
大と通信傍受手続の簡素化、証人保護のための新たな方策の導入などを含めた
刑事訴訟法等の一部を改正する法律案が、法制審議会「新時代の刑事司法制度
特別部会」の審議結果を踏まえて2016年5月24日に成立したことによってあら
たな転換期を迎えていると評価されています[23]。かかる改革案については、刑
事弁護人が国家の司法機関と位置づけられ、国家の補完的協力者となってしま
う、という指摘がなされています。具体的には、特に日本版司法取引制度が検
察官の裁量権限の肥大化を招きかねず、司法取引制度における弁護人の関与が、
取引に応じた被疑者の合意の履行を確実にするための担保的な位置づけとして
考えられているといった指摘、本来は国家の宿敵であるべき弁護人を国家の協
力者とするものであるから、むしろ弁護人としては、日本版司法取引制度の持
つ原理的欠陥を説明して被告人たる依頼者に日本版司法取引制度を断念させる
べきであろう、といった指摘がなされています[24]。

　また、検察官のみの判断で証人の「個人情報」の秘匿化が認められることは、
被告人の防御権に一定の不利益が及んでも仕方がないとの判断がなされている、

---

21)　『それでもボクはやってない』は、2007（平成19）年1月20日に公開された日本映画です（周防
正行監督）。『99.9―刑事専門弁護士』は、TBS系の「日曜劇場」枠で2016年4月17日から6月19
日まで毎週日曜日21時－21時54分に放送されたテレビドラマ（主演は松本潤です）。2018年1月期
より続編となる『99.9―刑事専門弁護士　SEASONII』も放送されました。

22)　最高裁判所平成26年版『司法統計』「第9表　刑事訴訟事件の種類及び終局区別既済人員―地
方裁判所」（www.courts.go.jp/app/files/toukei/9921007992.pdf）等参照。公判請求され、実体裁
判で判決が下された第一審の事件のうち有罪判決の割合は平成26年度は99.79％となっています。

23)　村岡、前掲、注10)「『平成刑事訴訟法』の下での刑事弁護」51頁。

24)　同上、66－67頁。

第10章　刑事法の基礎　*161*

コラム：接見交通権と刑事弁護人

　接見交通権とは、身体の拘束を受けている被告人・被疑者が、外部の人と面会し、書類や物の受け渡しをする権利。特に、弁護人または弁護人になろうとする人との接見は、立会人を置かずに接見すること（**秘密交通権**）が認められています。

　この、弁護人の**接見交通権**については、接見指定として、捜査機関自身の判断にゆだねられている実務の運用になっています。特に、我が国においては、伝統的に被疑者の取調べが重視されており、捜査機関としては、被疑者を逮捕・勾留した以上、なるべく他から隔離して取り調べようとする傾向がありました。そのため、接見指定の運用―特に接見指定の内容、方式、要件や、刑訴法39条3項本文の合憲性を巡って長らく争われてきました。刑訴法39条3項本文の合憲性が争われ、この点に関して判断した最高裁平成11年3月24日大法廷判決は、

　「憲法34条前段は、身体の拘束を受けている被疑者が、「弁護人を選任した上で、弁護人に相談し、その助言を受けるなど弁護人から援助を受ける機会を持つことを実質的に保障している」。刑訴法39条1項は、「憲法34条の右の趣旨にのっとり、弁護人等から援助を受ける機会を確保する目的で設けられたもので憲法の保障に由来する」。

　「もっとも、憲法は、刑罰権の発動ないし刑罰権発動のための捜査権の行使が国家の権能であることを当然の前提とする〔から〕接見交通権が刑罰権ないし捜査権に絶対的に優先する〔とはいえ〕ない。そして、捜査権を行使するためには、身体を拘束して被疑者を取り調べる必要が生ずることもあるが、憲法はこのような取調べを否定するものではないから、接見交通権の行使と捜査権の行使との間に合理的な調整を図らなければならない。」刑訴法39条3項本文の規定は、「刑訴法において身体の拘束を受けている被疑者を取り調べることが認められていること、被疑者の身体の拘束については刑訴法上最大でも23日間という厳格な時間的制約があること、などにかんがみ、被疑者の取調べ等の捜査の必要と接見交通権の行使との調整を図る趣旨で置かれたものである。／そして、〔同〕項ただし書は〔接見〕指定は飽くまで必要やむを得ない例外的措置であって、被疑者が防御の準備をする権利を不当に制限することは許されない旨を明らかにしている。」「このような刑訴法39条の立法趣旨、内容に照らすと、捜査機関は接見等の申出があったときは、原則としていつでも接見等の機会を与えなければならないのであり、同条3項本文にいう『捜査のため必要があるとき』とは、右接見等を認めると取調べの中断等により捜査に顕著な支障が生ずる場合に限られ、右要件が具備され〔接見〕指定をする場合には、捜査機関は、弁護人等と協議してできる限り速やかな接見等のための日時等を指定し、被疑者が弁護人等と防御の準備をすることができるような措置を採らなければならない」。「捜査機関が現に被疑者を取調べ中である場合や実況見分、検証等に立ち会わせている場合、また、間近い時に右取調べ等をする確実な予定があって、弁護人等の申出に沿った接見等を認めたのでは、右

162 第2部 現代社会と法

取調べ等が予定どおり開始できなくなるおそれがある場合などは、原則として取調べの中断等により捜査に顕著な支障が生ずる場合に当たる」。とし、「刑訴法39条3項本文の規定は、憲法34条前段の弁護人依頼権の保障の趣旨を実質的に損なうものではない」」

といった判断をしています。

憲法第34条　何人も、理由を直ちに告げられ、且つ、直ちに弁護人に依頼する権利を与へられなければ、抑留又は拘禁されない。又、何人も、正当な理由がなければ、拘禁されず、要求があれば、その理由は、直ちに本人及びその弁護人の出席する公開の法廷で示されなければならない。

刑訴法39条1項　身体の拘束を受けている被告人又は被疑者は、弁護人又は弁護人を選任することができる者の依頼により弁護人となろうとする者（弁護士でない者にあつては、第三十一条第二項の許可があつた後に限る。）と立会人なくして接見し、又は書類若しくは物の授受をすることができる。

2項　前項の接見又は授受については、法令（裁判所の規則を含む。以下同じ。）で、被告人又は被疑者の逃亡、罪証の隠滅又は戒護に支障のある物の授受を防ぐため必要な措置を規定することができる。

3項　検察官、検察事務官又は司法警察職員（司法警察員及び司法巡査をいう。以下同じ。）は、捜査のため必要があるときは、公訴の提起前に限り、第一項の接見又は授受に関し、その日時、場所及び時間を指定することができる。但し、その指定は、被疑者が防禦の準備をする権利を不当に制限するようなものであつてはならない。

参照文献：葛野尋之・石田倫識編著『接見交通権の理論と実務』（現代人文社、2018年）

との指摘も傾聴に値するものでしょう[25]。

8　裁判員裁判

裁判員制度は、司法制度改革の流れの中で[26]、市民の司法参加を一つの目的として、「司法に対する国民の理解の増進とその信頼の向上」のために導入されました（2004年に成立した、裁判員の参加する刑事裁判に関する法律と、刑事訴訟法316条の2以下に基づいています）[27]。

裁判員の参加する刑事裁判に関する法律1条は下記のように定めています。

---

25)　村岡、前掲、注10)「『平成刑事訴訟法』の下での刑事弁護」66-67頁。

第10章　刑事法の基礎　*163*

　「この法律は、国民の中から選任された裁判員が裁判官と共に刑事訴訟手続に関与することが司法に対する国民の理解の増進とその信頼の向上に資することにかんがみ、裁判員の参加する刑事裁判に関し、裁判所法（昭和22年法律第59号）及び刑事訴訟法（昭和23年法律第131号）の特則その他の必要な事項を定めるものとする。」

---

26)　なお、司法制度改革の流れの中で設置されたのが法科大学院であり、法科大学院制度の問題点や制度の荒廃状況は、司法試験の受験者が大幅に減ったということや、法律を学ぼうとするものが大幅に減ったという事実からも見て取ることができます。法科大学院制度の理念はさておき、法曹人口を増やすために新設された制度としては、明らかに失敗した例ということができるでしょう。
　法科大学院の志願者数と入学者数は、2004年の制度開始当時からそれぞれ10分の1、3分の1に落ち込んでおり、法曹人口の拡大が必要といわれたけれども、法曹の需要がそれほど日本社会には存在しなかったようである、と分析もされています。大屋雄裕『裁判の原点』（河出書房新社、2018年）176頁。

法科大学院の志願者数と入学者数のグラフ

	志願者数	入学者数
2004年	72800	5767
2005年	41756	5544
2006年	40341	5784
2007年	45207	5713
2008年	39555	5397
2009年	29714	4844
2010年	24014	4122
2011年	22927	3620
2012年	18446	3150
2013年	13924	2698
2014年	11450	2272
2015年	10370	2201
2016年	8278	1857
2017年	8159	1704
2018年	8058	1621

平成30年5月14日、第86回法科大学院等特別委員会の配布資料、中教審　法科大学院特別委員会資料（平成29年5月17日）参照。

27)　参照、司法制度改革審議会「司法制度改革に向けて『論点整理』」（1999年12月21日）「司法の現状と改革の方向」。当時まとめられた文書においては、「国民が利用者として容易に司法にアクセスすることができ、国民に開かれたプロセスにより、多様なニーズに応じた適正・迅速かつ実効的な司法救済が得られるということ、及び新しい時代状況に対応した適正な刑事司法手続を通じて犯罪の検挙・処罰が的確に行われ、国民が安全な社会生活を営むことができるということ」との指摘がなされています。国民がその価値観や知識を生かして司法に参加することが、国民の司法への民主的統制となり、司法の適正に資することとなり、さらに、司法の適正への国民の信頼が向上することで司法の機能不全も予防できるとされていました。

（1）　裁判員裁判の問題点

　裁判員裁判がはじまってすでに10年近くがたとうとしています。皆さんは、すでに裁判員裁判がなされることが当然という状況の中で法学を学ばれる（もしくは法学に触れる）ことになりますが、この裁判員裁判については、様々な問題点が明らかになっています。

　そもそも、裁判員裁判は、裁判官以外の者が裁判に関わることは国民の裁判を受ける権利に反するのではないかといった憲法上の問題点が議論されて、実際に争われましたが、最高裁判所大法廷が平成23・11・16の判決によって、裁判員制度を合憲と判断しています。裁判員裁判は、無作為に裁判員を抽出し、裁判員裁判の対象事件を重大事件に限定し、裁判は、裁判官3名、裁判員として選任されたもの6名からなる合議体で行われます。意見が分かれる場合の決定方法も、法律で定められています。

　次に、裁判員制度とよく混同される（制度としては異なり、素人の市民で構成される陪審員のみが有罪かどうかといった犯罪事実の認定を行い、裁判官が法解釈と量刑を行う）**陪審裁判**は、日本において実際に行われていたことがあります。戦前、昭和3（1938）年に陪審法が制定され、陪審裁判が行われていたこともあったのです。しかし、すぐに陪審裁判は行われなくなり、1943（昭和18）年に停止法が成立しています。

　裁判員裁判は、選挙人名簿などから無作為に抽出された、法の素人の一般の市民が一定の選任手続きを経て、死刑判決も含めた判決の事実認定及び量刑判断に参加する仕組みです。部分的には、日本の裁判員制度と米国の陪審制度は共通しています。しかし、裁判員制度のもとでは、6人の裁判員が3人の職業裁判官とともに**事実認定と量刑判断**に参加します（166頁の概要参照）。

　また、被告人には、対象事件が裁判員裁判である場合に、裁判官（のみ）による裁判を求めても、それを認める規定が裁判員法には定められていません。裁判員裁判が一審においては強制されることになります[28]。

---

28)　被告人が「裁判官と裁判員で構成される裁判体による裁判の辞退は認めない」ことが制度の骨格として定められていました。参照、2001年「司法制度改革審議会意見書」。また、松尾浩也「裁判員裁判について──国民参加の順調なスタート」NBL127号（2010年）10頁。

第10章　刑事法の基礎　*165*

参考：裁判所サイトの Q&A

Q：裁判員になることは辞退できないのですか。

A：裁判員制度は、特定の職業や立場の人に偏らず、広く国民の皆さんに参加してもら
う制度ですので、原則として辞退できません。ただし、国民の皆さんの負担が過重な
ものとならないようにとの配慮などから、法律や政令で次のような辞退事由を定めて
おり、裁判所からそのような事情にあたると認められれば辞退することができます。

・70歳以上の人・地方公共団体の議会の議員（ただし会期中に限ります。）・学生、生
徒・5年以内に裁判員や検察審査員などの職務に従事した人等・一定のやむを得ない理
由があって、裁判員の職務を行うことや裁判所に行くことが困難な人（やむを得ない理
由：重い病気又はケガ、同居人等の介護・養育、事業上の重要な要務を自分で処理する
必要、父母の葬式への出席など。）

参照、裁判所ウェブサイト「裁判員制度」（http://www.saibanin.courts.go.jp/qa/c 3 _3.html）

　ほかにも様々な問題がありますが、さらに、以下においては、辞退へのハー
ドルの高さも挙げておきましょう。

　裁判員になることは原則として辞退できないとされています（辞退できる場
合について裁判所サイトの参考Q＆A参照）。

　もっとも、最近報道されたいくつかの新聞記事によれば、裁判員裁判の裁判
員候補者として選ばれても、審理が年々長期化し、これにほぼ比例して仕事な
どを理由に辞退する人が増加しているということがわかります[29]。辞退者の割
合は、制度がはじまった2009年の53.1% に対し、2017年は66% であり、事前に
辞退を申し出ないまま、裁判所での選任手続に来ない候補者も増えています。
また、辞退は原則的にできないことになっているのですが、裁判員を辞退した
としても、現在まで、制裁としての過料が課されたことはありません[30]。

（2）　裁判員制度の概要

　具体的な裁判員制度の内容は以下の通りです。

---

29)　「裁判員、辞退増止まらず　制度開始9年」日本経済新聞2018年5月20日付記事。

30)　正当な理由なく裁判所に行かない場合に10万円以下の過料の制裁を受けることが裁判員法112条
に定められていますが、これまで過料が科された例はないことが報道されています。「裁判員、増
える辞退・欠席『審理日数増などが影響』と最高裁が報告書　裁判員制度きょう施行8年」産経新
聞2017年5月21日付記事。

166　第2部　現代社会と法

裁判員制度の内容

1）裁判員選任手続

　裁判員の選任手続は、衆議院議員選挙の選挙人名簿から（日本国籍を有していることがこの時点で必要になります）、各市町村の選挙管理委員会がくじで人数を絞り、管轄の地方裁判所に送付し、各地方裁判所がそれを受けて秋頃（10月～11月）に、管内の市町村の選挙管理委員会から送付された名簿をもとに翌年の裁判員候補者名簿を作成することからはじまります。その後、裁判員候補者名簿に名前が記載された人には、地方裁判所から「名簿記載通知と調査票」が送付されます。

　裁判員対象事件が裁判所の管轄区域内で発生した場合、地方裁判所は事件ごとに裁判員候補者名簿からくじで裁判員候補者を選出します。そしてくじの結果決まった候補者に通知をします。裁判員として関わるかもしれない事件の概要については、選任手続期日にはじめて知らされることとなっています。その後、裁判所は当該事件について裁判員候補者が不公平な裁判をするおそれがないかといったことを、裁判長による非公開の質問や質問票の結果によって判断し、さらに、検察官と弁護人が、それぞれ4人まで、その理由を明らかにすることなく、特定の候補者を裁判員から外すことができることとされています。こういったプロセスののち、最終的には、不公平な裁判をするおそれがあると判断されなかった裁判員候補者の中から、裁判員として6人がくじで選出され、さらに、補充裁判員が選出されます。

2）公判前整理手続

　裁判員裁判の対象事件は、「公判前整理手続」という事前の手続に付されることになっています。この公判前整理手続の目的は、裁判の迅速化と計画審理にあり、裁判員裁判では、裁判にどれくらい日数を要するのかといった見通しも必要なため（あまりにも長期にわたるものであると裁判員が関われないことが多いため）、事前の弁護側の準備が必要とされ、実際に事前準備がなされます。このような公判前整理手続においては、あらかじめ、検察官と弁護人が双方の予定する主張を明らかにし、争点を明確化し、裁判を計画的に進めることが求められています。もっとも、公判前整理手続によって、証拠を厳選してしまうといった弊害があるのではないかとの指摘もあり、犯罪の立証が簡略化されてしまうのではないかといった懸念もあります。

3）選任されてから評議・評決・判決まで

　裁判員裁判の対象事件は、「死刑又は無期の懲役若しくは禁錮に当たる罪に係る事件」及び「法廷合議事件であって、故意の犯罪行為により被害者を死亡させた罪に係る事件」とされています。これらの対象事件一件につき裁判員6名と裁判官3名が合議体を形成し評議に当たります。裁判員は、「事実認定」、「法律の適用」、「刑の量定」を行います。裁判員と裁判官の意見が分かれた場合には多数決が原則とされています。もっと

第10章 刑事法の基礎　*167*

も、裁判員の5人が、被告人は有罪と判断したとしても、残りの裁判官の3人の全員が無罪と判断したならば、有罪の票が過半数を超えても、被告人は無罪と判断されることとなっています。多数決が原則ですが、その多数決の中には、必ず、裁判員だけではなく裁判官の票が必要とされています。また、量刑を決めるときには「疑わしきは被告人の利益に」の原則がもちろん妥当します。

4）守秘義務

日本の裁判員制度の特徴の一つとして、裁判員に、職務終了後も守秘義務を果たすことが法定されている、ということがあげられます。そもそも、自分が裁判員である間に自分が裁判員であることを公にすることは禁止されています＊。一般公開されている公判の内容や評議に参加した感想を述べることは禁止されていないのですが、被害者の情報や、評議における多数決に至る経緯について述べることは認められていません。このように、守秘義務が法定されている理由は、評議における自由な発言を促すためや、裁判員の職務を果たした人の保護を図るため、とされています。

5）控訴審の在り方

裁判員裁判が直接主義、口頭主義によって第一審で行われたのちの、控訴審においては、職業裁判官による審理が行われることになります。このように、裁判員の判断の尊重と三審制の意義をどう図っていくかということは問題となります＊＊。

6）地方分権の現れともいえる裁判員裁判

なお、刑事事件は通常、犯罪の起きた土地や、被告人の住所、居所若しくは現在地を管轄する裁判所において裁判が行われます。裁判員裁判においては、各裁判所の管轄区域の住民が裁判員となります。このことは、自らが住む地域で起きた（起こる）犯罪の現状や実情、その傾向を知るきっかけとなり、実際に関わることによって、犯罪を予防するための社会的な取組みに関わったり、犯罪やそれらを裁く裁判に関する意識も高まるなど、市民の意識の改善につながる可能性が高い、ということも指摘されています。

最高裁判所パンフレット『裁判員制度ナビゲーション　改訂版』（2018年10月）参照

＊　身近な家族や上司、友人に、名簿記載通知が送付されたことや裁判所から呼出状が届いたことを伝えることは「公にする」に当たりません。また、裁判員でなくなった後は自分が裁判員となったことについて、公にしてもかまいません。

＊＊　最高裁は2012年2月13日に、「刑訴法382条の事実誤認とは、第1審判決の事実認定が論理則、経験則等に照らして不合理であることをいうものと解するのが相当である。したがって、控訴審が第1審判決に事実誤認があるというためには、第1審判決の事実認定が論理則、経験則等に照らして不合理であることを具体的に示すことが必要であるというべきである。このことは、裁判員制度の導入を契機として、第1審において直接主義・口頭主義が徹底された状況においては、より強く妥当する。（略）」と判決文の中で示しています。

（3）　裁判員制度の問題点と展望

　裁判員制度は、そもそも、なぜこのような重大事件のみに適用されることとなったのでしょうか。様々な議論がありますが、「死刑判決を下す」ことに関わるかもしれない、と思う心理的抵抗は非常に大きなものがあると考えられます。裁判員裁判を導入するとしても、心理的負担がより軽いと思われる事件（そもそも、日本ではそれらの事件のほうが圧倒的に多いわけです）から始めるべきだったのではないか、ということも十分に考えられます。

　また、裁判員制度は、一度選ばれると（実際には無視する人が多く、それら無視をした人たちに制裁が加えられていない状況が報道されるなどして、より多くの人が無視することになりそうですが）、拘束時間が長いといったことや、死刑判決に関わりたくない、といった問題や、証人に脅されるといった問題なども生じており[31]、ますます裁判員の希望者が減る状況となっています。このような状況から、実際に裁判員制度が機能するための国民の参加が十分に担保されていないのではないかという懸念もあります。

　もっとも、裁判員制度は以上に述べるような問題点があったとしても、刑事司法改革の原点でもあった、「糺問的捜査に依存した調書裁判の改革」に果たしている（果たしてきた）役割には大きなものがある、と言えるかもしれません。

　公判廷における直接主義、口頭主義に基づく主張と立証活動が要求されることによって、公判中心主義が一般化した、ということは、刑事司法の一つ（非常に大きな）の問題点であった、調書主義からの脱却を図る役割は果たしています。同時に、公判廷における弁護人の活動も重要なものとなっている、ということが言えます[32]。

31）　「『工藤会』裁判　裁判員に声かけ　地裁小倉支部　裁判員法で禁止の威迫などに抵触のおそれ　判決期日取り消し」毎日新聞2016年 5 月30日付記事。

32）　被疑者国選弁護制度や裁判員制度の導入は、改めて刑事弁護の専門性の強化の必要性を浮彫りにしています。参照、後藤昭「刑事弁護の将来」後藤昭ほか編著『実務体系　現代の刑事弁護 3 ―刑事弁護の歴史と展望』（第一法規、2014年）。

9 さいごに──刑罰のダイバージョンとしての反則金通告制度

　さいごに、刑罰のダイバージョンについてみておくこととします。道路交通法（1958年制定）という行政法の一つについては、特に、交通事故を含まないスピード違反や駐車違反などの軽微かつ定型的な違反行為を行ったときに[33]、その違反を行ったものに対して反則金の納付の通告がなされ、通告をうけてから一定の期間内に納付すべき金額を納付した場合、それ以後、検察官によって起訴がなされるといった刑事手続には付されないこととなる仕組みが設けられています。

　すなわち、道路交通法違反そのものは犯罪として維持されていますが、悪質でなく、かつ危険性の低い行為を反則行為として特別な処理手続を定めているものです[34]。反則金は、刑罰ではなく、行政制裁金としての性格を有しています。このような制度は、反則金を支払うことによって、犯罪事件を刑事手続には進行しないとして刑事手続から除外する制度であり、刑罰のダイバージョンとして位置づけられます[35]。

　このように、反則金が設けられていることは、軽微な道路交通法上の違反によって、安易な形で市民に前科がつかないようにすることも含めて制度設計されているものということができます。

---

33)　飲酒運転、無免許運転といった重大な違反や、交通事故を伴う違反は、はじめから制度の対象外とされています。川出敏裕「道路交通取締りをめぐる刑事法的統制と行政法的統制との交錯」日中犯罪学学術交流会編『交通犯罪に対する法的対策　第2回日中犯罪学学術シンポジウム報告書』（財団法人社会安全研究財団、2008年）75頁。

34)　同上、75頁。

35)　ダイバージョンとは、犯罪事件について通常の刑事手続にのっとって処理することを避け、他の非刑罰的方法をとることを言います。1960年代後半からアメリカにおいて刑事司法機関の負担を軽減するために取り入れられ、日本においても、道路交通法上の交通反則金制度がその代表例ということができます。日本における刑事手続き内部における微罪処分や起訴猶予制度もこの一つと考えられています。

170 第2部 現代社会と法

② 医療事故を念頭に刑法を考える

1 医療事故に対しても適用される刑法

刑法（実質的意味の刑法）[36]とは、いかなる行為が犯罪であり、それに対していかなる刑罰が科されるかを規定した法です[37]。

第8章では医療事故における民事責任について検討してきました。医療事故が起こった場合には、損害賠償責任という民事責任を負うだけではなく、たとえば後述の通り業務上過失致死傷による刑事責任を負う可能性もあります。

民事法は、あくまでも私人同士の関係を規律する法律ですが、刑法は、その違反に対して国が刑罰という制裁を科すという、国と私人の関係が問題となることに特徴があります[38]。

2 刑法の基本的な考え方

刑法の基本的考え方としては、法益保護主義と責任主義、そして罪刑法定主義が挙げられます。

（1） 法益保護主義

まず、刑法は生命、身体、自由、財産などの法的に保護に値する「法益」を守るために、そのような利益を害することを犯罪として禁止し、その違反に対して刑罰を科することとしています。要するに、刑法は法益の保護を目的とし、法益を侵害または法益侵害の危険をもたらす行為を犯罪として禁止、処罰しています。その法益には、生命身体をはじめとする個人法益、社会の利益であ

---

36) いわゆる形式的意味の刑法は、「刑法典」を指します。これに対し、たとえば道路交通法や軽犯罪法等を含む、いかなる行為が犯罪であり、それに対していかなる刑罰が科されるかを規定した法を実質的意味の刑法と言います。

37) 山口厚『刑法 第3版』（有斐閣、2015年）3頁。

38) 最近では、犯罪被害者等の権利利益の保護を図るための刑事手続に付随する措置に関する法律や被害者参加制度（刑訴法316条の33以下参照）等、刑事手続における被害者の注目は高まってきているものの、伝統的には、国家が被疑者・被告人に対する刑罰権を有するか、有するとして、どのような刑を量定するかという側面が主に注目されてきました。また、たとえば薬物犯罪のような「被害者のない犯罪」もあります。

る社会的法益、国家の存立や公務の公正さなどの国家的法益が含まれます[39]。

　ここで、重要なのは、刑法は単なる法益保護のための一つの手段に過ぎず、法益を保護する方法は刑法だけではないということです。法益の保護の手段は、行政的施策・制裁、民事的措置・制裁などが存在するところ、刑罰は生命自由財産等への侵害を内容とするものであって、「最も峻厳」[40]と言われています。そこで、刑罰の負荷という手段は避けることができるのであれば避けることが望ましいのであって、他の保護手段では不十分な場合にのみ、最後の手段として用いられるべきです（刑法の補充性）。その結果、法益を侵害しまたはその危険を行為すべてが犯罪とされるのではなく、限定された範囲の行為だけが部分的・断片的に犯罪とされるに過ぎません（刑法の断片性）。

（2）　罪刑法定主義

　法律により事前に犯罪として定められた行為についてのみ犯罪の成立を肯定できるという考え方を罪刑法定主義と言います[41]。罪刑法定主義からは、何が犯罪でそれに対していかなる刑罰が科されるかは国会が法律によって定める必要があるという法律主義、判例法・慣習法による処罰は否定され、罰則を適用する場合には罰則において処罰の対象とされると解される行為のみを処罰の対象とすることが許されるという類推解釈の否定、さらに事後的に制定された罰則を遡及して適用し、処罰することは許されないという遡及適用の禁止が導かれます。加えて、罰則の内容が明確であり、その内容も適正（無害な行為の処罰の禁止、過度に広範な処罰規定の禁止、罪刑の均衡）でなければなりません[42]。これらは単なる刑法上の要請だけではなく憲法上の要請でもあるところ、憲法31条等については、第11章を参照してください。

（3）　責任主義

　法益に対する侵害行為のうち、（罪刑法定主義の観点から）法律によって犯罪として定められている行為が行われればそれだけで犯罪として処罰されるので

---

39)　山口、前掲『刑法』5－6頁。

40)　同上、6頁。

41)　同上、8頁。

42)　同上、8－18頁。

172 第2部 現代社会と法

はなく、行為者に加害行為を行ったことについて責任が認められる必要があります。すなわち、刑罰には非難という意味が含まれていることから、非難に値する行為のみが犯罪として処罰の対象となりうるのであり、このような非難可能性という意味での責任の要件が必要となります（責任主義）[43]。

3　医療事故に対する刑法の適用

（1）　犯罪カタログ

医療事故が生じた場合、刑法はどのように行為者、たとえば執刀医に対して責任を科すのでしょうか。たとえば、第8章で検討した Da Vinci の手術を例に考えてみましょう。

まず、法益保護主義から、本件に関し、刑法で保護されるべき法益が何かが問題となります。本件では、患者の身体が害され、また、最終的には患者の生命が害されています。このような生命や身体は重要な利益であり、法律上の保護に値する利益（法益）です。

次に、罪刑法定主義から、仮に侵害されたものが法律上保護に値する利益（法益）であっても、刑法に犯罪として規定されていなければ、これを処罰することはできません。そこで、刑法典は、どのような行為が犯罪となるか（及びそれに対するどのような刑罰が科されるか）、犯罪のカタログを定めています。

人の生命を保護するために、刑法199条が殺人罪を定めています[44]。しかし、これは故意で人を殺す場合の犯罪であって、（本人としては患者を治そうとしたものの）結果的に患者の死亡結果を招いてしまった本件には不適切です[45]。

そこで、誤って他人の死亡結果を招いた場合に適用される過失致死罪（刑法210条）[46] がより本件にふさわしいでしょう。そして、過失により他人の生命

---

43)　山口、前掲『刑法』6－7頁。

44)　刑法199条　人を殺した者は、死刑又は無期若しくは五年以上の懲役に処する。

45)　なお、N大学医学部事件では、患者に対する説明に問題があったとされていることから、身体への侵襲行為に対して適切に同意が得られているか等の問題があり、これを理由として傷害罪（刑法204条）が成立し、致死結果が生じていることから傷害致死罪（刑法205条）が成立するのではないかも問題となりえます。この点については井田良他『刑法事例演習教材　第2版』（有斐閣、2014年）220頁以下、特に225頁を参照して下さい。

第10章　刑事法の基礎　*173*

や身体を侵害する場合について、刑法は、単純な過失によって生命や身体を侵害する場合と業務上の過失によって生命や身体を侵害する場合とで量刑を変えています。そこで、今回の医療事故が「業務上」の過失によるものであれば、業務上過失致死罪（刑法211条）が問題となります[47]。

（2）　構成要件該当性・違法性・責任

では、どのような手順で刑法を適用するのでしょうか。

日本では、構成要件該当性・違法性・責任というフレームワークで刑法が適用されます。まず、行為者（N大学医学部事件では術者である医師）の行為が刑法の条文が定める構成要件に該当するかを判断し、その上で、仮に構成要件に該当するような行為であっても、正当な行為として違法性が阻却されないかといった検討をし、さらに、責任主義の観点から責任が否定されるのではないかを検討しましょう。

まず、構成要件該当性については、業務上過失致死罪（刑法211条）は、

① 　実行行為（作為または不作為）

② 　死亡結果（「人を死傷させた者」）

③ 　因果関係（「よって」）

④ 　過失（「必要な注意を怠」ること）

⑤ 　業務性

という構成要件を定めています。今回、ロボット鉗子で膵臓を強く圧迫するという作為行為があり（①）、死亡結果が発生しています（②）。膵臓の圧迫による膵臓の損傷による死亡ですから、③因果関係もあります。問題は過失と業務性です[48]。

刑法上の「過失」は注意義務を怠ったことを意味しますが、この注意義務は行為者の置かれた状況下で一般人であれば結果発生を予見することができるこ

46）　刑法210条　過失により人を死亡させた者は、五十万円以下の罰金に処する。

47）　刑法211条　業務上必要な注意を怠り、よって人を死傷させた者は、五年以下の懲役若しくは禁錮又は百万円以下の罰金に処する。重大な過失により人を死亡させた者も、同様とする。

48）　なお、過失犯の実行行為は注意義務違背行為ですので、過失犯の場合には実行行為の認定と過失の認定は深く結びついていることに留意が必要です。

174 第2部 現代社会と法

と（結果予見可能性）を前提に、結果発生を予見し（結果予見義務）結果発生を回避する義務（結果回避義務）とされます[49]。ここで、医療行為における結果回避義務違反は、行為者の立場に置かれた者であればとったであろう結果回避措置を行為者がとっていないという場合に認められるところ、具体的な結果回避義務の内容を具体化し、確定する必要があります。そして、医療の分野においては医療水準がまさにそのような結果回避義務の内容とされます[50]。今回は、気づかないうちに強く付近の臓器を圧迫してしまいかねないといった使用機器の特性を理解し、手術箇所の近くに膵臓が存在することから、膵臓を傷つけないようこれに対して愛護的な手技を行うことで結果を回避する義務を負っていたにもかかわらず、かかる義務を履行しなかったのですから、これは過失があったと言えるでしょう。

そして、業務とは人が社会生活上の地位に基づいて反復継続して行う行為で、一般に人の生命・身体等に危害を加えるおそれのあるもの[51]であり、医師の行う治療行為をはじめとして、多くの医療行為はこの「業務」に当たるとされます[52]。

よって、本件では①-⑤の全ての要件が満たされ、医師の行為に構成要件該当性が認められることになります。

そして、違法性が阻却される場合として、たとえば急迫不正の侵害に対して、自己または他人の権利を防衛するため、やむをえずにした正当防衛行為（刑法36条）や自己または他人の生命、身体、自由または財産に対する現在の危難を避けるため、やむをえずにした緊急避難行為（刑法37条）[53]として行った行為ではないことから、違法性は阻却されません。

そして、たとえば行為者が、心神喪失で責任能力がない場合（刑法39条）等ではないので、責任も否定されません。

---

49) 甲斐克則編『ブリッジブック医事法 第2版』（信山社、2018年）94頁。

50) 同上、94頁。

51) 最判昭33・4・18刑集12巻6号1000頁。

52) 甲斐、前掲『ブリッジブック医事法』93頁。

53) これによって生じた害が避けようとした害の程度を超えなかった場合に限り違法性が阻却されます。

以上より、術者である医師の行為には業務上過失致死罪（刑法211条）が成立することになります。

4　チーム医療
(1)　複数人が注意義務に違反したら!?
上記では、比較的簡単に一人の執刀医のみの刑事責任を検討しましたが、現在では一人の患者に対して複数の医療従事者が分担・協力して医療行為を行う「チーム医療」が行われています[54]。

この場合、当然チームで協力し合うことでより良い医療を提供し、医療ミス等の事故を減らそうと試みている訳ですが、それでもミスは起こります。この点については、社会心理学の観点からいわゆるスイスチーズモデル、いわば、穴の空いた多層のスライスチーズの隙間をくぐって事故が起こるモデルや、山の上から下に雪玉が落ちる中で雪だるま式にリスクが膨れ上がるように、エラーがエラーを呼ぶスノーボールモデルが提唱されています。

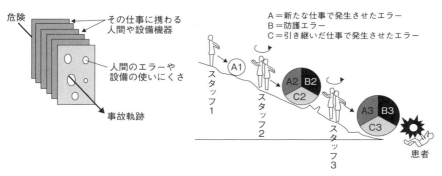

図1　スイスチーズ・モデルとスノーボール・モデル[55]

このように、複数の関係者が注意義務に違反する、すなわち過失がある場合に、刑法上どのように評価されるのでしょうか。

---
54)　甲斐、前掲『ブリッジブック医事法』100頁。
55)　山田佳子・山内隆久『医療事故――なぜ起こるのか、どうすれば防げるのか』（朝日新聞社、2000年）103頁より作成。

176 第2部 現代社会と法

（2） 過失の競合

複数の者の過失が積み重なって結果が発生した場合を過失の競合と言います[56]。

たとえば、看護師Aが患者を取り違え、その後医師Bも患者を取り違えて手術を行ってしまった、このような場合について、直近の過失であるBの過失のみを過失犯の実行行為としてみる見解（直近過失1個説）も存在するものの、現在の多数説は、Aの行為とBの行為をそれぞれ独立してみたときに、それぞれの行為に実行行為に必要な危険性が認められるのであれば、これを過失犯の実行行為としてみてもよいとする見解（過失併存説）を取ります[57]。このように過失併存説を取れば、A及びBそれぞれについて過失犯の実行行為があると言えることになるでしょう。

しかし、安易に関係者全員に過失犯としての責任を認めることについては、批判もあります[58]。理論的にも、たとえばAについてはBの行為の介入があることから、因果関係が問題となりますし、Bについては、そもそもAを信頼できたのではないか、といった信頼の原則の適用が問題となります[59]。

（3） 信頼の原則

信頼の原則については、被害者または第三者が不適切な行動に出ないことを信頼するにたる事情がある場合、逆に言えば適切な行動に出ることを信頼することが不相当な事情がない場合には、それを前提として適切な行為をすれば足り、その信頼が裏切られた結果として法益侵害が発生したとしても、過失責任が問われることはないとする原則です[60]。

手術に使われた電気メスのケーブルを誤って接続したので、ショートして患者に火傷を発生させたという事案で、北大電気メス事件[61]は、執刀医の過失に

---

56) 大塚裕史ほか『基本刑法1 第2版』（日本評論社、2016年）145頁。
57) 西田典之・山口厚・佐伯仁志編『注釈刑法 第1巻』（有斐閣、2010年）552頁。
58) 甲斐克則『医療事故と刑法』（成文堂、2012年）118頁参照。
59) 大塚ほか、前掲『基本刑法1』145頁。
60) 山口、前掲『刑法』127頁。
61) 札幌高判昭51・3・18高刑集29巻1号78頁。

ついて、ベテラン看護婦を信頼して接続の正否を検討しなかったことが当時の具体的状況のもとで無理からぬものであったことに鑑みれば、注意義務違反があったということはできないとしました。本判決については、それまでは、交通事故のような加害者―被害者間の過失事犯の処理に用いられてきた『信頼の原則』を、チーム医療のような分野に用いたことの意義・影響は大きいと指摘されます[62]。もっとも、このように、具体的事情の下で信頼の原則の適用を認めた判決が存在するとしても安易に信頼の原則が認められる訳ではなく、たとえば、横浜市立大学患者取り違え事件[63]という、看護師等が患者を取り違えて手術に至った事案では、患者の同一性確認は初歩的、基本的義務であって、「病院全体の組織的なシステム構築」が望ましいとし、当該病院においてこれが構築されていない状況の下では「重畳的に、それぞれが責任を持って患者の同一性を確認する義務」があり、「信頼の原則」は適用されないとしました。

　チーム医療においてどのような場合に信頼の原則を適用すべきかは難しい問題ですが、ドイツ法との比較法の文脈で、「原則として、治療行為に対する権限と責任を有する医師が、原則的に管理監督責任を負うことが多い。しかし、薬剤師のようにとくに調剤については独立の権限と責任を負う職務との分業においては、医師には信頼の原則の適用の余地が大きくなる」[64]との見解が示されており、参考になります。

（4）　相当因果関係

　チーム医療では因果関係論もまた問題となります。上記の事例では、Aのミスの後にBのミスが介在したことで、もはや因果関係が否定されるのでしょうか。このような事後的な第三者の介在については、大阪南港事件[65]が、犯人の暴行により被害者の死因となった傷害が形成された場合には、仮にその後第三者により加えられた暴行によって死期が早められたとしても、犯人の暴行と被害者の死亡との間の因果関係を肯定することができるとします。このような判

62）　甲斐、前掲『医療事故と刑法』35頁。

63）　最決平19・3・26刑集61巻2号131頁。

64）　山中敬一『医事刑法概論Ⅰ　序論・医療過誤』（成文堂、2014年）704-705頁。

65）　最決平2・11・20刑集44巻8号837頁。

178 第2部 現代社会と法

例の考えについては「行為者の危険性が結果に現実化したか」という観点から、①当初の行為によって、結果惹起にとって決定的な原因が作り出された場合には、その後の経過が通常のものとはいえないとしても、行為の危険性が結果に現実化したとの判断が可能となる、それに対し②結果惹起の直接的な原因が当初の行為によって形成されたのではなく、事後的に介入した第三者の行為こそがそれを形成した場合には、そのような第三者の行為の介入をもたらす危険性が当初の行為に認められなければ行為の危険性が結果へと実現したとは言えないことになり、したがって、因果関係を肯定するためには第三者の行為を誘発するなどの関係が要求されることになろうという説明がなされています[66]。これらの議論は基本的には故意犯についてなされてきたものですが、過失犯である医療過誤の事案にも応用の余地があるでしょう[67]。

（5） 単独犯としての因果関係が認められなければそれで終わりか？

　単独犯として因果関係が認められなければそれで終わりとは言えません。つまり、共同正犯（刑法60条）であれば、（共同行為者）本人の単独の行為と結果の間に因果関係が認められなくても、共同で行った行為と結果の間に因果関係があれば因果関係を認めることができるのです。最高裁は有毒飲食物であるメタノールを含有する液体を過失によって販売した飲食店の共同経営者について共同正犯を肯定しました[68]。そこで、一定の場合には過失犯でも共同正犯が成立します。

　ただし、過失の共同正犯がどのような場合に成立するかについて議論があります。すなわち、共同行為者間にどのような関係がある場合に共同正犯が肯定できるかです。学説上、当事者の法的地位が異なる場合には、監督義務はあっても、お互いに注意しあって結果を防止すべき共同の注意義務は認められないから、共同正犯は成立しないとする見解と、法的地位が違っても共同の注意義務が課される場合はあり得るから、共同正犯の成立の余地があるとする見解が

---

66)　山口、前掲『刑法』36 - 37頁。

67)　このように考えれば、①Aのミスによって結果惹起にとって決定的原因が作り出されたのか、②Bのミスこそが結果惹起への直接的な原因を形成したのかが問題になるでしょう。

68)　最判昭28・1・23刑集7巻1号30頁。

対立するところ、多数説は前者とされています[69]。この前者の見解からは、看護師Aと医師Bでは法的地位が違うことから、単独犯としての責任が問題となるべきでしょう[70]。

これに対し、同一の法的地位を持つ人同士であれば、多数説をとってもなお、過失の共同正犯を認める余地はあるでしょう。

（6）　監督過失

監督過失としては、結果を惹起した直接行為者の過失行為を防止すべき立場にある監督者の過失（狭義の監督過失）と、結果発生を防止すべき物的人的体制を整備すべき立場にある管理者の過失（管理過失）の双方が問題となります[71]。狭義の監督過失については、一般的には直接行為者の直接過失を防止すべき義務を怠った監督者の間接過失と理解されています[72]。

狭義の監督過失の認定におけるポイントは、直接の行為者は適切に行為を行うことが見込まれるので、予見可能性が肯定しにくいという点が挙げられます[73]。日常的に行われる治療行為のほとんどが大きな問題なく進められているのであり、とりわけ定型的な治療であれば、指導医等にとって、大きな問題が生じることを予見できないことが多いでしょう。そして、監督義務すなわち結果回避義務を負うべき理論的根拠が直接行為者の履行水準に足りない部分を補うことにあるとすれば、予見可能性の有無の判断においては直接過失が直接行為者の足りない部分で起きたかどうかが重要であり、直接行為者が履行水準に達している領域では直接行為者を信頼して任せていい、つまり信頼の原則が認められると言ってよいとされます[74]。もっとも、たとえば、主治医にとって初めての治療であって、それが大変危険であるといった場合等、直接行為者に履行水準に足りない部分が存在する場合には、やはり監督者である指導医や科長

---

69)　大塚ほか、前掲『基本刑法』336頁。

70)　同上、336頁参照。

71)　山口、前掲『刑法』128頁

72)　最高裁判所判例解説刑事編昭和63年度426頁参照。

73)　山口、前掲『刑法』129頁

74)　最高裁判所判例解説刑事編平成17年度559頁。

180 第2部　現代社会と法

等の責任が必要です。

　最高裁判所調査官[75]は、監督過失の予見可能性の判定にあたり考慮すべき信頼の相当性を基礎づける事情について、①直接過失の危険性の程度と発生の蓋然性の度合い、②直接行為者に要求される注意義務の内容、③直接行為者の能力、④監督関係の具体的内容、⑤監督が必要とされる理由、⑥監督者の行為によって直接過失を防止し得る難易度、⑦監督者のその他の業務、⑧中間監督者の有無とその役割等[76]を挙げており、実際、最判平17・11・15刑集59巻9号1558頁は、危険な副作用を伴う抗がん剤治療を初めて実施するにあたって、5年目の主治医に対して科長・教授であった被告人がその行為を信頼してはならないとして、被告人が直接行為者として行う行為を認めており、参考になります。

5　刑罰という手段を取るべきか？

　2008年から2017年まで、1年間に警察が検察官に送致した医療事故刑事事件の件数は43件から93件とされます（表2）。

　昔は、医療過誤はほとんど刑事事件になりませんでしたが、昨今刑事医療過誤事件は増加傾向にあり、しかも厳罰化傾向にあると言われることがありま

表2　医療事故関係届出等件数と送致数の推移（警視庁による）[77]

		2008	2009	2010	2011	2012	2013	2014	2015	2016	2017	計
端緒	被害関係者等の届出書[1]	32	30	24	32	21	34	40	14	19	14	260
	医療関係者等の届出書[2]	186	116	105	107	87	75	88	47	45	26	882
	その他[3]	8	6	12	7	9	5	9	4	4	6	70
届出等総数計[4]		226	152	141	146	117	114	137	65	68	46	1212
	立件送致数[5]	84	61	62	65	53	38	27	13	8	2	413
年別立件送致数[6]		79	81	75	54	93	81	55	43	43	50	654

1）　被害者、遺族、代理人弁護士等からの届出、告訴、相談を含む。
2）　医師、看護師、事務長、院長等からの届け出、相談を含む。
3）　上記以外（報道記事等からの情報を入手等）
4）　届出等総計の中には、解剖の結果、死因が病死と判断するなど、医療行為と死因等の因果関係が認められなかったもの等も含む。
5）　「送致数」は、各年の届出等のうち、2017年12月31日までに捜査を行い、業務上過失致死傷等事件として検察庁に送致・送付した（被疑者不詳のまま送致・送付したものも含む）。
6）　「年別送致数」は、届出等を受けた年にかかわりなく、1年間に送致・送付された数。

第10章　刑事法の基礎　*181*

す[78]。

　2004年に生じた福島県大野病院事件は、医師が刑罰の危機にさらされることで医療が萎縮することの問題点を広く知らしめたと言われます[79]。この事件では執刀医として帝王切開分娩への対処という日常的医療行為を行っていた産婦人科医がクーパーと呼ばれる器具で胎盤と子宮が癒着している部分を剥離したところ、大量出血により妊婦が死亡しました。警察は産婦人科医を逮捕し、検察は医師を起訴しました。検察の見立てによれば、医師は胎盤が子宮に癒着していることを認識していた以上、このまま癒着部分を剥離すると大量出血により妊婦が死亡するのではないかと予見すべきであり（結果予見義務）、かつ、妊婦の生命の危険を回避するために直ちに胎盤剥離を中止して子宮摘出手術等に移行すべき（結果回避義務）だったのにもかかわらず、漫然とクーパーと呼ばれる器具で胎盤と子宮が癒着している部分を剥離し続け、妊婦の死亡を招いたとして、業務上過失致死罪（刑法211条）の責任を負う、とのことでした。しかし、福島地方裁判所は無罪を言い渡しました[80]。結果的には無罪でしたが、日常的な医師の治療行為により逮捕・起訴がされうる、ということを世に広く知らしめ、医師が刑罰を恐れて過度に萎縮するという効果を招くと指摘されています。特に外科医等の医師については刑事責任を負うリスクが常時集中的にかかっているという特殊性があり、医師不足で過酷な勤務状況下にある医師に刑法を発動されるリスクが集中していることは不当ではないか、等という問題が提起されています[81]。

　このような萎縮効果については、やはり、刑法の補充性の観点から問題があ

---

75)　最高裁判所判例解説刑事編平成17年度560頁。

76)　佐藤文哉「監督過失——火災事故を素材として」芝原邦爾編『刑法の基本判例』（有斐閣、1988年）48頁参照。

77)　橋本佳子「医療事故等の警察への届出、2017年はピーク時の2割弱」（https://www.m3.com/open/iryoIshin/article/586375/）の「表1　医療事故関係届出等件数と送致数の推移」を引用。

78)　甲斐克則「医療事故と刑事法をめぐる現状と課題」刑事法ジャーナル3号9頁。

79)　甲斐克則「医療と過失責任の限界」法律時報82巻9号46頁。

80)　福島地判平20・8・20判時2295号6頁。甲斐、前掲「医療と過失責任の限界」48頁を参照。

81)　井田良「医療事故に対する刑事責任の追及のあり方」『三井誠先生古稀祝賀論文集』（有斐閣、2012年）235頁参照。

182 第2部 現代社会と法

るでしょう。たとえば、医療事故によって国民の生命・身体という法益が侵害されることを防ぐという場合、損害賠償責任（民事責任）や、医業停止・医師免許取消し（行政上の責任）を問うことで対応する可能性はあるのであって、そのような対応では難しい場合にのみ刑事罰を検討すべきです。

　理論的には、医療過誤に対する過失処罰限定論が出されており、たとえば、日本医師会の医療事故における責任問題検討委員会の答申は、刑事処罰は故意またはそれに準ずる悪質なケースに限るべきとしています[82]。とはいえ、このような議論については刑法理論という観点からは、そのような限定の根拠と範囲が問題となるとされています[83]。その他、福島県大野病院事件判決のように医学準則の認定のところで謙抑的に考える見解[84]、予見可能性が低い場合に結果回避義務を軽減する方法[85]等があります。

　ここで、警察は捜査、特に逮捕等強制捜査権の行使について慎重適正に運用しなければならず[86]、検察は、有罪だと確信しても不起訴（起訴猶予）とすることができる訴追裁量権[87]を有しています。すると立法論はともかく、少な

---

82)　日本医師会医療事故における責任問題検討委員会「医療事故による死亡に対する責任のあり方について」http://dl.med.or.jp/dl-med/teireikaiken/20100310_1.pdf

83)　井田、前掲「医療事故に対する刑事責任の追及のあり方」239–247頁。

84)　前掲注80）は「臨床に携わっている医師に医療措置上の行為義務を負わせ、その義務に反したものには刑罰を科す基準となりうる医学的準則は、当該科目の臨床に携わる医師が、当該場面に直面した場合に、ほとんどの者がその基準に従った医療措置を講じていると言える程度の、一般性あるいは通有性を具備したものでなければならない。

　なぜなら、このように解さなければ、臨床現場で行われている医療措置と一部の医学文献に記載されている内容に齟齬があるような場合に、臨床に携わる医師において、容易かつ迅速に治療法の選択ができなくなり、医療現場に混乱をもたらすことになるし、刑罰が科せられる基準が不明確となって、明確性の原則が損なわれることになるからである。」と判示しました。

　裁量性が高く、何らかの処置を一定時間内にしていかなければならない医療において、安易に注意義務違反を認めることへの警鐘のような判断とも思われます。ただ、大野病院事件における地裁判決の論理についての批判として、甲斐、前掲「医療と過失責任の限界」48頁を参照。

85)　東京地判平13・3・28判時1763号17頁（薬害エイズ帝京大学病院事件第一審判決）は予見可能性の低さと結果回避義務の関係を論じており、この点は井田良「薬害エイズ帝京大学病院事件第1審無罪判決をめぐって」ジュリスト1204号26頁参照。

86)　たとえば逮捕権について「逮捕権は、犯罪構成要件の充足その他の逮捕の理由、逮捕の必要性、これらに関する疎明資料の有無、収集した証拠の証明力等を充分に検討して、慎重適正に運用しなければならない。」とする犯罪捜査規範118条参照。

第10章　刑事法の基礎　*183*

くとも現行法に基づく実務においては、刑罰権の過度の行使による医療に対する萎縮効果を最小限にするため、このような捜査関係者の適切な裁量権の行使が期待されるということができるでしょう。

＊　本稿は、鈴木雄介医師・弁護士と共同で担当させていただいている、慶應義塾大学法学部の医事法演習（刑事）の内容を元にしている部分があります。鈴木先生に心より感謝したいと存じます。

■より深い学習のためのガイド■
　　10章全体
① 井田良『講座刑法学・総論　第2版』（有斐閣、2018年）
② 井田良『講座刑法学・各論　第2版』（有斐閣、2018年）
　　１について
③ 高山佳奈子『故意と違法性の意識』（有斐閣、1999年）
④ 葛野尋之『未決拘禁法と人権』（現代人文社、2012年）
⑤ 川崎英明＝白取裕司『刑事訴訟法理論の探求』（日本評論社、2015年）
⑥ 武内謙治＝本庄武編著『刑罰制度改革の前に考えておくべきこと』（日本評論社、2017年）
⑦ 本庄武『少年に対する刑事処分』（現代人文社、2014年）
　　裁判員制度に関して
⑧ 小早川義則『裁判員裁判と死刑判決　増補版』（成文堂、2012年）
　　２について
⑨ 山口厚『刑法第3版』（有斐閣、2015年）
⑩ 深町晋也『緊急避難の理論とアクチュアリティ』（弘文堂、2018年）
⑪ 緑大輔『刑事訴訟法入門　第2版』（日本評論社、2017年）
⑫ 甲斐克則編『ブリッジブック医事法　第2版』（信山社、2018年）
⑬ 甲斐克則編『医療事故刑法』（成文堂、2012年）
⑭ 山中敬一『医事刑法概論Ⅰ』（成文堂、2014年）

87）　刑訴法248条　「犯人の性格、年齢及び境遇、犯罪の軽重及び情状並びに犯罪後の情況により訴追を必要としないときは、公訴を提起しないことができる。」

第11章
刑事手続の保障

Keywords：憲法／人権保障／手続法／
刑事手続／適正手続保障／
捜査活動

1　導入：なぜ刑事手続における手続保障が必要なのか

　ある科学捜査ドラマでは、顔認証システムを搭載したカメラを乗せたドローンを飛行させ、被疑者の追跡を行ったり、走行中の貨物列車にX線を照射し、運搬物を確認したりといったシーンが登場します。「科学の力」で凶悪犯を追い詰め、真相を明らかにしていくドラマ[1] は痛快で、こんな中で、ある捜査手法を用いるためには、裁判所に「令状」をもらわなければならないなどという話が出てくれば、私も一視聴者として、もどかしい思いを抱くのも事実です。

　他方で、日本国憲法や刑事訴訟法には、刑事捜査やそれに引き続いて行われる刑事裁判における手続について様々な規律を設けています[2]。そこでは、捜査の対象となったり、「犯人」と考えられて裁判を受けたりする人々に、適正な手続に従った取扱いを受ける権利が認められているのです。

　しかし、どうして、罪を犯した「悪い人」に手続を保障してあげる必要があるのでしょうか。これは突き詰めて考えると難しい問題です。もっとも、これはある人が「悪い人」、「犯人」だという結果ありきの話であるということを考

1）　もっとも、ここで想定している、「科捜研の女」シリーズ（テレビ朝日系列・沢口靖子主演）は、科学捜査の限界やそれに伴う登場人物たちの葛藤などにも焦点をあてたドラマで、科学捜査ばかりを信奉する物語ではありません。

2）　権利や義務の内容、発生、変更、消滅などについての要件を設定する**実体法**（例として民法や刑法はこれにあたります）に対して、ここで挙げた刑事訴訟法と、民事訴訟法がその典型例になりますが、実体法上の権利や義務などの実現のためにとるべき手続や方法を規律する法を**手続法**と呼びます。法学の世界では、実体法と手続法、実体と手続という対比がよく行われます。

えた方がいいでしょう。本当に罪を犯した「悪い人」であれば、その人に相応の罰を与えて社会の平穏を維持することは、国家の重要な責務であると言えます。ただ、たしかにそうなのですが、まさに、本当に罪を犯した人なのかどうかこそが問題であり、十分な証拠に基づいて、ある疑いがあるのであれば、そのことを告げられ、弁明の機会も与えられた上で、公正・公平な判断によって、確認される必要があるのです。また、実際に罪を犯した人間も、自らの弁明を十分に聞いてもらえ、公平な判断によって罪が確認されたのであれば、刑罰に納得することができ、実際に犯した犯罪への制裁として反省を促し、また再犯を含めた今後の犯罪を予防するという、刑罰の効果も確かなものとなるのではないでしょうか。

　刑事手続に限らず、仮に結果が同じでも、自分が利害関係を有する事項について、意見を述べることが認められ、決定に関与することができるということは、社会を円滑に回して行くためには重要なことです。行政機関の決定などに際しても、適正な手続を憲法が保障している、あるいは、法の一般的な原則が保障しているという議論も盛んになされているところです[3]。最後の点については、本書ではこれ以上深入りせずに、日本国憲法における刑事手続上の適正手続保障について、そのあらまし[4]を紹介し（2）、その上で、捜査活動に対する規律のあり方について、具体例をもとに考えてみたい（3）と思います。

3）　行政過程における適正手続保障は、行政手続法の制定によって一定程度整備されることになりましたが、行政手続法が適用されない行政手続も多く、憲法上、あるいは一般法原則としての適正手続保障の範囲を問うことはなお問題として残されています。この問題については、行政法（総論）を扱う教科書の行政手続の箇所（たとえば、宇賀克也『行政法概説 I　第6版』（有斐閣、2017年）417頁以下）を参照してみて下さい。

4）　2では、憲法規定の内容の紹介を中心に行います。刑事手続の詳細については、刑事訴訟法という法律と、さらには、刑事訴訟規則と呼ばれる最高裁判所が制定した規則などが規律しており、これらの内容を理解することも重要ですが、紙幅の都合もありここでは詳細に説明できないのです。刑事手続制度を概観したい方には、三井誠・酒巻匡『入門刑事手続法　第7版』（有斐閣、2017年）の一読をおすすめします。

186　第2部　現代社会と法

2　概説：日本国憲法における刑事手続保障

（1）　総論的規定としての憲法31条

　日本国憲法31条は、「何人も、法律の定める手続によらなければ、その生命若しくは自由を奪はれ、又はその他の刑罰を科せられない。」と規定しており、刑事手続の法定を要求し、刑事手続が法定されていなければ刑罰を科されない権利を認めています。条文だけを素直に読めば、このように、刑事手続の法定、すなわち、法律によって刑事手続を定めることを要求するにとどまっているように思われます。しかし、通説や判例は、この法律によって定められた刑事手続について、その中身は、適正なものでなくてはならないと理解しています（適正手続保障）。さらに、どのような行為が犯罪になるのか、その犯罪にはどのような刑罰が科されるのかについても法律で定めなければならず（罪刑法定主義）、その法律の内容の適正ささえも要求しているものだと、この31条は理解されています[5]。

　手続の法定については、刑事訴訟法197条1項[6]のただし書が、「強制の処分」について、刑事訴訟法に個別の規定がなされていることを要求しており、これは、強制処分法定主義と呼ばれ、31条の刑事手続法定の要請を受けたものだとされています。

　31条は、刑事手続保障についての大本となる条文（総論的規定）であると理解されており、主に民事裁判について裁判を受ける権利を定めた32条を挟んで、33条から39条が手続の各場面に応じて個別の規律を定めています（各論的規定）。日本国憲法の人権規定は、31か条ありますが、そのうち8か条が刑事手続保障の条文であるということになり、他の国の憲法と比較しても刑事手続の保障についてかなり詳細な規定を持つ憲法であると特徴づけられています。

5）　もっとも、ここで紹介した、憲法31条の内容を文言の素直な読解から離れて広く理解しようとする通説的見解については、有力な批判もあります。主なものとして、田中英夫「憲法第三一条（いわゆる適法手続条項）について」同『英米法研究2　デュー・プロセス』（東京大学出版会、1987年）301頁［初出、1965年］、松井茂記『日本国憲法　第3版』（有斐閣、2007年）519頁、大石眞『憲法講義II　第2版』（有斐閣、2012年）64頁を挙げておきます。

6）　刑訴法197条1項「捜査については、その目的を達するため必要な取調をすることができる。但し、強制の処分は、この法律に特別の定のある場合でなければ、これをすることができない。」

（2）　令状主義（33条・35条）

　それでは、33条以下の各論的規定の内容について、簡単に確認しておくことにしましょう。33条は、捜査段階を主に念頭に置いた条文で、逮捕についての**令状主義**を定めた規定であると説明されます。つまり、裁判官（憲法に言う「司法官憲」とは、裁判官のことを指すと理解されています）の発する令状がなければ、現行犯を除いて逮捕をすることが許されないのです。ここに、逮捕とは身柄拘束のことを言い、身体の自由を奪うためには、捜査機関限りでの判断ではなく、公平な第三者であるところの裁判官によって、十分な嫌疑や逃亡、証拠隠滅の危険性がないのかという点から、身柄を拘束するだけの理由があるかどうかを判断してもらう必要があるのです。令状審査においてその充足が判断される、逮捕の要件等については、刑事訴訟法の199条以下に規定されています。

　同じく令状主義に関係する条文として、35条があります。35条は、住居の不可侵という実体的な権利を保障した上で、捜査目的で、それを破る必要がある場合には、捜索場所や押収物を特定した令状が必要となることが定められています（1項）。2項では、この令状が、裁判官によって、また、捜索や押収について裁判所によって個別の判断がなされることを要求しています。対象を明確化し、個別の判断を裁判所に求めていることの趣旨は、かつてのイギリスや植民地時代のアメリカにおいて、捜索対象を限定しない、一般令状によって住居の不可侵が破られ、また、思想弾圧等の手段となったことに対する反省を踏まえたものであると説明されています。

　ここで令状主義について少し確認しておきましょう。令状主義とは、一定の重大な刑事手続上の措置について、手続の法定を前提とした上で、法定の要件の充足を、公平な第三者である裁判官に判断してもらい、適切な判断を確保しようというものです。現在の刑事訴訟法の下では、強制処分についての法定手続として令状が要求されているため、令状主義と強制処分法定主義が混同されることもしばしばあります。しかし、強制処分法定主義が、一定の刑事手続について、その一般的な要件設定を、立法者、すなわち国会の権限領域として定めているものであるのに対して、令状主義は、法律で規定されていることを前

188 第2部 現代社会と法

提として、個別具体的な事案において、その要件を充足しているかを裁判所が判断するという、裁判所の権限領域、責任についての規律なのです。ですから、令状主義と強制処分法定主義とはきちんと区別しておくべきです[7]（→3参照）。

（3）告知、弁解、防御（34条・37条）

憲法34条は、逮捕に引き続いて行われる身体の拘束について、理由の告知と弁護人依頼権の付与を要件とするものです。ここでは、**告知と聴聞**という適正手続保障の基本的要素が反映されています。「告知と聴聞」とは、自分に対して与えられようとしている不利益の内容とその理由を教えてもらい（告知）、それに対する、弁解、防御の機会を得る（聴聞）ということを指しており、これが適正手続保障の内容であることは、判例（最大判昭37・11・28刑集16巻11号1593頁）でも明確にされています。身柄拘束の理由の告知が、この適正手続保障に該当することは明らかですが、弁護人を依頼する権利が与えられることで、効果的な弁解、防御の機会が担保されるので、**弁護人依頼権**の保障も、適正手続保障の具体化として理解することができます。また、判例（最大判平11・3・24民集53巻3号514頁）によれば、刑訴法39条1項の保障する、弁護人との**接見交通権**も、憲法34条の弁護人依頼権保障の趣旨にのっとった、憲法に由来する保障だとされます。

34条は、被疑者段階、すなわち、捜査段階での（しかも身柄拘束の場合に特化した）適正手続保障ですが、起訴、つまり、裁判にかけられることになって、刑事被告人の立場になった場合の適正手続保障を規定しているのが、憲法37条です。34条との関係でいうと、37条でも、3項で、刑事被告人にも弁護人依頼権が認められていますし、加えて**国選弁護**の制度も定められています[8]。刑事被告人の権利の総則的規定になっている37条1項は、公平な裁判所による迅速

7）この点については、井上正仁「強制捜査と任意捜査の区別」井上正仁・酒巻匡編『刑事訴訟法の争点』（有斐閣、2013年）59頁などを参照して下さい。

8）もっとも、2004年の法改正で、刑事訴訟法のレベルでは、被疑者段階でも国選弁護の制度が設けられ、2016年の法改正で勾留（逮捕に引き続いて行われる、起訴前の身柄拘束［刑訴法207条以下］）中の被疑者全体を対象とするものに拡充されています（刑訴法37条の2）。この点について詳しくは、酒巻匡「刑事訴訟法等の改正（その1）」法学教室433号（2017年）42−43頁などを参照して下さい。

な公開裁判を受ける権利を保障しており、82条の規定とも相まって、日本国憲法は裁判の公開に非常に重きを置いていることが窺えます。そして、適正な裁判を保証するためには、きちんとした証拠に裏付けられることが重要になりますが、37条2項では、自己に不利益な証人に対して十分に反論する機会を付与する（証人尋問権の保障）とともに、自己に有利な証人を、強制的手続を用いてでも召喚することができる（証人喚問権の保障）旨規定されています。

（4） 自白を巡る規律（38条）

　証拠という点に関して言えば、洋の東西を問わず、中心的な証拠として扱われ、それゆえに強要が行われ冤罪などを引き起こしてきた自白を巡っては、38条に特別な規定が設けられています。同条1項では、一般には、**黙秘権**という言葉で知られる、**自己負罪拒否特権**が保障されています。つまり、自己に不利益な供述をする必要はないのです。もっとも、これは積極的に否認したり嘘をついたりする権利を認めたものではなく、黙っておくことを認めたものです。罪を犯しておいてそれを隠す権利が認められるのはおかしいと思うかもしれませんが、これは、自白が重視されるあまり、拷問などが行われ、冤罪も生んできたことに対する反省を踏まえ、自白の必要性、重要性を緩和する趣旨に出たものなのです。2項は、自白を獲得するために拷問をはじめ不当な扱いが行われないように、不当な状況のもとでの自白を裁判で証拠として用いることができないとしています（自白排除法則）。そして、自白偏重を否定するために、3項も、自己に不利益な唯一の証拠が自白である場合には、有罪とはされないというもので、自白以外の証拠による補強を要求しています（**自白補強法則**）。

　このように、憲法は自白偏重を戒める規定を置いていますが、日本国憲法下においても、自白を重視する捜査、裁判が続いてきたと言われます。そして、これは、自白を強要するような取調べや、作文調書などと言われる現象も生んできたのです。自白の強要による冤罪事件などを契機に、自白の強要などを生んできた密室における取調べが強い批判に晒され、**取調べの録音・録画**、あるいは「可視化」を求める声が強くなり、法律のレベルで対象領域は限定されながらも実現しています[9]。もっとも、対象が限定されている点では不十分だという声も強く、今後の議論の行方が注目されます。

190　第2部　現代社会と法

　録音・録画制度の導入が行われた刑事訴訟法改正においては、「日本型司法取引」の導入も行われました。これは、日本の捜査活動が取調べに過度に依存しているとの認識のもと、取調べの比重を下げる一方で、事案の真相解明を担保するために、取調べ以外に新たな供述証拠の獲得手法を導入すべく設けられました[10]。日本型司法取引とは、厳密には、**合意制度**と**刑事免責制度**という二つの制度からなるものです[11]。合意制度とは、特定の事件類型について、検察官と被疑者・被告人が弁護人の同意のもと、共犯者等他人の刑事事件の解明に資する供述をする等の協力行為をした場合に、検察官が不起訴や軽い罪名での起訴、求刑内容の緩和などを行うものです（刑訴法350条の2以下）。他方、刑事免責手続とは、自己負罪拒否特権に基づく証言拒絶によって真相解明が妨げられることを防止すべく、検察官の請求に基づいて裁判所が決定で、証人自身の刑事事件において不利な証拠とすることができないという条件のもと、自己負罪拒否特権を解除した形で証人尋問を行うという制度です（刑訴法157条の2・157条の3）。証言による不利益を免除するという点で、38条1項の規定には反しないということになりますが、38条1項に正面から制約をかける制度であり注目されています。

　なお、日本における自白の偏重という問題に関しては、刑法における犯罪の構成要件設定が、主観的な要素に重きを置くものとなっており、その立証のためには、自白が重要とならざるをえないとも指摘されています。したがって、自白の問題に取り組むには、刑事実体法の構造転換も含めた抜本的な改革が必要となる可能性にも留意しておくべきでしょう。

（5）　36条の規律内容

　自白の問題に関連して、**拷問**の話が出てきましたが、日本国憲法は、36条で公務員による拷問を「絶対に」禁止しており、拷問が正当化される余地を排除

---

9)　詳しくは、酒巻・前掲註8）43頁以下などを参照して下さい。

10)　川出敏裕「協議・合意制度および刑事免責制度」論究ジュリスト12号（2015年）65頁。

11)　もっとも、合意制度において、「司法」機関たる裁判所は合意の手続に直接は関与せず（酒巻・前掲註8）47頁）、刑事免責制度においては「取引」の余地がない（酒巻匡「刑事訴訟法等の改正（その2）」法学教室434号（2016年）70頁）ので、「司法取引」というのはミスリーディングだという指摘が有力になされています。

第11章　刑事手続の保障　*191*

しています。拷問の詳細な定義については争いがあるものの、自白の獲得や処罰の目的で、身体的、精神的に（身体的なものに限定する見解も有力です）重い苦痛を与えることを指します[12]。拷問の禁止は、日本国憲法によって禁止されるだけではなく、国際法上も、条約等によって国家が排除することのできない、強行法規（jus cogens）の一つとして位置付けられています[13]。

　36条は、拷問に加えて、残虐な刑罰も絶対に禁止していますが、これは、適正手続保障というよりは、刑罰の実体的な適正さの点で、31条の要請をより具体化したものであると位置付けられるでしょう。関連して、生命を奪ってしまう死刑は、残虐な刑罰ではないのかと考える方もいらっしゃるかもしれませんが、判例（最大判昭23・3・12刑集2巻3号191頁）は、31条が、国家が刑罰を通じて生命を奪うことも想定していることなどを指摘して、死刑それ自体としては残虐な刑罰とはならず、その執行方法によっては残虐な刑罰となりうる（判決では、時代劇に出てくるような、火あぶり、はりつけ、さらし首、釜ゆでが例示されています）という立場をとっています。日本では、現在でも死刑は残されており、国民の支持も大きいのですが、国際的な趨勢としては死刑の廃止が進んでいます。

（6）　39条の規律内容

　最後に、39条は、まず、行為時に犯罪でなかったものについて処罰できないという、**遡及処罰の禁止**を定めています。これは、罪刑法定主義のコロラリーであり、適正手続保障というよりは、実体面の規定と理解すべきです。加えて、39条はすでに無罪となった行為については処罰されないという**一事不再理の原則**や、同一の犯罪について重ねて刑事上の責任を問われないという**二重の危険の禁止**も規定しています[14]。

---

12)　ここでは、拷問禁止条約1条における「拷問」の定義も参照しています。

13)　もっとも、国際的な重大テロなどに際しても、拷問が絶対的に禁止されるべきかについては、理論上、疑問を呈する向きもあり、大きな議論を呼んでいます。

14)　一事不再理と二重の危険の禁止の関係性を巡っては、議論がありますが、ここでは深入りしないことにします。詳しく知りたい方は、さしあたり、芦部信喜（高橋和之補訂）『憲法　第6版』（岩波書店、2015年）254頁などを参照してみて下さい。

192　第2部　現代社会と法

3　ケーススタディー：GPS大法廷判決

　2では、日本国憲法の下での刑事手続の保障について、そのあらましをみてきました。続いて、もちろん、刑事手続保障に関わる論点を網羅するものではありませんが、実際の判決を参照することで、具体的なイメージをつかんでもらおうと思います。

（1）　事案の概要

　ここでは、GPS大法廷判決などと言われる、最大判平29・3・15刑集71巻3号13頁を取り上げます。GPSという比較的新しい技術を用いた新たな捜査手法をどう統制していくかという、本章の冒頭で挙げたドラマの例を法的にどう考えるのかという点にも参考になるような興味深い判決で、テレビなどでも大きく取り扱われ話題になりました。

　この判決は、窃盗団による連続窃盗事件に関するもので、被告人側も被疑事実自体については認めており、実体的な面については大きな論点を抱えるものではありませんでした。それでは、なぜ注目を集めることになったのかということになりますが、それは警察の捜査手法の適切性が問題になったからです。警察は、この事件の捜査において、組織性の有無、程度や組織内における被告人の役割を含む犯行の全容を解明するための捜査の一環として、約6か月半の間、被告人、共犯者のほか、被告人の知人女性も使用する蓋然性があった自動車等合計19台に、同人らの承諾なく、かつ、令状を取得することもなく、GPS端末を取り付けた（ラブホテルの駐車場を含む私有地においてバッテリー交換も行いました）上、その所在を検索して移動状況を把握していました（本件GPS捜査）。この令状なきGPS捜査が違法であり、この捜査によって得られた証拠を裁判で用いることができるのか[15]が問題になったのです。

（2）　大法廷判決までの流れ

　この事件の第一審裁判所は、GPS捜査を刑訴法197条1項ただし書に言う

---

15)　証拠の収集にあたって、憲法違反など手続に重大な違法があった場合には、捜査の違法を防止し、適正な手続の保障を確保するために、そこから得られた証拠を裁判で用いることができない（証拠能力の否定、証拠禁止）とする、**違法収集証拠排除法則**が判例（最判昭53・9・7刑集32巻6号1672頁など）上認められています。詳しくは、三井・酒巻・前掲註4）275−277頁などを参照してみて下さい。

第11章 刑事手続の保障 193

「強制処分」にあたる、検証に該当するけれども、令状がとられておらず違法であると判断しました。そして、警察官には令状主義軽視の姿勢があると指摘して、本件GPS捜査により得られた証拠及びこれと密接に関連する証拠の証拠能力を否定しています（大阪地決平27・6・5判時2288号138頁）。それでも、裁判所は、それ以外の証拠から被告人の罪は立証できるとして、有罪判決を出しました（大阪地判平27・7・10判時2288号144頁）。

これに対して、控訴審は、本件GPS捜査が強制処分にあたるかについては判断を明確にせず、何れにしても違法性は重大ではないとして、第一審とは異なって証拠排除を行わず、有罪判決を維持しました。

被告人側がこの控訴審判決に上告したわけですが、GPS捜査を強制処分と捉えるかという点については、他の下級審判決などでも判断が分かれており、判断を統一する必要性を感じたためか、最高裁は裁判官全員が参加する**大法廷**で審理することにしたのです[16]。

（3） 大法廷判決における争点

大法廷判決の内容を紹介する前に、まず、この判決での争点を確認しておきましょう。争点は、次の二つにまとめられます。すなわち、①GPS捜査が刑訴法197条1項ただし書に言う強制処分にあたるか、つまり、刑事訴訟法によってその要件等が規定されている必要がある捜査手法なのか、②仮に、強制処分であるとして、刑訴法218条1項に規定のある検証、すなわち、検証許可状（令状の一種です）をとっていれば合法に行うことのできる捜査手法なのかというものです。

大法廷判決の前には、①について、学説や裁判例は、本件のようなGPS装置をわざわざ装着して行うもの一般について強制処分とするものや、尾行等の補助手段として用いる限りで強制処分ではなく、任意捜査（197条1項本文→前掲註6）であるとするもの、一切任意捜査であるとするものなどに分かれてい

---

16) 最高裁は、1名の最高裁判所長官と14名の最高裁判所判事の計15人の裁判官がいますが、通常は、5人ごとで構成される小法廷で事件が処理されます（最高裁判所裁判事務処理規則9条参照）。違憲判断や、ある事項についての初めての憲法適合性判断、判例変更という特に重大な3点については、最高裁の全員の裁判官が参加する大法廷によって判断することが法律上求められています（裁判所法10条）が、その他、重大な問題については大法廷へ回付することになっています。

194 第2部 現代社会と法

ました。そして、②に関して、大法廷判決までの裁判例は、強制処分であるとする場合も、検証許可令状によって行うことができるとしていましたが、学説では、検証説以外にも、検証と評価することはできず、刑事訴訟法などの法律による新たな要件設定が必要であるという見解が有力に唱えられていました。

（4）　大法廷判決の要旨

　最高裁は、まず、「性質上、公道上のもののみならず、個人のプライバシーが強く保護されるべき場所や空間に関わるものも含めて、対象車両及びその使用者の所在と移動状況を逐一把握することを可能にする」、GPS「捜査は、個人の行動を継続的、網羅的に把握することを必然的に伴うから、個人のプライバシーを侵害し得るものであり、また、そのような侵害を可能とする機器を個人の所持品に秘かに装着することによって行う点において、」「公権力による私的領域への侵入を伴う」とした上で、憲法35条「『住居、書類及び所持品』に限らずこれらに準ずる私的領域に『侵入』されることのない権利」を保障対象としていることを踏まえると、「個人の意思を制圧して憲法の保障する重要な法的利益を侵害するものとして、刑訴法上、特別の根拠規定がなければ許容されない強制の処分に当たる（引用判決省略）とともに、一般的には、現行犯人逮捕等の令状を要しないものとされている処分と同視すべき事情があると認めるのも困難であるから、令状がなければ行うことのできない処分と解すべき」だとしました。つまり、争点①について、GPS装置を装着する形態のGPS捜査一般について、強制処分に該当すること、さらに、その帰結として令状を必要とするものだと判断したのです。

　そうすると、②の論点も問題になってきます。この点、最高裁は、「情報機器の画面表示を読み取って対象車両の所在と移動状況を把握する点では刑訴法上の『検証』と同様の性質を有するものの、対象車両にGPS端末を取り付けることにより対象車両及びその使用者の所在の検索を行う点において、『検証』では捉えきれない性質を有することも否定し難い」と述べた上で、「仮に、検証許可状の発付を受け、あるいはそれと併せて捜索許可状の発付を受けて行うとしても、GPS捜査は、GPS端末を取り付けた対象車両の所在の検索を通じて対象車両の使用者の行動を継続的、網羅的に把握することを必然的に伴うも

のであって、GPS 端末を取り付けるべき車両及び罪名を特定しただけでは被
疑事実と関係のない使用者の行動の過剰な把握を抑制することができず、裁判
官による令状請求の審査を要することとされている趣旨を満たすことができな
いおそれがある」こと、性質上令状の事前呈示が適切ではないのに、それに変
わる手当がなければ、「適正手続の保障という観点から問題が残る」ことを指
摘しました。そして、「これらの問題を解消するための手段」には「様々なも
のが考えられるところ、捜査の実効性にも配慮しつつどのような手段を選択す
るかは、刑訴法197条１項ただし書の趣旨に照らし、第一次的には立法府に委
ねられ」、「仮に法解釈により刑訴法上の強制の処分として許容する」場合、
「令状に様々な条件を付す必要が生じるが、事案ごとに、令状請求の審査を担
当する裁判官の判断により、多様な選択肢の中から的確な条件の選択が行われ
ない限り是認できないような強制の処分を認めることは、『強制の処分は、こ
の法律に特別の定のある場合でなければ、これをすることができない』と規定
する同項ただし書の趣旨に沿」わず、「GPS 捜査が今後も広く用いられ得る有
力な捜査手法であるとすれば、その特質に着目して憲法、刑訴法の諸原則に適
合する立法的な措置が講じられることが望ましい」と結論づけました。つまり、
検証許可状の発付だけではカバーしきれない問題があり、GPS 捜査の要件に
ついて新たな立法を行うことが望ましいとしたのです。

　もっとも、事案の処理としては、GPS 捜査以外から得られた証拠によって
有罪を立証できるとした第一審を最高裁は支持し、有罪判断は維持されました。

（5）　解　説

　この判決の重要な点は、主に二つあります。一つ目は、ある捜査手法が刑訴
法197条１項ただし書に言う強制処分に該当するかどうかの判断を、当該捜査
手法が重要な権利の制約を伴うことを基準として行ったことです。学説では、
このような基準が有力に主張されていたところですが、これまでの判例は、基
準を必ずしも明確にせず、具体的な事情を列挙して、強制処分にあたる、あた
らないという結論を示す傾向がみられました[17]。このように基準を明確にした
ことは従来からの前進として学説では高く評価されています。

　もっとも、強制処分法定主義というと、「強制処分」だけが法律上の根拠を

196 第2部 現代社会と法

要求されるように聞こえてしまいますが、法律上の根拠を要求する基準が重要な権利の制約と理解してしまうと、憲法学や行政法学では、制約される権利が重要であるかどうかに限らず、少なくとも国民の権利を制約する国家行為については法律の根拠が必要であると考えられていることと齟齬をきたします。197条1項本文の規定だけではなく、詳細な規定が基本法典である刑事訴訟法に設けられることが要求される基準が、重要な権利の制約の有無にあると理解するべきでしょう。また、現代において、被疑者・被告人の権利の重要性が、立法、すなわち国会による授権を要求する基準とはならないとする批判も有力になされています。

　なお、重要な権利への該当性の検討に際して、最高裁は憲法35条に言及しました。ここでは、これまでは手続保障の規定としての性格が強調されてきた35条を、実体的なプライバシー保障の条文として位置付けたことが憲法学の観点からは重要です。

　二つ目のポイントは、既存の「検証」の枠組みでは把握しきれない性格を有するGPS捜査について、197条1項ただし書を援用して、それを許容するための要件設定、適正な手続の確保は、裁判所が具体的な事案ごとに行うのではなく、立法者たる国会が一般的な規定をもって行うべきだとしたことです。これまでの判例は、五官の作用を用いて対象物の認識を行うことという、「検証」の幅のある定義を利用して、多くの新たな捜査手法を検証の中に包摂し、裁判所限りで個別の捜査手法に適切と思われる条件を付加する傾向があり[18]、**2**(2)でも触れた強制処分法定主義と令状主義の区別を強調する学説などから、批判に晒されてきました。本判決はそのような判例の傾向とは一線を画すものだという評価が可能です。裁判所による個別具体的な判断に限界づけを行い、立法

---

17)　重要判例については、井上正仁ほか編『刑事訴訟法判例百選　第10版』（有斐閣、2017年）などを参照してみて下さい。ここでは、一例として、判例百選にも掲載されている、最決平21・9・28刑集63巻7号868頁を挙げておきます。

18)　代表例ともされるのが、検証のみを拡張したものではありませんが、裁判所による実質的な新しい令状類型の創設とも言われるのが、尿道にカテーテルを挿入し強制的に採尿する「強制採尿」に関する、最決昭55・10・23刑集34巻5号300頁です。また、通信傍受法成立前の電話傍受を検証として位置付けた、最決平11・12・16刑集53巻9号1327頁も代表的な判例です。

者による統制の重要性を強調する立場は、国家機関それぞれの機関としての適
性に着目して権限の配分を行うべきであるという、憲法学で有力に主張される
権力分立についての考え方とも親和的で、注目されます。

■より深い学習のためのガイド■

　註で挙げたもののほか、まずは、憲法の教科書の人身の自由や刑事手続上の権利につ
いて扱っている項目、刑事訴訟法の教科書（の特に、令状主義や強制処分法定主義を扱
っている部分）を読んでみて、そこで引用される文献にさらにあたってみましょう。
　GPS 大法廷判決については、様々な文献がありますが、さしあたり、本章担当者も一
部を執筆している法学セミナー 752号（2017年 9 月号）の GPS 大法廷判決特集を挙げて
おきます。また、内容はかなり発展的ですが、意欲のある人は、笹倉宏紀ほか「座談会
強制・任意・プライヴァシー［続］── GPS 捜査大法廷判決を読む、そしてその先へ」
法律時報90巻 1 号（2018年）54頁以下や、稲谷龍彦『刑事手続におけるプライバシー保
護』（弘文堂、2017年）に挑戦してみて下さい。

第12章
憲法と民法

Keywords：憲法／民法／違憲審査／
最高法規／基本法

　本章では、憲法と民法という、法の中でも特に重要だと言われる、二つの法について、法秩序の中での位置付けや、相互の関係性について考えてみることにします。

1　最高法規としての憲法

　憲法とは何かという問いに対する一つの答え方として、ある国の法秩序の中で最高位に位置付けられる法ということができます。これは、難しい言い方をすれば、形式的な効力の面に着目した憲法の定義、性格づけです。実際に、我が国の現行憲法、すなわち、日本国憲法も、その98条1項で、「この憲法は、国の最高法規であつて、その条規に反する法律、命令、詔勅及び国務に関するその他の行為の全部又は一部は、その効力を有しない」と規定しています。みなさんも、中学や高校の公民科の教科書などで、ピラミッドの頂点に憲法が位置付けられた図を目にしたことがあるのではないでしょうか。

　憲法の形式的最高法規性、つまり、憲法がある国の法秩序の中で最高位に位置付けられるということの意味は、憲法が他のどのような法よりも優位に位置付けられ（憲法の優位）、憲法に反する内容を持つ法は、憲法に反している限りにおいて排除されるということです。排除されるということの内容としては、効力が否定されてしまうという場合と、特定の適用の場面において、憲法の内容が優先され、他の法の適用が控えられるという場合が考えられますが、先ほどみたように、日本国憲法は、効力の否定という道を明示的に選択しています。

第12章　憲法と民法　*199*

　なお、憲法の他の法令への優位が持つ意義として、これに抵触する法令を排除するということのほか、様々な意味を持つ法令について、法秩序の統一性を考慮して、憲法に適合的な解釈（**憲法適合的解釈**[1]）を行うことを裁判所など法の解釈者に求める効果も強調されるようになっています。

　ところで、日本国憲法の下、初等・中等教育において、印象的なピラミッド型の図を通じて刷り込まれてきた私たちは、（日本国）憲法の形式的最高法規性を当然のように思っている節がありますが、歴史的にみるとこれは必ずしも自明ではないということに注意しておく必要があります[2]。

　形式的最高法規性を有する「憲法典」を制定し、通常の法律では覆せないような規律を設け、それを通じて、国家の権力を創設する（「憲法」とは明治以降、英語の constitution の訳語として使用されているもので、constitution の動詞形である constitute とは、「構成する」との意味があり、憲法（constitution）とは国家、そしてその権力を作り上げるものという意味を持つことになります）とともに、制限しようという発想（語弊はありますが、ここではひとまずこれを**立憲主義**の定義としておきます）がなければ、近代の西洋で誕生し、いまや世界中に広がった、近代的な意味での「憲法」がそもそも存在しないものと扱われてしまうのは確かです。しかし、仮に憲法が形式的最高法規性を有するとしても、ある法令が憲法に違反しているかどうかを判断する仕組みが用意されていなければ、憲法に違反する法令が効力を否定されることは実際にはありません。

　この点、建国当初から憲法の他の法令への優位が強く意識されていたと言われる、アメリカにおいては、建国後まもなくから、ある事件に適用される法が何かを決定する裁判所の権限をテコに、そこで適用されるべき法が、上位の憲法に違反していないかを裁判所が判断するという形で、裁判所が法令の違憲性を審査し、憲法に適合しないものの効力を否定する、**違憲審査制**が判例（Marbury v. Madison, 5 U.S. 137（1803））によって認められました。しかし、こ

---

1)　これについては、土井真一編『憲法適合的解釈の比較研究』（有斐閣、2018年）などを参照して下さい。

2)　歴史的な展開については、ドイツからの視点で描くものですが、ライナー・ヴァール（小山剛監訳）『憲法の優位』（慶應義塾大学法学研究会、2012年）121頁以下がこれを扱っています。

のような違憲審査制は、他の国においては長らく認められませんでした[3]。

そもそも憲法典が存在せず、議会に主権があるとされるイギリスにおいては、議会の制定する法律の効力を裁判所などの国家機関が否定する違憲審査制は現在に至るまで認められていません。

そして、主権者国民を代表し、個々の国民の意思の単なる合計とは異なる、国民一般の意思（一般意思）を表明する機関として議会を位置付けたフランスにおいては、そのような性格を有する議会が制定する法律——言わば、一般意思の表明——を、憲法を持ち出して他の国家機関が否定するというようなことは受け入れられませんでした。なかでも、フランス大革命の過程で裁判所が旧体制側に立ったこともあり、「革命の敵」とされる裁判所が、議会の制定する法律を排除するなどということは長らく考えられなかったのです。

また、立憲主義の定着が遅れたドイツにおいては、憲法の制定、改変が立法の延長線上で捉えられる傾向があり、憲法の他の法令への優位という発想の定着、違憲審査制の導入には困難が伴いました。法秩序をピラミッド構造で捉える、ハンス・ケルゼンを筆頭とするウィーン学派の影響を受けた、第一次大戦後のオーストリアの憲法で、憲法裁判所という、憲法問題に特化した裁判所による、アメリカとは異なるタイプの違憲審査制が確立しましたが、これもナチス・ドイツによるオーストリアの併合による中断を経ることになり、違憲審査制が世界で定着したのは、第二次世界大戦後、さらには、冷戦終結後の、旧東側諸国などへの爆発的な拡大（**違憲審査革命**）を待たねばなりませんでした。

第二次世界大戦後、1946年に制定された、戦後の憲法としては先駆け的な存在である日本国憲法は、81条において、最高裁判所が法令等の憲法適合性を判断する終審裁判所として位置付けられ、下級裁判所を含めた通常の司法裁判所が、具体的な事件の解決に必要な範囲で、法令等の憲法適合性を判断する、アメリカ型の違憲審査制を導入したものと理解されています[4]。

3）　違憲審査に重点を置きつつ、各国における立憲主義定着の歴史を描いたものとして、佐藤幸治『立憲主義について』（左右社、2015年）を挙げておきます。

4）　最大判昭27・10・8民集6巻9号783頁〔警察予備隊違憲訴訟〕、芦部信喜（高橋和之補訂）『憲法　第6版』（岩波書店、2015年）379頁。

話は変わって、ここで、憲法の最高法規性の意味を少し違った方向からみてみることにします。先にみたように、日本国憲法は98条1項で、自らの形式的最高法規性を宣言しています。しかし、よく考えてみると、これは日本国憲法が「私は最高だ」と言い張っているだけだということに気づきます。いわゆる**自己言及**の問題です。表現は適切ではないかもしれませんが、これでは、「俺のいうことを聞け、なぜなら俺は最高だからだ」という、マンガのガキ大将顔負けの困った人です。ではなぜ、日本国憲法は、日本の最高法規として、他の法令に優位するのでしょう。それに答えるためには、内容面に着目して、他の法令に優位させるにふさわしい法であること（**実質的最高法規性**）を説明する必要があります。この点、日本国憲法は、その第10章の冒頭、98条1項に先んじて、97条で自身が保障する基本的人権の性格を確認しています。これは、「人類の多年にわたる自由獲得の努力の成果」であり、「過去幾多の試練に堪へ、現在及び将来の国民に対し、侵すことのできない永久の権利として信託された」重要な基本的人権を保障する、日本国憲法の内容の重要性を確認したものであり、このような内容面での重要性から、日本国憲法は、日本の最高法規に位置付けられるという根拠づけを表すものだと理解されているのです[5]。また、立憲主義は、通常の法律では覆せないような、**憲法典**[6]の規律の内容として、国家の権限を抑制し、国民の権利自由を確保する、権力分立と人権保障を想定しており、そのような内容を具備している法典は、形式的最高法規性を認められるべきだという帰結が導かれることになります。なお、97条で、日本国憲法がそのような内容に値することがいくら書かれていようが、それが自己言及であることに変わりありません。したがって、日本国憲法が立憲主義の考え方に合致する規範内容を有しているか、そして、国民が、そのような内容を有し、形式的最高法規性を有するにたる法として日本国憲法を受容しているかが決定的であるということになります。

5）　芦部・前掲註4）2頁。

6）　憲法あるいは、国の基本法であることを示す名前を与えられた法典のことを憲法典と呼び、これは名前という形式面に着目して「憲法」を定義した場合の、「**形式的意味の憲法**」と同じものを指しているということができます。

少し抽象的で難しい話に入り込んでしまったところがありますが、ここでは、さしあたって、日本国憲法が、我が国の法秩序において、法律以下の他の法令に優位する、最高法規として位置付けられているということをおさえておいて下さい。

2 社会の基本法としての民法

次に、民法とは何かを確認しておくことにしましょう。民法とは、市民と市民の間（私人間）の問題を規律する法のことを指します。もう少し詳しく言うと、大きく分けて、市民の財産に関する規律を定めた財産法と、家族関係について規律する家族法という二つの法領域から構成されます。我が国においては、他の多くの国同様、議会が制定する法律という形式をとって成立しています。ですから、形式的な面に着目すると、日本の法秩序において民法典は、憲法典である日本国憲法の下位に置かれることにな——るのが少なくとも思考の出発点とな——ります。他方、内容面で言えば、憲法は、国家機関相互の関係や、国家と私人との間の関係を規律するものですので、私人間の問題を規律する民法とは、規律の対象を異にするということが指摘できます。国家機関相互の関係、国家・私人間の関係を規律する法を公法と呼び、私人相互の関係を規律する法を私法と呼び、伝統的に公法と私法は二項対立的に整理されてきました。国家法秩序の最高位に位置付けられ、根本法とも性格づけられる憲法が、公法にとっての基本法であることは言うまでもありませんが、民法は、私法にとっての基本法として位置付けられ、私人、あるいは市民によって構成される、国家と対置される意味での（市民）社会についての基本法であるとも言われます。また、国によって様々な背景が存在するので語弊もあるところですが、近代民法は、古代ローマにおいてローマ市民相互に適用された法——これは、理性を反映したもの（「書かれた理性」）とも理解されてきました——を、時代や「民族性」による修正をくわえながらも再現しようという試みでもありました。したがって、形式的効力において憲法に劣位することはともかく、実質的な側面での重要性は、憲法にも比肩するものとして説明されることもしばしばあります。

とりわけ、フランスにおいては、大革命以降、クーデタ、帝政への以降、王政復古、革命が展開されていく中で、憲法典は結局施行されなかったものを含めて数多く制定されました。これに対して、民法典については、もちろん様々な改正を経てはいるものの、1804年に皇帝ナポレオンのもとで制定された、ナポレオン民法とも呼ばれる民法典が制定後200年以上経った現在においても現行法となっています。そのため、憲法典は政治体制の変遷と運命を共にする不安定なものと理解される一方で、民法典は政治体制の変遷にもかかわらず、市民社会の基礎を形成する重要なものであると認識されることになったのです。

大革命後の混乱の中、「革命防衛戦争」の名の下にフランスの侵攻を受けたドイツ諸邦には、一部でナポレオン民法典が持ち込まれました。これに触発されて、ドイツ諸邦においても、民法典を制定する動きが生じ、1871年のドイツ統一を経て、最終的には**ドイツ民法典（BGB）の制定（1896年、1900年施行）**へと結実していくことになります。統一民法典の成立は、ドイツの実質的意味での統一にとって重要な役割を果たしましたし、ドイツ帝国の崩壊、ヴァイマール共和国の成立と崩壊、ナチス体制の成立と崩壊、東西ドイツの分裂、再統一という激動の中にあって、旧西独地域においては一貫してBGBが現行法として妥当し、財産法のうち債権法と言われる分野については2000年代初頭に大幅な改正を経ながらも、現在に至っています。

日本をみても、政治体制の変動に引きずられない、民法の安定性が指摘できます。つまり、日本国憲法の制定に伴って、その14条や24条が、男女の平等を家族関係を含めて強く求め、それに適合的な家族法制度の整備を要求したため、家族法の分野については全面的な改正が行われましたが、財産法については新憲法の制定に伴う法改正を免れました。したがって、日本でも明治時代に制定された民法典が、現代語化や最近の**債権法改正**（施行は2020年）をはじめとして様々な大幅な改正も受けてはいるものの、現行法として妥当しているのです。

3　憲法と民法の関係

ここまで、憲法と民法それぞれについて、その基本的な性格、規律の対象と内容について簡単にみてきました。そこでは、各々、基本的に規律対象を異に

204 第2部 現代社会と法

しつつ、双方が、公法、私法の基本法として重要な意義を持つものであること、形式的効力関係においては、憲法が優位するものの、民法も実質的な意味において、憲法に比するほどの重要性を持っていることにも言及しました。以下では、このようなやや複雑な憲法と民法の関係についてもう少し掘り下げて考えてみることにします。以下では、憲法と民法の関係性についての様々なモデル[7]を紹介し、簡単な検討を加えることにします。

　一つのモデルは、憲法の（形式的）最高法規性を強調し、あくまで法律にすぎない民法も、国法秩序において憲法の下位に位置付けられ、さらに、憲法的価値を実現するためのツールとして位置付けられるという考え方です。このモデルを採用する場合、公法と私法という区別自体は否定されないものの、その垣根はあまり高く意識されず、どちらも憲法上の価値を実現するためのものとして位置付けられます。逆に言えば、憲法の、権力を拘束し、国民の自由を確保するという側面だけを強調するのではなく、国法体系を一定の価値に導き、法制度の整備を促すなど、より積極的な役割を憲法に認める見解であるということができます。また、この考え方の中でも、憲法の採用する基本的価値をどのように位置付けるかを巡って、いくつかの異なった構想がありえます。たとえば、日本国憲法成立直後、民法学を牽引する立場にあった民法学者**我妻榮**は、憲法の基本原理を国民協同体主義と考え、それに資するような民法、私法上の制度の構築、解釈が必要だと考えました[8]。他方、近時有力な学説は、日本国

---

7)　なお、憲法は先にも述べたように、国家機関相互の問題や国家と私人の関係を規律するものであるとされるため、憲法の基本的人権に関する規定は、原則として、国家と私人との関係における、私人の国家に対する権利であると理解されているのですが、私人相互の関係で、私人の権利が害されている場合に、憲法の人権規定を根拠に一定の請求を基礎づけることができるのかが論じられてきました。これを基本的人権規定の私人間適用や私人間効力の問題（この問題の議論状況を的確にまとめ、明晰な分析を加えるものとして、宍戸常寿「私人間効力論の現在と未来」長谷部恭男編『講座人権論の再定位3　人権の射程』（法律文化社、2010年）25頁以下が必読です）と呼びますが、従来日本では、この問題を論じるにあたって、憲法と民法、あるいは私法の関係が検討されてきました。

8)　我妻榮『新訂民法総則　（民法講義 I)』（岩波書店、1965年）2 - 4頁や、同『民法研究 I　私法一般』（有斐閣、1966年）41 - 43頁［初出、1949年］、同『民法研究 VIII　憲法と私法』（有斐閣、1970年）243頁以下［初出、1948年］を参照して下さい。なお、この見解は、憲法と民法を融合的に捉える見解だと整理されることが多く、本章のように、憲法、民法を上下関係でみるものとして整理するのには、異論もありうるところです。

憲法の基本原理を個人主義あるいはリベラリズムに求めた上で、憲法上の価値を実現する手段としての民法の解釈を提示しようとしています[9]。関連して、憲法の人権規定の私人間適用論として論じられてきた問題は、結局、直接私人間の関係に適用されることになる、民法など私法の規定の憲法適合的解釈の問題に帰着するのだと整理するもの[10]もみられます。

　他には、憲法と民法を、国家の基本法、社会の基本法という形でそれぞれ並立する基本法として理解するモデルがあります[11]。これは、憲法の（形式的）最高法規性よりも民法の基本法としての性格を強調する見解として整理することができるでしょう。また、公法と私法、国家と社会というものを峻別する見解とも言えます。公法と私法はそれぞれの領域において異なる基本的価値を有しうるのであり、公法秩序の中でその基本的価値にそって保障された、憲法上の人権規定が、私法秩序の中で私人間相互の問題に（少なくとも直接）適用されるということはありえないことになります。もっとも、このようなモデルを採用する論者も、公法秩序と私法秩序に覆いかぶさる形で、双方に統一を与え、統制する、自然法秩序を想定するため、憲法規定から、その大元にある自然法上の基本価値を導き出し、さらにそれを私法秩序に適合的な形で、民法などの私法に反映させる場合を認めたり、逆に民法など私法秩序にみられる基本価値から自然法上の基本価値を見出し、憲法以下の公法秩序に反映されて行ったり、というような論法をとることには注意しておく必要があります[12]。

　その他、ある意味では、ここまでみてきた二つの見解の折衷的な立場と整理することができるかもしれませんし、一つ目の見解を詳しく説明したものということになるかもしれませんが、公法・私法の峻別、少なくともそのような区

9）　潮見佳男『民法総則講義』（有斐閣、2005年）4－6頁、より具体的な解釈の提示については、山本敬三『民法講義Ⅰ　総則　第3版』（有斐閣、2011年）268頁以下や潮見佳男『基本講義債権各論Ⅱ　不法行為法　第3版』（新世社、2017年）21－22頁などを参照して下さい。

10）　君塚正臣『憲法の私人間効力論』（悠々社、2008年）16－17頁を参照して下さい。

11）　星野英一『民法　財産法』（放送大学教育振興会、1994年）52頁、同「民法と憲法」法学教室171号（1994年）8－9頁、高橋和之『立憲主義と日本国憲法　第4版』（有斐閣、2017年）116－117頁など。

12）　高橋・前掲註11）116－117頁、星野英一・樋口陽一「特別対談　社会の基本法と国家の基本法」ジュリスト1192号（2001年）9頁［星野発言］などを参照して下さい。

別があることは前提としつつ、日本国憲法は、公法秩序についての基本的価値が示された法規範であるのではなく、私法秩序に関する基本的価値や方向性を定めた規定も有していることを強調する見解もあります[13]。ただし、この論者は、歴史的、特に19世紀のフランスにおいては、近代民法の方が国家と社会全体についての基本法として位置付けられ、憲法が国家の領域に関する民法の特別法としての性格を有していたという点を強調していること[14]には注意をしておくべきです。そして、現代の日本においても、憲法が民法の下位に位置付けられるとか、民法の特別法に位置付けられるという立場はとらないものの、国家・社会双方についての基本的価値を体現する法としての民法を強調していると理解可能な見解も提示されています[15]。

　民法も国会の制定する法律である以上、違憲審査制の対象となるものであり、憲法の形式的最高法規性、あるいは憲法の優位を軽視するべきではないので、民法を憲法と並列、同格に考えるのは難しいでしょう。また、公法と私法、憲法と民法を峻別してしまうこともできないでしょう。（この点については、4で改めて言及しますが、）憲法が29条で保障する財産権は、民法他の私法が存在していないとその内容を確定することはできないでしょうし、憲法が想定する財産権の少なくとも核のようなものがあるのならば、それに反するような内容を民法が規定していれば違憲と判断せざるをえないでしょう。また、憲法24条では、まさに、民法を名指しはしませんが、民法以下の私法において定められるべき家族制度の基本設計が枠付けされています。実際に、これに適合的ではない、家制度など明治民法の家族法の規定は、日本国憲法制定後全面的な改正を

---

13) 水林彪「『憲法と経済秩序』の近代的原型とその変容」企業と法創造9巻3号（2013年）148頁以下。

14) 水林彪「近代民法の本源的性格」民法研究5号（2008年）1頁以下（特に、37-50頁）、同「憲法と民法の本源的関係」憲法問題21号（2010年）11-14頁などを参照して下さい。

15) 大村敦志『民法総論』（岩波書店、2001年）37-38頁、128頁、152-157頁、同『民法0・1・2・3論』（みすず書房、2007年）93-94頁、103-140頁（特に、110-111頁、139-140頁）などを参照して下さい。これについては、山本敬三「憲法・民法関係論の展開とその意義」新世代法政策学研究5号（2010年）18-20頁による整理も参照して下さい。なお、並立論の中で紹介した、民法上の基本的価値を自然法を介して、公法秩序にも反映させていく考え方と、民法を基層に置く、階層構造的発想、その中でもとりわけ、民法が憲法の上位に位置付けられるということを強調しない見解との距離は遠いものではありません。

受けたことは先に述べた通りです。とはいえ、私法に関する憲法の規定は、あくまで立法者に向けられた命令が中心で、私人に、私人の間での権利義務を直接与えるようなものではありません。公法と私法における、名宛人や規律対象の違いを踏まえて、憲法の形式的最高法規性だけを強調した、私法の解釈は避けるべきでしょう。最終的には、憲法的な基本的価値による承認が可能なこと、少なくとも否定されないことは要求しながらも、私人の間で形成される法秩序を国家は重視することも求められます[16]。

なお、以上のような整理は、わかりやすくするために、かなりの程度図式化したところがあり、もともとの見解を主張する論者の考えるところと必ずしも一致していないところがあることには注意しておいて下さい[17]。

4 ケーススタディ：森林法判決を読む

最後に、憲法と民法の関係について大きな議論を呼ぶことになった最高裁判決を読むことを通じて、判例の立場やこれまでの議論を確認してみたいと思います。

（1） 事件の概要

この事件は、合計すると東京ドーム230個分を超えるような広大な面積を持つ山林（本件山林）を、父親から生前贈与された兄弟の間での仲違いが発端になっています。この兄弟は、父から譲られた山林を2分の1ずつの持分で共有して経営していたのですが、兄弟の間で「著しく感情の疎隔」を生じてしまいます。つまり簡単に言えば、対立が生じてしまったのです。弟であるXは、

---

16) 関連して、「私的自治原則」、すなわち、私人間の事項は基本的には当事者同士による決定、自律に委ね、それがうまくいかない場合に国家が、私法という国家法を用いて介入するという考え方が、民法、私法上の基本原則とされています。なお、私法を憲法的価値の実現のための手段と考える見解からは、実際の成立の順序はともかく、日本国憲法の基本的価値である、リベラリズム、個人主義を実現するものとして、民法の私的自治原則が存在しているという論法がとられます（山本敬三「現代社会におけるリベラリズムと私的自治（二）・完」法学論叢133巻5号（1993年）26頁以下を参照）。

17) 本文による整理とは必ずしも一致しないが、憲法と民法の関係を巡る見解を完結に、整理したものとして、畑佳秀「判解」法曹時報68巻12号（2016年）3222頁以下が参考になります。また、余力のある人は、おそらくそのベースになっている、山本・前掲註15）1頁以下にも挑戦してみて下さい。

208 第2部 現代社会と法

本件山林を分割し、兄弟それぞれが単独で所有することを望んだのですが、兄Yはこれに応じませんでした。そこで、共有物の分割請求について定めた民法256条1項に基づいて本件山林の分割を請求したのですが、当時の森林法186条（以下、本件規定。この判決を受けて、現在では削除）は、民法256条1項の規定にかかわらず、共有持分が過半数に達しない者からの分割請求を認めないと規定していました。このような争いの中で、Xは、本件規定が、財産権の保障を規定した憲法29条に違反するため無効であり、民法256条1項の原則に立ち戻って、分割請求が可能であると主張したのです。

　なお、この事件は、私人間の紛争ですが、共有物の分割請求権という私法上の存否が問題となっており、それを規制する法律、すなわち国会による立法の合憲性が問題になっているため、憲法の人権規定が私人間の紛争に適用されるかという、いわゆる私人間適用の問題は生じていないことに注意しておいて下さい。

（2）判　旨

　判決は、まず、財産権の保障に関する、憲法29条1項・2項の規定を、「私有財産制度を保障しているのみでなく、社会的経済的活動の基礎をなす国民の個々の財産権につきこれを基本的人権として保障するとともに、社会全体の利益を考慮して財産権に対し制約を加える必要性が増大するに至つたため、立法府は公共の福祉に適合する限り財産権について規制を加えることができる」としたものであると性格づけました。その上で、財産権の制約が許容されるものであるかどうかについては、「規制の目的、必要性、内容、その規制によつて制限される財産権の種類、性質及び制限の程度等を比較考量して決すべきものであるが、裁判所としては、立法府がした右比較考量に基づく判断を尊重すべきものであるから、立法の規制目的が前示のような社会的理由ないし目的に出たとはいえないものとして公共の福祉に合致しないことが明らかであるか、又は規制目的が公共の福祉に合致するものであつても規制手段が右目的を達成するための手段として必要性若しくは合理性に欠けていることが明らかであつて、そのため立法府の判断が合理的裁量の範囲を超えるものとなる場合に限り、当該規制立法が憲法29条2項に違背する」という判断枠組みを提示しました。

第12章　憲法と民法　209

　このような判断枠組みを提示した上で、最高裁は、本件規定が民法256条1項の共有物の分割請求権を制約していることを指摘し、共有物分割請求権の趣旨や目的を確認します。そこでは、「共有物分割請求権は、各共有者に近代市民社会における原則的所有形態である単独所有への移行を可能ならしめ、右のような公益的目的をも果たすものとして発展した権利であり、共有の本質的属性として、持分権の処分の自由とともに、民法において認められるに至つた」とまとめられます。ここまでは、民法上の規定の趣旨や目的を確認していたはずなのですが、「当該共有物がその性質上分割することのできないものでない限り、分割請求権を共有者に否定することは、憲法上、財産権の制限に該当し、かかる制限を設ける立法は、憲法29条2項にいう公共の福祉に適合することを要する」として、本件規定による共有物分割請求権の制約に正当化を要求するのです。

　正当化を検討する中で本判決は、本件規定の立法目的を「森林の細分化を防止することによつて森林経営の安定を図り、ひいては森林の保続培養と森林の生産力の増進を図り、もつて国民経済の発展に資すること」と認定し、これは「公共の福祉に合致しないことが明らかであるとはいえない」と結論づけます。

　続いて、本件規定が上記のような「立法目的達成のための手段として合理性又は必要性に欠けることが明らかである」かどうかの判断に移ります。判決は、①森林の共有と森林の共同経営は直接関連せず、「共有森林の共有者間の権利義務についての規制は、森林経営の安定を直接的目的とする前示の森林法186条の立法目的と関連性が全くないとはいえないまでも、合理的関連性があるとはいえない」、②本件規定が持分価額2分の1以下の共有者に共有物分割請求権を否定しても、森林経営が立ち行かなくなり森林が荒廃する「事態の永続化を招くだけであつて、当該森林の経営の安定化に資することにはならず、本件規定の立法目的との間に合理的関連性のないことが明らかである」、③「持分価額2分の1以下の共有者からの分割請求の場合に限り、他の場合に比し、当該森林の細分化を防止することによつて森林経営の安定を図らなければならない社会的必要性が強く存すると認めるべき根拠は、」なく、「分割を許さないとする森林の範囲及び期間のいずれについても限定を設けていない」本件規定に

よる「分割の禁止は、必要な限度を超える極めて厳格なものとなつている」、
④「現物分割においても、当該共有物の性質等又は共有状態に応じた合理的な
分割をすることが可能であるから、共有森林につき現物分割をしても直ちにそ
の細分化を来すものとはいえ」ず、民法258「条2項は、競売による代金分割
の方法をも規定しているのであり、この方法により一括競売がされるときは、
当該共有森林の細分化という結果は生じず」、本件規定による禁止「は、同条
の立法目的を達成するについて必要な限度を超えた不必要な規制というべきで
ある」という諸点を挙げ、最終的に、本件規定の共有物分割請求権の制限は、
本件規定「の立法目的との関係において、合理性と必要性のいずれをも肯定す
ることのできないことが明らかであつて、この点に関する立法府の判断は、そ
の合理的裁量の範囲を超えるものであるといわなければならない。したがつて、
同条は、憲法29条2項に違反し、無効というべきである」と結論づけています。

(3) 検 討

　この判決を巡ってはたくさんの議論がなされていますが、憲法と民法の関係
という本章のテーマに関係する点に絞って紹介することにしましょう。この点
で注目されるのは、判旨を紹介する際にもすでに指摘したように、民法256条
1項によって基礎づけられるものであるはずの共有物分割請求権の制限が、憲
法上の財産権の制約として扱われているということです。民法上の権利が何の
説明も無く、気づけば憲法上の権利として扱われ、その制約が「公共の福祉」
の観点から正当化できるかが問われているのです。

　この問題が最初に指摘されて[18]以来、これを説明しようと様々な見解が提示
されてきました。代表的なものとしては、まず、法律家集団内部に、単独所有
が日本国憲法における所有権制度の標準形態であるという共通理解が存在して
いると最高裁が認定し、この共通理解が「ベースライン」となり、そこからの
乖離を求める共有物分割請求権の制限は、憲法上の財産権の制約として正当化
が求められるというものがあります[19]。この他、最高裁判決が、単独所有を「近

---

[18]　安念潤司「憲法が財産権を保護することの意味」長谷部恭男編『リーディングス現代の憲法』
　　（日本評論社、1995年）138頁以下。

[19]　長谷部恭男『憲法の理性　増補新装版』（東京大学出版会、2016年）135頁。

代市民社会における原則的所有形態」と位置付けていることに注目し、明治時代に、近代市民社会の法たることを目指した民法が採用した単独所有を原則形態とする財産・所有制度をその変更を求めることなく制定・運用されてきた日本国憲法は、自らの下での財産・所有制度としてそのような制度を承認しており、これをもって、原則的所有形態への回帰のための共有物分割請求権は、直接には民法上の権利ではあるものの、憲法上の権利としての地位を獲得したのだという説明もあります[20]。

　一つ目の見解（ベースライン論）には、法律家集団内部にそのような共通理解が存在するという事実がなぜ、憲法上の保護を受けることを理由づけるのか説明を欠いているという批判があります[21]。この点、ベースライン論を補強することを直接の狙いとするものではありませんが、民法の改正にあたって、法制審議会という法律専門家の集まりによる慎重な討議を経ているということを指摘し、生身の政治的駆け引きだけを経た法律よりも、重要な位置付けを持つと主張する見解（**民事基本法制準拠論**）もあります[22]。もっとも、国民主権を掲げ、民主主義を基礎に置く日本国憲法において、専門家による討議というものに、少なくとも憲法的価値を根拠づけるだけの理由を求められるのかは疑問が残るところです。この民事基本法制準拠論は、憲法上の保障を基礎づける議論として構成されている点には気をつけなければなりませんが、民法の特殊性、重要性を強調する見解であり、私法領域における基本法たる民法の規律を、公法たる憲法も尊重することを要求する見解であると整理することもできるように思います[23]。

　二つ目の見解（**法制度保障論**）については、肝心の日本民法の所有制度が必

---

20)　石川健治「財産権①」小山剛・駒村圭吾編『論点探求　憲法　第 2 版』（弘文堂、2013年）236-237頁。

21)　山野目章夫「市法秩序の基本的部分とその憲法適合性審査」法律時報81巻 5 号（2009年）12頁、青井未帆「ベースライン論」法律時報83巻 5 号（2011年）48頁などを参照して下さい。

22)　山野目章夫「財産権の規矩としての民事基本法制」企業と法創造 9 巻 3 号（2013年）165-166頁。

23)　なお、民事基本法制準拠論のほか、憲法と民法を並立されて考える場合、星野＝樋口・前掲註12) 9 頁の樋口陽一教授の発言では、星野英一教授の発言をうけて、森林法判決は、財産法領域での民法による権利保障の有り様を、公法の領域において同じく権利保障を担う憲法の人権規定の所有権解釈に取り込んだものだという理解が示唆されています。

212 第2部 現代社会と法

ずしも単独所有を原則としたものとはなっておらず、果たして、「近代市民社会における原則的所有形態」を包含するような、近代的市民法制度を民法典が採用しているのか、さらには、それを日本国憲法が承認したと言えるのかといった批判がなされているところです[24]。このような批判には、簡単に否定できないものが含まれていますが、ここでは、法制度保障の考え方を導入することの持つ意義について説明することにしましょう。もう少しわかりやすく説明すると、憲法が私法上の制度を保障していると考えるということの意義はどのようなものかということを問うのです。この点、国家に介入を控えるように求めるいわゆる自由権とは異なり、財産権などは、先にも述べたように、法律などを通じて国家が積極的に制度を構築することによって初めてその内容が確定し、確かな実現がなされる性格を有します。そこで、ある論者は、憲法上の権利の保障を確保すべく、安定した法制度の構築を憲法が国家に命じるとともに、そこで成立した法制度の内容を憲法上の権利として保障する必要があると言います[25]。ここでは、民法以下の私法を憲法的な価値の実現の手段として捉え、そして、憲法を単に国家権力を制限するためだけのものとは考えず、積極的に一定方向に国家形成を導くものとして捉える見解が背後にあることがわかります。

　森林法判決自体は、共有物分割請求権が憲法上の財産権と位置付けられることについて多くを語らないので、様々な読み方、説明を許しています（このこと自体、初学者の方には新鮮なことかもしれません。最高裁の判決も、このように「解釈」を許すものなのです）。それでも、それぞれの「読み」の背景には、憲法と民法の関係を巡る基本的な見方が隠れているのです。

---

24)　山本龍彦「憲法上の財産権保障とデモクラシー」駒村圭吾編『テクストとしての判決』（有斐閣、2016年）245-247頁。

25)　山本敬三「憲法による私法制度の保障とその意義」ジュリスト1244号（2003年）146-148頁を参照して下さい。

第12章　憲法と民法　*213*

■より深い学習のためのガイド■

　註で挙げたもののほか、まずは、憲法の教科書の基本的人権の総論（特に、私人間適用）について扱っている項目、民法（総則）の教科書で、民法の基本原則などについて扱っている項目を読んでみて、そこで引用される文献にさらにあたってみましょう。

　森林法判決については、様々な文献がありますが、ここで扱った問題に焦点をあてる最新の文献として、山本龍彦・出口雄一「私のものは、「私だけのもの」か？」同他編『憲法判例からみる日本』（日本評論社、2016年）231頁以下、宍戸常寿ほか編著『憲法学のゆくえ』（日本評論社、2016年）201頁以下［4－1 ～ 4－3］、これは註でも挙げていますが、山本龍彦「憲法上の財産権保障とデモクラシー」駒村圭吾編『テクストとしての判決』（有斐閣、2016年）231頁以下を挙げておきます。

第13章
国際社会における法

Keywords：戦争の違法化／世界人権宣言／
国際法の法源／国際司法裁判所／
司法間対話

　本章では、国際社会における法を考察します。具体的には、国際法の歴史的
展開を考察し（1）、現代国際法の法源（2）及び紛争の平和的解決手続（3）
を概観します。最後に、日本法における国際法の意義について考えます（4）。

1　国際法の歴史的展開

　近代ヨーロッパに誕生した国際秩序は、「国家を主体とし、その国家が戦争
を遂行することを当然の手段として認める体系[1]」と表現されます。まずここ
で立ち止まって考えてみましょう。政策の手段として武力行使が認められる空
間は、「秩序」と呼べるものなのでしょうか？　このような「秩序」はどのよ
うにして誕生し、現代の国際社会にどのような影響を与えているのでしょう
か？

　国際法の歴史は、世界戦争の歴史と密接な関連を有しています。近代国際法
はヨーロッパ世界における三十年戦争、現代国際法は二度にわたる世界戦争を
背景として構築された秩序という側面を持っているからです。以下では、世界
戦争の歴史を踏まえつつ、国際法の歴史的展開をたどってみましょう。

（1）　三十年戦争からウェストファリアの平和へ

　三十年戦争が勃発した当時のヨーロッパ世界においては、世界の中心にはキ
リスト教信仰の中核としてのローマ教皇があり、その教皇のもとでローマ皇帝

1）　藤原帰一『国際政治』（放送大学教育振興会、2007年）11頁。

第13章　国際社会における法　*215*

が政治権力を持つ、という一元的秩序が正しいものと考えられていたとされます。現実には神聖ローマ皇帝の権力はすでに弱体化しており、諸侯が力を蓄える中で政治権力は多元的に分裂していたのですが、そのような状態は決して正統性を持つものではなく、あくまで本来のあるべき姿は一元的秩序と考えられていたのです。

　しかし、宗教対立に複雑な権力闘争が加わった三十年戦争、国王などが集めた傭兵による略奪行為、そして同時期に発生したペストの流行によって、ヨーロッパは壊滅的な被害を受けることになります。特にドイツにおいては甚大な被害が生じ、犠牲者の割合は、第一次世界大戦・第二次世界大戦によるよりも多い割合にのぼったと言われます。これ以上の被害を出さないため、正しい価値観に基づく一元的秩序の追求をあきらめ、多元的に分裂した現実そのものを秩序として認めてしまおう、という動きが現れます[2]。その点において諸勢力の合意が実現し、ウェストファリアの平和、そして近代国際法秩序の基礎となる主権国家体制が成立してゆくことになります。

（2）　近代国際法の法構造

　国家間の戦争に正義の判断を介在させると、際限のない戦争に発展して制御不能に陥ってしまう、というのが三十年戦争の教訓でした。そこから、正しい一元的価値の追求は封じ込め、もっぱら個別国家間の利害を調整して紛争の発生を回避し、**勢力均衡**による国際関係の安定化に努める、という考え方が出てきます。

　このような歴史的文脈の中で生まれた国際秩序は、普遍的価値の追求を避ける消極的秩序となりました。まず、近代国際法は**主権平等**を建前として認め、相互に**内政不干渉原則**を採用します。同時に、戦争に対して正義の判断を介在させることを避け、主権国家に「**戦争の自由**」を認めます。その上で、**勢力均衡**によって戦争が世界戦争に発展することを防ぐことを試みるとともに、戦争に対して最低限の人道的規律を及ぼすことを目指すのです。

　このような仕組みは、多元的に分裂した現実を受け入れつつ、「正義の戦争」

2）　藤原、前掲『国際政治』13－19頁。

216　第2部　現代社会と法

によって全員が破滅することを避けるための「秩序」という側面を持っていました。そこでの主体はあくまで国家であり、個人が国際法の主体として考えられることはありませんでした。

（3）　現代国際法への変化

ところが、勢力均衡によって平和を維持する近代国際法の試みは、二度にわたる世界大戦によって破綻してしまいます。主権平等に基づく「戦争の自由」と「内政不干渉」、といった原則に基づく近代国際法は、二度にわたる世界戦争を経て、二つの意味で現代的な変化を遂げることになりました。

第一に、「戦争の違法化」の動きです。第一次世界大戦後に設立された国際連盟（League of Nations）、第二次世界大戦の後に設立された国際連合（United Nations）は、いずれも集団安全保障体制の考え方を採用しています。これは、武力行使を一般的に禁止した上で、これに反して平和を脅かす国に対しては、諸国の力を結集して対抗する、という仕組みです。戦争の違法化という考え方は1928年の不戦条約に現れており、第二次世界大戦後の国際連合憲章2条4項においては、武力行使禁止原則が明記されるに至りました。もっとも、この枠組みにおいて違法化されるのは侵略戦争であって、不戦条約においても、国連憲章51条においても、自衛の権利が明記されています。

第二に、近代国際法においては国内管轄事項（matters of domestic jurisdiction）として考えられてきた多くの事柄が、次第に国際関心事項（matters of international concern）として現代国際法の規律対象となりつつあります。たとえば、国籍の付与は各国が裁量的に決定すべき典型的な国内管轄事項と考えられてきました。しかし現在では、各国の国籍付与基準の違いから生じる無国籍の発生を防止するための国際法が発展するなど、各国の国籍法に対して国際法の規律が及びつつあります。このような変化は特に人権分野において顕著であり、現在の国際社会においては、国内の人権問題は国内管轄事項ではなく、国際関心事項として位置づけられることが多くなっています。このような現代的な変化に伴い、個人も一定の範囲で国際法の規律対象となり、国際法上の権利の主体として扱われる場面が生じています。

第13章　国際社会における法　*217*

■コラム：世界人権宣言は本当に普遍的か？

　人権が国内管轄事項から国際関心事項に変化する、という大きな転換のきっかけとなったものとして、世界人権宣言は極めて重要な意義を持ちます。さて、世界人権宣言、すなわち Universal Declaration of Human Rights を直訳すれば、「人権の普遍的宣言」となるところでしょう。この宣言は、なぜ「普遍的」と言えるのでしょうか？

　世界人権宣言1条は「すべての人間は、生まれながらにして自由であり、かつ、尊厳と権利とにおいて平等である。人間は理性と良心とを授けられており、互いに友愛の精神をもって行動しなければならない」と宣言しています。これは、極めて近代西洋的な宣言として読むことができますし、西洋的なキリスト教的人間観を読み取ることも容易でしょう。

　それでは、世界人権宣言は、本当に宗教や価値観の差を超えて、普遍的に受け入れることができるのでしょうか？　現代の世界には、イスラム教、仏教、ヒンズー教、神道といった多様な宗教観・価値観・人間観がたくさん存在しています。「世界人権宣言は、キリスト教の影響を受けた近代西洋的価値観を押しつける文化帝国主義である」との主張に対して、皆さんはどう応答するでしょうか？　もしも、人権という文化こそは普遍的、と言えるとしたら、その根拠は何なのでしょうか？　樋口陽一による次の文章も参考にしながら、自分自身の応答を考えてみてください。

　　個人を前提とする人権の文化は、論理上、人びとが自己の属するカテゴリー集団自身を批判し、場合によってそこから離脱する可能性をみとめる文化であり、実際上も、常にではないがいくつかの重要な場面でそうでありえた。集団のアイデンティティの維持を優先させるのか、個人が自分自身で価値を選択することを究極のところでみとめるのかは、最後は非和解的な分かれ目とならざるをえないであろう。文化一般の多元性を承認した上でなお、その一点において、人権という文化は、「批判的」にであれ「普遍」から離れることができないのである*。
　* 　樋口陽一『国法学　人権原論　補訂』（有斐閣、2007年）78頁。

　このように、近代ヨーロッパに生まれた国家の体系、戦争の体系としての国際秩序は、現代的な変容を遂げつつ、現在に引き継がれています。現代では、国際法と国内法の区別が必ずしも自明ではなくなり、次第に国際法とも国内法とも言えない法分野が出現していることも注目されます[3]。ヨーロッパに生まれた国家の体系、戦争の体系としての近代国際法秩序は、どのような意味で、

3）　酒井啓亘ほか『国際法』（有斐閣、2011年）5頁、384-385頁。

218　第2部　現代社会と法

コラム：国際法は法か？

　国際社会において大国が国際法を無視するかのように振る舞うことが、大々的に報道されることがあります。たしかに、国際法違反が疑われるとき、国際裁判所によって審査がなされるのは極めて稀であり、国際裁判所は国家が裁判所の管轄権に服することに同意しない限り、原則として裁判の手続を開始することができません。このような状況の国際社会において、法を語ることに意味はあるのでしょうか？

　「アメリカ合衆国における人権法の父」とも呼ばれる Columbia Law School の Louis Henkin 教授は、この問題に対して次のように述べました。

> "Violations of law attract attention and the occasional important violation is dramatic; the daily, sober loyalty of nations to the law and their obligations is hardly noted. It is probably the case that *almost all nations observe almost all principles of international law and almost all of their obligations almost all the time.*[*]"

　たしかに、国際法違反は現実に生じることがあり、そのような場合に国際法遵守を強制する仕組みは、必ずしも十分ではありません。しかし、日常の外交実務をみてみると、ほとんどの国家は、ほとんどの国際義務を、ほとんどの場合、よく遵守している、という主張です。そして、国家が国際法を守らないときでも、あくまで国際法に基づいて自らの行為を正当化しようとする傾向がみられる点にも注目すべきでしょう。強制的な実施メカニズムが十分でないにもかかわらず実際には国際法がよく遵守されているとすると、それはなぜなのでしょうか？　法的な観点だけからではなく、国際関係論、国際政治等、様々な観点から考えてみて下さい。

＊　Louis Henkin, How Nations Behave 47（2d ed., Columbia University Press, 1979）（*emphasis* in original）.

どのような範囲で現代的変容を遂げようとしているのでしょうか。この点を意識しつつ、さらに専門的な学習へと進んでいただけたらと思います。

2　国際法の法源

　現代国際社会において、国際法はどのような形態において存在するのでしょうか。この問題を扱うのが国際法の法源論です。以下に述べる通り、国際法の法源として最も重要なのは条約及び慣習国際法であり、「その他の法源」として法の一般原則、判例及び学説を挙げることができます。

（1） 条約（国際司法裁判所規程38条1項a）

　条約とは、①主として国家間で締結される[4] ②国際的合意で、③国際法によって規律されるものを言います（ウィーン条約法条約2条1項a）。国際合意に対しては、協定、議定書、宣言、憲章、規約、取極など、様々な名称が用いられることがありますが、以上の3要件を満たせば、その名称にかかわらずに条約として国際法上の拘束力を持ちます。これに対し、私人と国家の間の契約や、国内法に準拠する契約は条約に該当しないことになります。条約の法的拘束力は、「合意は拘束する（*pacta sunt servanda*）」という法格言によって説明されます。

（2） 慣習国際法（国際司法裁判所規程38条1項b）

　条約が成文法であるのに対して、慣習国際法は不文法です。その成立要件は、①一般慣行及び②法的確信に整理されています。

　第一に、一般慣行とは、反復、継続によって一般性を有するに至った国家実行のことであり、「恒常的かつ均一の慣行（constant and uniform usage）」であることが必要です。さらに、「特別に利害が影響を受ける国の実行を含む国家実行が広範で実質上均一」である必要があり、そのようなものであれば、時間的要素は必ずしも重要視されません。その趣旨は、一般慣行の存在によって行動の予測可能性が生まれ、実効性を担保することができるから、と説明されます。

　第二に、法的確信（*opinio juris*）とは、一般慣行を法的義務と認めて行う、という信念のことです。この要件により、法に従うつもりで行ったのではない国際礼譲に基づく実行との区別がなされます。法的確信はその主観的な性質上、なかなか認定が難しいため、一般慣行から推測されることが通常です。

　このような要件を満たした慣習国際法は、すべての国家に対して法的拘束力を持つ法規範となります。条約は合意した当事国に対してしか法的拘束力を持ちませんので、この点は慣習国際法の大きな特徴ということができます。ただし、ある国家が形成しつつある慣習に一貫して反対し続けた場合、その国家は

4）　実際は、国際組織も条約の締結主体になりえます。関心のある方は、国際組織条約法条約を調べてみて下さい。

220　第2部　現代社会と法

「一貫した反対国（persistent objector）」として、慣習国際法の法的拘束を受けなくなります。慣習国際法は個別国家の同意なしに成立することから、国家の利益を守るため、そのような例外が認められているのです。

　慣習国際法は原則としてすべての国家を拘束するという意味で普遍性を持つ反面、不文法であるためにその内容について争いが生じやすいという限界を有しています。そのため、存在する慣習国際法を客観的に成文化することが重要な課題となり、国際法の専門家によって構成される**国際法委員会**（International Law Commission）がその仕事を続けています。

（3）　その他の法源

　その他の法源として、「**法の一般原則**」（ICJ規程38条1項c）、「**法則決定の補助手段としての裁判上の判決及び諸国の最も優秀な国際法学者の学説**」（同項d）が挙げられます。

　法の一般原則は、「世界の主要法系に属する諸国の国内法で共通に認められている原則のうち、国際関係に適用可能と判断されるもの」と定義されます。その趣旨は、条約や慣習国際法が存在しない「法の欠缺」によって、**裁判不能**（*non liquet*）となることを避けるため、というものです。

　判例及び学説は厳密には法源ではありませんが、「法則決定の補助手段」としての意義があります。判例は、紛争当事国が総力を挙げて法的論証を尽くした結果が反映された「重み」を持つものであり、判例法は実務においても非常に重要な意義を持ちます。学説は、かつてと比較するとその比重は低下してきているものの、主要な学説を調査することは現在でも非常に重要です。

3　紛争の平和的解決手続

　上述した「戦争の違法化」に伴い、現代国際法において、国家は紛争を平和的に解決する義務を負います（国連憲章2条3項・33条）。以下では、**非裁判的手続と裁判的手続**に分けて、紛争の平和的解決手続について概説します。

（1）　非裁判的手続

　まず最も一般的かつ重要なのは、「**交渉**」による解決を目指すことです。当事国が話し合いをすることによって外交的に紛争解決が実現すれば、その他の

手続を用いる必要は生じません。ところが、どうしても外交交渉だけでは解決できないとき、周旋・仲介、審査、調停といった手続が取られることがあります。

まず、周旋とは紛争当事国の間に第三国が介在し、交渉の促進を行うことを言います。これによって、両国間の関係が手詰まりに陥ったときの状況打開を目指します。周旋においては、第三国は交渉内容にまで関与しませんが、さらに立ち入って第三国が紛争解決案を提示する場合、仲介と呼ばれます。

審査は、個人的資格で選任された委員が、公平かつ誠実な審理により事実関係を解明し、紛争解決を容易にすることを目指すものです。日露戦争の際、ロシアとイギリスの間で生じた誤認砲撃事案について審査が行われ、紛争解決が促進された例があります。

調停とは、個人的資格で選任された委員によって構成される国際調停委員会が、中立の立場から紛争の全般的な検討を行った上で、解決案を提示するものです。上述の仲介と審査の要素を合わせたものと考えて良いでしょう。

これらの非裁判的手続に共通する特徴は、最終的な紛争解決案の受諾が当事国に任されており、法的拘束力を伴わない点にあります。

（2）　裁判的手続

非裁判的手続と比較して、裁判的手続には法的拘束力があります。裁判的手続は、ある具体的な紛争のために設立されるアド・ホックな仲裁裁判（arbitration）と、常設的な司法裁判所（judicial settlement）とに分けることができます。

（1）　仲裁裁判

仲裁裁判の歴史は古く、1794年にアメリカ独立戦争後に英米関係を修復するために締結されたジェイ条約までさかのぼります。さらに、1872年のアラバマ号事件ではアメリカ南北戦争中のイギリスの中立義務違反に対してイギリスの責任が認められ、仲裁裁判に対する関心が高まりました。このような機運を受け、1899年の第1回ハーグ会議では常設仲裁裁判所（Permanent Court of Arbitration）が設立されることになります[5]。

次に説明する国際司法裁判所が設立されて利用件数は減少しましたが、現在

222　第2部　現代社会と法

でも、当事国が裁判所の構成をコントロールできる仲裁裁判は、国際司法裁判所に比較して柔軟性が高く、特に海洋紛争において利用される例が注目されます。

(2)　国際司法裁判所

第一次世界大戦後、国際連盟規約を受けて1921年に設立された**常設国際司法裁判所**（Permanent Court of International Justice, PCIJ）は、歴史上初めての本格的な司法裁判所でした。第二次世界大戦後、これを引き継ぐ形で作られたのが現在の**国際司法裁判所**（International Court of Justice, ICJ）です。この他にも、地域的な司法裁判所としては**欧州司法裁判所、欧州人権裁判所、米州人権裁判所、アフリカ人権裁判所**があり、海洋分野の事件を扱う**国際海洋法裁判所**、個人の国際犯罪を扱う**国際刑事裁判所**などがあります。

国際司法裁判所は、どのような場合に事件を審理し判決を下す権限を持つのでしょうか。ICJ規程36条によると、国際司法裁判所の管轄権は、当事国の同意があってはじめて認められる仕組みとなっています。つまり、訴えられる国家が同意しなければ、国際司法裁判所は手続を開始することができません。こ

コラム：国際模擬裁判活動の紹介

国際裁判について理解を深めるための機会として、国際模擬裁判活動があります。国際法学生交流会議が主催するジャパンカップ、国際法学会及び外務省の共催でアジア諸国の学生を招いて英語で行われる Asia Cup 等が毎年開催されています。

この他、ジュネーブの国連本部で開催される Nelson Mandela World Human Rights Moot Court Competition、国内予選のあと、香港で開催される Red Cross International Humanitarian Law Moot 等、様々な大会があります。

学生は、数か月間かけて入念に法的議論を準備して準備書面を作成するとともに、大会当日は裁判官役を務める専門家の前で口頭弁論を行い、裁判官を説得する法的技術を大学間対抗で競います。法律家の仕事を体験し、世界中の意欲ある学生と交流する貴重な機会であり、優れた人材をあらゆる分野に輩出しています。ぜひ参加を検討してみて下さい。

5）　もっとも、実際に存在するのは事務局が管理する名簿だけであり、仲裁裁判所が常に存在するわけではありません。「常設」という表現には願望が込められており、実態を正確に表していない、という指摘もあります。

れを国内的な事案に置き換えると、ある人が交通事故の被害にあったとき、裁判所において損害賠償請求を求めるために加害者に同意をもらうことが必要、というようなものです。この点は、国内の裁判制度と比較したときに国際司法裁判所の持つ大きな限界と言わざるをえないでしょう。

　しかし、主権平等に基づく国家の体系としての構造を残し、世界政府の存在しない国際社会においては、国家の同意なしに法的拘束力のある判決を下す仕組みは存在しません。そのかわり、ひとたび国家の同意によって裁判手続が開始した場合、判決は当事国に対して法的拘束力を持ち、敗訴国も判決に従う義務を負います（ICJ 規程59条）。

4　日本法における国際法

　以上に概観したのは国際法平面における国際法についての議論でした。それでは、国際法は国内法秩序において何らかの法的効力を持つのでしょうか？この問題に対し、世界各国の憲法はそれぞれに異なる態度を示しており、状況は非常に複雑です。国内法秩序における国際法の問題を考察するには、それぞれの国家において、条約がどのような手続によって締結されるか、その手続において立法府や行政府がどのように関与するか、といった権限関係の視点を踏まえ、各国ごとの検討を丁寧に行う必要があります。

　日本法において、国際法はどのような法的効力を有するのでしょうか。一般的な考え方によると、条約や慣習国際法は日本国憲法98条２項を通じて日本の国内法秩序においても法規範として通用し、裁判所において適用される法規範となる、と考えられています。ところが、日本の裁判所が国際法を法的拘束力ある法規範として用いて、国内法を違法としたり、国家行為を違法としたり、といった実際の例はごくわずかしかありません。このような裁判所の消極的な姿勢をどのように評価するべきかについては様々な意見があります。一つの説明としては、日本において条約を締結する際、内閣法制局を中心として綿密な事前審査が行われ、必要な法改正や実施立法が整備されるために、事後的に裁判所が国際法を適用する場面が少なくなっている、という事情を指摘することもできるでしょう。

224　第 2 部　現代社会と法

　それでは、国内裁判所は国際法と無縁かというと、そのようなことはありません。特に近年では、グローバルな司法間対話（judicial dialogue）という観点から、主として人権分野において、各国の裁判所が**説得的権威**（persuasive authority）として、国際人権条約、国際機関の勧告や他国の国内判決を引用し、司法間対話によって国境を越えた人権法理が展開してゆく、という興味深い現象がみられるようになってきました。この現象をどのように説明するかについてはまだ理論的課題がたくさん残っていますが、日本の裁判所も、2008年の国籍法判決や2013年の非嫡出子相続分違憲判決において「国際的な潮流」として国際人権法、国際人権条約実施機関の見解、他国の法状況に言及したりするなど、積極的に司法間対話を行おうという意欲がみられます。そして、まだ数は少ないものの、日本の最高裁判決がヨーロッパ人権裁判所に引用される例もみられるようになってきました。近い将来、司法間対話を通じて、日本法が世界規模の人権法理の展開に大きく貢献する時代が来るかもしれません。このような司法間対話を適切な形で実現するためにも、日本の法令や判例を正確に英語に翻訳する作業が急務となっています。

■より深い学習のためのガイド■

① 　植木俊哉編『ブリッジブック国際法　第 3 版』（信山社、2016年）

② 　中谷和弘ほか『国際法　第 3 版』（有斐閣アルマ、2016年）

③ 　Thomas Buergenthal & Sean D. Murphy, *Public International Law in a nutshell*（5 th ed.）（West, 2013）

第14章
歴史の中の日本法

Keywords：文明開化／明治革命／
大正デモクラシー／
自由民権運動／八月革命

　本章では、歴史的視点を踏まえて日本法を考察します。まず、日本の近現代史を振り返ってみましょう。1853年のペリー来航の後、徳川体制は短期間のうちに崩壊し、西洋を模範とする文明開化を追求する中で、1889年には大日本帝国憲法制定、天皇を戴き議会を持つ近代国家の創設に至ります。当初は列強諸国との間で不平等条約を強いられていた日本は、日清・日露戦争に勝利し、条約改正を果たして世界の一等国に躍り出ます。その後、大正デモクラシーのもとで民主主義の高まりを経験したものの、満州事変によって国際社会における孤立を深め、国際連盟を脱退、戦争の時代へと突入します。日本はアジア諸国を侵略して植民地支配を行い、多大な被害を各地にもたらしました。二つの原子爆弾の後、ポツダム宣言受諾によって戦争は終結し、日本国憲法のもとで再出発した日本は、日米同盟を背景に、高度経済成長を経て世界有数の経済大国となります。

　激動の日本近現代史を振り返ると、いくつもの疑問が生じます。徳川体制の崩壊後、これほど短期間の間に近代的な憲法が成立したのはなぜだったのでしょうか。明治憲法のもと、大正時代に進展したかにみえた日本の民主主義は、なぜ脆くも崩壊したのでしょうか。「八月革命」から70年間が経過し、日本の民主主義はどこに向かうのでしょうか。以下では、これらの問いを探究することを通じ、グローバル化が進展する現在、皆さんが日本で法を学ぶことの意義について考えます。

1 「明治革命」から近代国家形成へ

　1853年のペリー来航をきっかけとして、江戸時代の法・政治・社会・経済・文化を大転換させた「明治維新」は、「歴史上われわれが知り得るもっとも完全かつラジカルな革命[1]」とも評されます。19世紀後半の日本において、これほど徹底した変化が実現したのは、いったいなぜだったのでしょうか？

　第一に、江戸時代の知識人たちが深い儒学の教養を持ち、高度な知的素養を有していたことは、西洋の近代思想を受け入れるための重要な基盤となったと考えることができます。儒学は、「人類がこれまでに築いた、おそらく最強の体系的政治イデオロギー[2]」と評され、高度に洗練された知的体系を有していました。ペリー来航後の日本が開国問題に直面したときにも、開国と鎖国のどちらが「道理」にかなうのか、という知的な論争がなされ、日本は「普遍的な『道理』の吟味の結果、自主的に決断して『近代西洋』にみずからを開いた」という一面を持っていた、という興味深い指摘がなされています[3]。

　第二に、明治政府は、不平等条約を改正するためにも、西洋の法制度を急いで継受することによって国家の近代化を推し進めようとしました。1870年には、「誤訳も妨げず唯即訳せよ」として箕作麟祥にフランス民法典の翻訳を命じ、そのまま日本の民法典にしようとした、という話もあります。この試みは実現せず、結局、西洋から法学者を招いて法典編纂や近代的な法制度の整備を行うことになります。あわせて、海外から招いた講師による講義を通じて、行政官や法律家の養成が行われました。法制度の観点からみた近代化が成功を収めたのは、日本における比較法学の水準が極めて高かったことによる、と言って良

1）　レフ・イリイッチ・メーチニコフ『亡命ロシア人の見た明治維新』（講談社、1982年）16頁。あわせて参照、渡辺浩『日本政治思想史——十七〜十九世紀』（東京大学出版会、2010年）3－4頁。もっとも、欧米の歴史を自明視して「革命（Revolution）とは君主政を打倒して人々に自由をもたらすもの」と考えてしまうと、「明治維新」は革命の定義にあてはめにくくなります。明治維新は、天皇が政権の座に復帰する王政復古の要素を持ち、さらに、維新の結果として成立した大日本帝国はその後軍国主義化して国民の自由を奪うことになったからです。海外の人々に対して、「明治維新」はどう説明すれば良いのでしょうか？　章末に掲げた文献を手がかりに、ぜひ皆さんも考えてみて下さい。

2）　渡辺、前掲『日本政治思想史』11頁。

3）　同上、377頁。

いでしょう。

　第三に、一般の民衆の間でも、文明開化の中で、天賦人権の思想、自由、社会契約説など、西洋近代の思想が翻訳を通じて広く読まれていたことも、急速

■コラム：西洋法継受における翻訳の問題：「権利」は誤訳？

　皆さんは、「権利」という言葉を聞くと、何を連想するでしょうか。法学を学ぶ際に避けて通れないこの言葉は、明治時代にregt（オランダ語）、right（英語）、droit（フランス語）、Recht（ドイツ語）等の西洋語に対する翻訳語として作り出された言葉です。当時から、このような意味合いにぴったりくるやまと言葉や漢語は存在せず、rightの概念は日本人にとって、非常にわかりにくかったようです*。

　福沢諭吉は、「訳書中に…『通義』（原語「ライト」）の字を用ひたること多しと雖ども、実は是等の訳字を以て原意を尽すに足らず」として翻訳語がなかなか西洋語の意味を表現しきれていないことへ注意を促しつつ、「『ライト』とは元来正直の義なり。……又此字義より転じて、求む可き理と云ふ義に用ることあり**」と説明しています。

　rightや、それに対応する西洋語の語源を調べると、「まっすぐな」、「正しさ」という言葉にたどり着きます。ここには、「道徳的な正しさ」という意味合いが含まれていることに注意を向けて下さい。これに対して、現在の日本語（そして中国語においても）定着している「権利」という言葉は、権力の「権」、利益の「利」から成り、もともとの「正しさ」という意味合いが消えてしまっています。せめて、理性・理由の「理」を用いて、「権理」という訳語を採用していればより良かったと考えられます。

　さらに、「権」という言葉が持つ権力（power）という概念は、西洋思想史上、rightと厳しく対立する概念であった点にも、要注意です。現在でも、「権」の一字を用いて、自由権や立法権といった表現をすることがありますが、自由権は「権利」（right）であるのに対し、立法権は「権限」（power; competence）であって、両者の概念は大きく異なることに注意して下さい。

　このように、日本は明治以来、比較法学を通じて日本の法制度を作り上げてきたため、現在でも複雑な翻訳の問題から離れることができません。現在でも、日本で法学研究を目指すためにはドイツ語やフランス語がとても大切です。さらに一歩進んで、これからの時代を生きる皆さんには、日本の法制度に関する情報を正確に外国語に翻訳して海外へ発信する試みにも挑戦していただきたいと思います。

* 　「権利」という翻訳語が成立した複雑な事情については、ぜひ次の文献を読んでみて下さい。柳父章「権利──権利の『権』、権力の『権』」『翻訳語成立事情』（岩波新書、1982年）149頁。「訳語として定着した『権』ということばは、後の民『権』運動にも、おそらく意外に深い影響を与えていた」（同書、171頁）との指摘もあります。

** 　慶應義塾編纂『福沢諭吉全集第1巻』「西洋事情　二編」（岩波書店、1958年）486-487頁〔初出、1870年〕。

228　第2部　現代社会と法

な社会の変化を支えるために重要な点であったと言えるでしょう。たとえば、中村正直は『自由之理』として J.S. ミルの『自由論』を、中江兆民は『民約訳解』として、ルソーの『社会契約論』を日本に紹介しています。江戸時代における寺子屋の教育等によって識字率が非常に高かったことは、書物を通じた自由民権思想の広まりにも影響を与えたと言えるでしょう。

　以上のような歴史的要因を背景として、19世紀後半の日本は徹底した近代化を経験することになったのです。

2　大日本帝国憲法の時代

（1）　大正デモクラシー

　大日本帝国憲法は、天皇が国民に与える**欽定憲法**でした。臣民の権利は、法律によって簡単に制約が可能なものであり、軍部の権限を制約する仕組みが十分でなかった、といった点は、後の歴史に致命的な影響を与えることになります。とはいえ、大日本帝国憲法のもとで、日本は民主主義の高まりを経験することになりました。

　板垣退助等が民撰議院設立建白書を提出したことをきっかけに、**自由民権運**

コラム：天皇機関説事件

　天皇機関説は、ドイツのイェリネクによって体系化された学説を参考に、天皇を国家の最高機関と位置づけ、主権をその機関意思と構成するものでした。この学説は、君主、議会、裁判所は、国家という法人の「機関」であること、国家はその機関を通じて活動し、機関の行為が国家の行為とみなされること、君主に主権が存することは、君主が国家の最高の意思決定機関の地位を占めるということを意味すること、等をその内容とします。

　この学説は必ずしも天皇主権を否定するものではなかったのですが、日本の軍国主義化が進むに伴って、「国体」に反する異説として非難の対象となるようになりました。1935年、政府はこの説の代表的な論者であった美濃部達吉の著書を発禁処分にし、すべての公職から追放しました。天皇機関説事件と呼ばれるこの事件は、戦時下における言論抑圧によって、学問の自由及び大学の自治が崩壊した歴史を物語っています。言論抑圧事件としては、矢内原事件、滝川事件もよく知られています。どのような事件であったか、調べてみて下さい。

動は急速に高まりました。大正デモクラシーは、非常に高度な民主主義の展開と評価することも可能です。しかし、当時の民主主義に対しては、限界も指摘しなければなりません。民権運動家たちが好んで歌ったと言われる「よしや節」には、「よしやシビルは不自由にても、ポリチカルさえ自由なら……」という一節がありました。自由民権運動においては、国会開設の要求という政治課題に関心が集中しており、権力からの自由を追求する人権の問題意識は後回しにされていた、ということが示唆されます。以下に述べるように、大日本帝国憲法下の日本は、次第に軍部の台頭を許すことになり、ついに全面戦争へと突入して崩壊への道を歩むことになります。

（２）　アジア・太平洋戦争

1929年の世界恐慌は日本経済にも大きな打撃を与えました。政府は中国権益の保持と拡大を要求する軍部を抑え、緊縮財政と協調外交を進めようと試みましたが、これに対して危機感を高めた陸軍は1931年に**満州事変**を引き起こし、1932年に満州国を樹立します。国際連盟による非難を受けて、1933年に日本は国際連盟を脱退して国際的孤立を深めます。国内では、軍部の強硬姿勢を支持する世論が高まり、海軍青年士官の一団による犬養毅首相の暗殺事件（五・一五事件）、陸軍青年士官の部隊が永田町一帯を占拠するクーデタ未遂事件（二・二六事件）を経てますます軍部が政治的発言力を強めます。1937年、ついに**盧溝橋事件**をきっかけに中国と戦闘状態に入り、日本軍は次々と中国の主要都市を占領しました[4]。

（３）　原子爆弾と無条件降伏

全面戦争に突き進んだ結果、日本は二つの原子爆弾、そしてポツダム宣言受諾によって無条件降伏し、アジア・太平洋戦争は終結しました。一度、大正時代に進展したかにみえた日本の民主主義は、なぜ脆くも崩壊してしまったのでしょうか？

4）　日本の戦争責任については、海外の人から意見を求められたときにしっかりと自分の意見を説明
　　できるようにしておいて下さい。手がかりとして、次の文献等を批判的に比較検討し、考えておくと良いでしょう。日中歴史共同研究における日本側及び中国側報告書（http://www.mofa.go.jp/mofaj/area/china/rekishi_kk.htmlにて入手可能）；大沼保昭・岸俊光編『慰安婦問題という問い：東大ゼミで「人間と歴史と社会」を考える』（勁草書房、2007年）。

230 第 2 部 現代社会と法

　日本は、「明治革命」を経て、大正デモクラシーのもとで民主主義を経験し
たものの、民主主義を定着させるには、その歩みは急ぎすぎだったと言わざる
をえないでしょう。急速な変化の中、工業化と軍事化の観点で一度は一等国に
躍り出た日本でしたが、人々の間に民主主義の理念が浸透することはありませ
んでした。日本人は、軍部の指導と統制のもとに侵略戦争に突き進むことを止
められず、大日本帝国憲法に基づく立憲主義国家の試みは崩壊してしまったの
です。

3　日本国憲法の成立

　日本国憲法の誕生は、「八月革命」とも呼ばれます。これはどのような意味
における「革命」なのでしょうか（1）。「八月革命」から70年の間、日本に民
主主義は定着したと言えるでしょうか。現在、皆さんが日本で法を学ぶことに
は、どのような意義があるのでしょうか（2）。

（1）　日本国憲法の基本原理

　ルソーは、「戦争は国家と国家との関係において、主権や社会契約に対する
攻撃、つまり、敵対する国家の、憲法に対する攻撃、というかたちをとる」と
述べています[5]。第二次世界大戦においては、まさに憲法原理が正面衝突し、
敗戦国の憲法の書き換えが行われました。大日本帝国憲法が守ろうとした憲法
原理、すなわち天皇制を中核とする「国体」は崩壊し、大日本帝国憲法にかえ
て、「主権が国民に存することを宣言（日本国憲法前文）」し、**国民主権**、**基本
的人権の尊重**、**平和主義**を基本原理とする日本国憲法が制定されたのです。

（2）　日本国憲法と「八月革命」

　このような日本国憲法の制定は、形の上では、大日本帝国憲法の改正手続に
よってなされています。しかしながら、欽定憲法から民定憲法への変更、すな
わち主権者の変更を伴う改正は憲法の自殺行為であって、改正手続によっては
説明ができない、という理論的問題が生じます。たしかに、明治憲法73条の改

5）　この議論については、次の文献も参照して下さい。長谷部恭男『憲法とは何か』（岩波新書、
　2006年）40頁、加藤陽子『それでも、日本人は「戦争」を選んだ』（朝日出版社、2009年）40-46
　頁。

正規程によって、主権の所在を天皇から国民に変更することは法的に不可能と言うべきでしょう。この問題に理論的な解決を与えるのが、「八月革命」説と呼ばれる学説です。

「八月革命説」は、ポツダム宣言が国民主権を要求しているため、ポツダム宣言受諾によって主権の所在が天皇から国民に移った、と説明します。この説明によると、日本国憲法はたしかに形式的には明治憲法の改正によって制定されていますが、実質的には新たに成立した国民主権主義に基づき、国民が制定した憲法と説明することが可能となります。

この革命は、もちろん、あくまで法理論上のものであり、技術的色彩の強いものとなっています。しかし、たとえば八月革命を「未完の革命」として捉えて憲法を不断に活かしていく[6]、といった形で、「八月革命」説の現代的意義を見出す見解もあります。

（3） 日本で法を学ぶ意義

皆さんは現在、急速にグローバル化が進行する時代を生きています。本章の締めくくりとして、日本の近現代史を踏まえ、現代の世界において、日本で法を学ぶことにどのような意義があるのか、考えてみましょう。

明治以後の日本は、欧米とどのように向き合うか、という深刻な問いをずっと抱えてきました。夏目漱石は『現代日本の開化』において、「現代日本が置かれたる特殊の状況に因って吾々の開化が……ただ上皮を滑って行き、また滑るまいと思って踏張るために神経衰弱になるとすれば、どうも日本人は気の毒と言わんか憐れと言わんか、誠に言語道断の窮状に陥ったものであります[7]」と述べています。ここに指摘されている「皮相上滑りの開化」に伴う諸問題は、現代においても完全に解決されてはいないと思われます。

主権平等という国際法の建前にかかわらず、国際政治の現実においては、すべての国家が平等に併存しているわけではありません。かといって、欧米がその他の地域を支配する、といった単純な支配・被支配の関係にあるわけでもあ

6）　千葉眞『「未完の革命」としての平和憲法：立憲主義思想史から考える』（岩波書店、2009年）。

7）　『漱石全集　第十三巻』（漱石全集刊行会、1936年）（初出、1911年）378頁。

232 第2部 現代社会と法

りません。この点については、現代のグローバル化社会は、欧米を基軸とし、その他の諸国を非基軸とする構造によって成り立っている[8]、という指摘が的を射ていると思われます。この考え方によれば、ドルが基軸通貨となり、英語が基軸言語となるメカニズムは「自己循環論法」によるのであり[9]、単純な支配・被支配の論理によるのではありません。

このような見方からすると、本章で概観した日本の近現代史は、基軸／非基軸関係の中で欧米に対峙する中での成功と失敗の歴史と捉え直すことができます。近現代の世界史の中で、一番初めに基軸たる欧米に対峙した非基軸国家は、他ならぬ日本でした。明治時代における高度な比較法研究に基づく近代化、大日本帝国憲法のもとでの日本の成功と破滅、そして日本国憲法のもとで再出発した歴史からは、特に、世界の圧倒的多数を占める非基軸の人々にとって、普遍的価値のある教訓を数多く引き出せる可能性があります。ここに、皆さんが日本の近現代史と法制度を学ぶことの意義を指摘することができるでしょう。

日本の法制度をこれからの国際社会に活かしてゆく具体例として、法整備支援を挙げることができます。これは、日本法による世界に対する重要な貢献として、すでに非常に高く評価されている活動です。その内容としては、①基本法令を整備する際の起草支援、②制定された法令を運用する司法関係機関の制度整備支援、③法曹実務家等の人材育成支援、といった活動が中心です。日本はこれまでに、ベトナム、カンボジア、ラオス、インドネシア、ウズベキスタン、中国、東ティモール、ネパール、ミャンマー等との協力事業を行い、大きな成果を上げています。

日本は、明治時代以来、フランス、ドイツ、イギリス、アメリカ等の様々な法制度を深く研究し、それらに必要な修正を加えて独自の法制度を築いてきた比較法の歴史を有しています。この知的基盤を活かし、支援対象国の主体性・自主性を尊重しながら、中長期的視点に立った法整備支援を行う点において、

8） 参照、岩井克人「グローバル化の中での日本における人文社会科学のあり方」東京大学学術俯瞰講義 http://ocw.u-tokyo.ac.jp/movie?id=671&r=　この把握は、「国連的建前平等主義」とも、「支配・被支配」関係とも区別されます。

9） 循環論法については、たとえば岩井克人『貨幣論』（ちくま学芸文庫、1998年）52-56頁（貨幣形態の循環論法）等を参照して下さい。

日本の法整備支援は他の欧米諸国と比較しても非常に優れた面を有していると言えます[10]。皆さんにも、このような活動に是非関心を持っていただきたいと思います。

■より深い学習のためのガイド■
① 苅部直『「維新革命」への道 「文明」を求めた十九世紀日本』（新潮社、2017年）
② 加藤陽子『それでも、日本人は「戦争」を選んだ』（朝日出版社、2009年）
③ 三谷博『愛国・革命・民主 日本史から世界を考える』（筑摩書房、2013年）

10) 法整備支援については、松尾弘『良い統治と法の支配──開発法学の挑戦』（日本評論社、2009年）がおすすめです。

第15章
改憲問題の現在

Keywords：憲法改正／立憲主義／
基本的人権の形骸化／
非軍事平和主義の放棄／
緊急事態条項／安倍９条加憲

　憲法改正とは、成文憲法の内容について、憲法典の定める所定の手続に従って、意識的に変更を加えることを言います。個別の憲法条項の修正・削除、それへの追加の他、新しい条項を設ける増補が通常の形ですが、憲法を全面的に書き改める全面改正が行われることもあります。憲法改正は、成文憲法を前提としてその定める改正手続で行われる点で、もとの憲法を廃止して新しい憲法を作る憲法制定とは区別され、他方で、明文条項の形式的変更をしないままその規範の意味に変更が生じることを意味する「憲法の変遷」とも区別されます。

　諸外国の**憲法改正手続**は多種多様なものがあります。憲法改正手続を一般の法改正よりも厳格にすることで憲法保障を高めようとする硬性憲法に対して、一般の法改正と同程度の改正要件を定めるものを軟性憲法と言います。世界のほとんどの国では、硬性憲法の手法を採用し、憲法の改正要件を厳しくすることで、憲法の安定性と可変性の両方の要請に応えようとしています。加重の要件は様々です。①議会の議決要件を加重する。②国民投票を必要とする。③特別の憲法会議を召集する。④連邦国家において支邦の承認を必要とするなどがあります。日本国憲法の場合は、①と②の要素を組み合わせています[1]。

　日本国憲法では、憲法96条で憲法改正の手続をこう定めています。「この憲法の改正は、各議院の総議員の３分の２以上の賛成で、国会が、これを発議し、

---

1)　杉原泰雄編『新版・体系憲法事典』（青林書院、2008年）795頁（井口秀作執筆）。

国民に提案してその承認を経なければならない。この承認には、特別の国民投票又は国会の定める選挙の際行はれる投票において、その過半数の賛成を必要とする。」

　国会による発議とは、国民に提案する憲法改正案が国会において議決されることを意味し、改正案の提出・審議・可決という過程を経ます。2007年に成立した憲法改正手続法（日本国憲法の改正手続に関する法律）によって改正された国会法では、憲法改正原案の発議には、衆議院においては議員100人以上、参議院においては議員50人以上の賛成を必要とすると規定しています。同法では、憲法改正原案の発議は「内容において関連する事項ごとに区分して」行うものとなっており、具体的にどのような形態で国民投票に掛けられるのかは不明です。憲法改正原案の審査機関として、両議院に憲法審査会が設置されています。発議の議決には「各議院の総議員の３分の２以上の賛成」が必要です。

　国民主権原理のもとでは、主権者国民こそが憲法改正権者であり、国民の承認によって憲法改正は確定し成立します。この点からも、最低投票率を定める必要がありますが、憲法改正手続法は最低投票率について沈黙しています。

　「国民投票の過半数」について、有権者（国民投票権者）総数、投票総数、有効投票総数のいずれを基準にした過半数なのかという点についても、憲法条文上は明らかではありません。国民投票に参加した者の積極的な改正賛成の意思が過半数は必要だと考えると、投票総数を基準とするのが適切でしょう。しかし、憲法改正手続法では有効投票総数を採用しています。

　国民の憲法改正の承認が得られた場合には、その時点で憲法改正が確定します。天皇が「国民の名で、この憲法と一体を成すものとして、直ちにこれを公布する」とされています（憲法96条２項）。

　憲法改正には内容上の制約があるかどうかについて、議論されています[2]。制約があるという**憲法改正限界論**と、制約がないという**憲法改正無限界論**があります。憲法改正限界論には、根本規範の存在を根拠とする説と、憲法制定権力の法的全能を肯定しつつこれと憲法改正権を区別する説があります。前者の

2）　以下は、辻村みよ子『比較のなかの改憲論』（岩波書店、2014年）62−64頁及び注１）798−799頁による。

説は、憲法規定の中に憲法の憲法としての根本規範を認め、この根本規範を否定することは憲法自体の否定になるので、憲法改正の限界を超えると考えます。後者の説は、憲法改正権は憲法によって作られた権力にすぎないので、憲法制定権力の基本的決定を変更できないと考えます。

他方、憲法改正無限界論には、根本規範や憲法制定権力といった概念を法外要素として否定し、解釈の対象を実定憲法に限定するという法実証主義の立場と、憲法改正権は憲法制定権力と同質であり、制定された憲法の枠には拘束されないので、憲法改正には限界がないと説く立場があります。

日本国憲法の前文の趣旨や人権の根本規範性などを根拠にすると、人権保障、国民主権、平和主義という基本構造（及び憲法改正規定）を限界内容と解する憲法改正限界論が妥当であると解されます。

1 自民党改憲草案の検討

ここでは、自民党が2012年に公表した「日本国憲法改正草案[3]」（以下、改憲草案と略称）の内容が、日本国憲法の国民主権、平和主義、基本的人権の保障という憲法の基本原理を損なうものになっていないかを、一緒に考えてみましょう。

日本国憲法下の憲法政治は、「**解釈改憲の政治**」と「**明文改憲を求める政治**」という二頭の馬によって引かれてきました。「解釈改憲」とは、憲法の明文（規定）を改正することなく、憲法の解釈をその文言・論理・趣旨からは不可能なまでにゆがめることによって、明文改憲が行われたのと同様の状態を解釈の名において作り出し、憲法とは本来両立しない違憲の政治を正当化しようとする政治のやり方を意味します。「明文改憲」とは憲法96条の定める手続に従って憲法の明文（規定）を改正すること、つまり憲法改正のことです[4]。「解釈改憲」の政治がゆき詰まり、いま「明文改憲」を求める政治勢力が国会の多数を握り、

3）　テキストは、自民党『日本国憲法改正草案 Q&A 増補版』（2013年）
　　https://jimin.ncss.nifty.com/pdf/pamphlet/kenpou_qa.pdf を参照。
4）　杉原泰雄『憲法読本　第 4 版』（岩波書店、2014年）230 - 231頁。

軍事大国と新自由主義改革を進めていくための憲法改正[5]を求めていますが、いま追求されている憲法改正の狙いは何でしょうか。

1　憲法前文

憲法の「前文」は、憲法の基本原則を示し、憲法全体の基調となる部分です。日本国憲法の「前文」の場合には、「日本国民は」ではじまる冒頭の段落において、「自由のもたらす恵沢の確保」の部分で人権尊重主義を、「政府の行為によって再び戦争の惨禍が起ることのないやうにすることを決意し」の部分で平和主義を提示し、「主権が国民に存することを宣言し」の部分で国民主権主義を宣言した上で、主権者たる国民がこれらの原則を実現するために、「この憲法を確定する」ことを明言しています。それに続いて、「国政は、国民の厳粛な信託によるものであって、その権威は国民に由来し、その権力は国民の代表者がこれを行使し、その福利は国民がこれを享受する」と、立憲主義＝近代民主主義の原理を「人類普遍の原理」として謳っています[6]。

これに対して、改憲草案は、以下のように全面的に現行憲法の前文を書き改めることを提案しています。

「日本国は、長い歴史と固有の文化を持ち、国民統合の象徴である天皇を戴く国家であって、国民主権の下、立法、行政及び司法の三権分立に基づいて統治される。

我が国は、先の大戦による荒廃や幾多の大災害を乗り越えて発展し、今や国際社会において重要な地位を占めており、平和主義の下、諸外国との友好関係を増進し、世界の平和と繁栄に貢献する。

日本国民は、国と郷土を誇りと気概を持って自ら守り、基本的人権を尊重するとともに、和を尊び、家族や社会全体が互いに助け合って国家を形成する。

我々は、自由と規律を重んじ、美しい国土と自然環境を守りつつ、教育や

5）　渡辺治『増補・憲法「改正」──軍事大国化・構造改革から改憲へ』（旬報社、2005年）の主張。

6）　横田耕一『自民党改憲草案を読む』（新教出版社、2014年）29頁。以下の前文の分析は、同、31－35頁。

238　第2部　現代社会と法

科学技術を振興し、活力ある経済活動を通じて国を成長させる。

　　日本国民は、良き伝統と我々の国家を末永く子孫に継承するため、ここに、この憲法を制定する。」

　この「前文」は、起草者が思い描く「日本国の姿」の中核的な概念を提示することからはじまります。過去についての歴史認識と現実化したいと考える日本国の姿を示し、日本国の現在の位置づけを肯定した後に、あるべき「日本国民像」を提示して、国民の国家における役割や努力目標を示し、国民による憲法制定の目的は、伝統と国家を子孫に継承するためだと述べています。

　改定前文の第一段の規定は、起草委員会事務局長の礒崎陽輔によれば、「国体」を明記したものです[7]。長い歴史と固有の伝統において、天皇は国民が戴く（＝上の者として敬い仕える）存在であって、かかる天皇が歴史を通じて君臨してきた国家が日本国の国体だと起草者は考えています。

　第二段落では、戦争と自然災害を同列視しているだけでなく、先の戦争に対する反省は消滅しており、平和を実現する理念も示されていません。

　第三段落では、「日本国民は……基本的人権を尊重する」という一文に明らかなように、国民が基本的人権を尊重するという位置づけになっています。近代立憲主義の基本形は、国民は基本的人権を享受し、国がそれを尊重するというものですが、それを逆転させています。そして、「国と郷土を誇りと気概を持って自ら守り」「和を尊び」「家族や社会全体が互いに助け合」うといった文言に明らかなように、国家があるべき国民の生き方や内心まで、ずかずかと踏み込む内容になっています。

　国民は自由だけでなく「規律を重んじ」ることを強制され、「活力ある経済活動を通じて国を成長させる」ことを命じられます。改憲草案の前文では、「国家のための国民」「国家に奉仕する国民」が要求され、「国民の人権を保障する国家」とか「国民に奉仕する国家」といった立憲主義の要求は姿を消しています。

---

7)　礒崎陽輔「自由民主党・日本国憲法改正草案解説」。
　　http://isozaki-office.jp/kenpoukaiseisouankaisetsu.html

2　「天皇を戴く国家」と国民主権の形骸化

（1）　天皇の「元首化」

改憲草案は、1条で、「天皇は、日本国の元首であり、日本国及び日本国民統合の象徴であって、その地位は、主権の存する日本国民の総意に基づく」と規定して、明治憲法下の天皇元首規定を復活させています。その理由を、『日本国憲法改正草案 Q&A』（以下、Q&A）ではこう説明しています。「憲法改正草案では、1条で、天皇が元首であることを明記しました。元首とは、英語では Head of State であり、国の第一人者を意味します。明治憲法には、天皇が元首であるとの規定が存在していました。また、外交儀礼上でも、天皇は元首として扱われています。したがって、我が国において、天皇が元首であることは紛れもない事実です」（7頁）。

Q&A では、明治憲法にも元首規定があったからと言うだけで、なぜ明治憲法の規定を復活させる必要があるのかについては説明がありません。「元首」規定を復活させるのであれば、なぜ明治憲法4条の総体部分＝「天皇ハ国ノ元首ニシテ統治権ヲ総攬シ此ノ憲法ノ条規ニ依リ之ヲ行フ」を復活させないのでしょうか。「統治権の総覧者としての天皇」のところは伏せておいて、元首のところだけをつまみ食いしています。天皇を遇する振る舞い方の国際慣行（international courtesy）が天皇を「元首」として取り扱っていることも、日本において天皇を元首化することの根拠にはなりません[8]。

（2）　国旗・国歌

改憲草案は、3条で、「国旗は日章旗とし、国歌は君が代とする。2　日本国民は、国旗及び国歌を尊重しなければならない」と規定しています。国民主権の憲法において、万世一系の天皇賛歌である「君が代」を国歌とすることは、国民主権の憲法の下ではふさわしくありません。戦争行為遂行中に用いられていた「日の丸」を国旗とすることも、天皇主権の時代に日本が行った侵略戦争を免罪することになるのではないでしょうか。

Q&Aはこう述べます。「国旗・国歌は一般に国家を表象的に示すいわば『シ

---

8)　奥平康弘「自民党『日本国憲法改正草案』と天皇」奥平康弘・愛敬浩二・蒼井未帆編『改憲の何が問題か』（岩波書店、2013年）51－70頁を参照。

ンボル』であり、また、国旗・国歌をめぐって教育現場で混乱が起きていることを踏まえ、３条に明文の規定を置くこととしました」（７頁）。教育現場における混乱は、1999年の国旗国歌法（国旗及び国歌に関する法律）が一切の義務づけをしていないにもかかわらず、学校現場において国旗・国歌を教員に対して強制することから生じたものです。

そればかりでなく、Q&A では、「国旗及び国歌を国民が尊重すべきであることは当然のことであり、これによって国民に新たな義務が生ずるものとは考えていません」（８頁）と述べていますが、国民にも国旗・国歌の尊重義務が課されるようになります。

（３）　元　号

改憲草案は、４条で、「元号は、法律の定めるところにより、皇位の継承があったときに制定する」と規定しています。Q&A は「現在の『元号法』の規定をほぼそのまま採用したものであり、一世一元の制を明定したものです」と述べています（８頁）。21世紀の日本において、君が代とか元号とかいった天皇制の付随物をあれこれ残しておかなければならない必然性がそもそもあるのでしょうか。憲法改正によって元号法を憲法に格上げして、天皇制の時代支配（時間支配）ともいうべき一世一元制を維持し、事実上の元号使用を永続させようという狙いがあります。しかし、時間の数え方を天皇の在位期間によって規定することは、そもそも国民主権の精神と合致しません。

（４）　天皇の権能の強化

現行憲法は、「天皇は、この憲法の定める国事に関する行為のみを行ひ、国政に関する権能を有しない」と規定しています（４条１項）。ところが改憲草案は５条で、「のみ」という用語を削除し、６条５項で国事行為の他に、「天皇は、国又は地方自治体その他の公共団体が主催する式典への出席その他の公的な行為を行う」と規定しています。さらに、現行憲法の３条の「天皇の国事に関するすべての行為には、内閣の助言と承認を必要とし、内閣が、その責任を負ふ」という規定を、６条４項で、「天皇の国事に関する全ての行為には、内閣の進言を必要とし、内閣がその責任を負う」と改めています。

これまで有力な憲法学説は、４条１項を手がかりにして、天皇は国事行為と

称される12ないし13の形式的・儀礼的行為を行うことができるだけであって、国事行為も自発的・単独になしえず、その行為には必ず内閣の「助言と承認」が必要である。国事行為以外の様々な公的行為は端的に違憲と評価する以外にないと主張してきました。これに対して、Q&Aは、「天皇の公的行為を憲法上明確に規定することにより、こうした議論を決着させることになる」と述べています。

　天皇の公的行為を憲法で認めることは天皇の権能を拡大させ、そのこと自体国民主権の下では抑制的に考えるべきです。「その他の公的な行為」には憲法上何の縛りもなく、現天皇が行ってきた公的行為の拡大路線に歯止めがかからなくなります。内閣の「助言と承認」の「進言」への差し替えに関しても、「進言」とは「上位の人（目上の者）に意見を申し上げる」という意味であり、しかも進言を聞き入れるかどうかは「上位の人」の判断に委ねられます。このような言葉に変えたいというところに、改憲草案作成者の天皇観がうかがえます。

（5）　憲法擁護義務の免除
　改憲草案は、現行憲法の**憲法尊重擁護義務**規定を改定して、「国会議員、国務大臣、裁判官その他の公務員は、この憲法を擁護する義務を負う」（102条2項）として、天皇及び摂政を憲法擁護義務の担い手から除外しています。一方では天皇を元首としながら、ここでは天皇を憲法擁護義務の担い手から除外しているのは、憲法の拘束を受けない天皇を構想するという誤まった発想です。

3　非軍事平和主義の放棄

　改憲草案は、現行憲法9条2項（戦力の不保持と交戦権の否認）及び前文の平和的生存権の規定を削除して、その代わりに9条2項では自衛権の発動を規定し、新しく9条の2の規定を設けて「国防軍」の設置を提案しています。それに伴って、現行憲法第2章の「戦争放棄」の表題を「安全保障」の表題に変更しています。

　以下では、このような改憲草案の「非軍事平和主義の放棄」の問題点を、4点に分けて検討します[9]。

242　第2部　現代社会と法

（1）　国防軍の創設

　改憲草案は、現行憲法9条2項の「前項の目的を達するため、陸海空軍その他の戦力は、これを保持しない。国の交戦権は、これを認めない」という規定を削除して、新たに9条の2の1項において、「我が国の平和と独立並びに国及び国民の安全を確保するため、内閣総理大臣を最高指揮官とする国防軍を保持する」と規定しています。

　その理由をQ&Aはこう説明しています。「世界中を見ても、都市国家のようなものを除き、一定の規模以上の人口を有する国家で軍隊を保持していないのは、日本だけであり、独立国家が、その独立と平和を保ち、国民の安全を確保するため軍隊を保有することは、現代の世界では常識です。この軍の名称について、当初の案では、自衛隊との継続性に配慮して『自衛軍』としていましたが、独立国家としてよりふさわしい名称にするべきなど、様々な意見が出され、最終的に多数の意見を勘案して、『国防軍』としました」（10頁）。

　そもそも核時代において、軍隊は国民の安全を確保することはできません。非戦・非軍事の平和主義を採用した憲法9条のもとで、9条を守れという国民の運動によって、戦後72年間日本は戦争をしないできたのです。自衛隊に代えて国防軍を創設することになれば、国防軍が保持できる軍事力には制約がなくなります。

　国防軍の活動については、3つを規定しています。①「我が国の平和と独立並びに国及び国民の安全を確保する」ための活動（9条の2第1項）。②「国際社会の平和と安全を確保するために国際的に協調して行われる活動」（9条の2第3項）。③「公の秩序を維持し、又は国民の生命若しくは自由を守るための活動」（9条の2第3項）です。①には集団的自衛権の行使も含まれます。②は「国際平和活動への参加」や「集団安全保障における制裁活動」であり、Q&Aでは、「軍隊である以上、法律の規定に基づいて、武力を行使することは可能」としています（11頁）。③は「治安維持や邦人救出、国民保護、災害派遣などの活動」であって（同上）、国防軍が国民に銃を向ける治安出動を意

9）　全般的に、山内敏弘「自民党の改憲草案がめざすもの」『「安全保障」法制と改憲を問う』（法律文化社、2015年）169-216頁に依拠。

味します。

　改憲草案は９条の２第２項で、「国防軍は、前項の規定による任務を遂行する際は、法律の定めるところにより、国会の承認その他の統制に服する」という規定を置いていますが、諸外国の憲法の場合通例となっている、議会による戦争宣言などの規定もなく、すべてが法律に委ねられています。

（２）　集団的自衛権

　改憲草案は、９条１項を維持しながら２項を削除して、その代わりに「前項の規定は、自衛権の発動を妨げるものではない」と規定しています。Q&Aではこう述べています。「これは、……主権国家の自然権（当然持っている権利）としての『自衛権』を明示的に規定したものです。この『自衛権』には、国連憲章が認めている個別的自衛権や集団的自衛権が含まれていることは、言うまでもありません」（10頁）。

　改憲草案は、集団的自衛権の限定的行使にとどまっていません。アメリカが世界的に展開する軍事行動に対して従来のような後方支援にとどまらず、全面的な軍事協力を行うことを可能にする集団的自衛権の発動を憲法上明記することは、日本を「戦争をする軍事大国」に変質させます。

（３）　軍事審判所の設置

　改憲草案は、９条の２第５項で、「国防軍に属する軍人その他の公務員がその職務の実施に伴う罪又は国防軍の機密に関する罪を犯した場合の裁判を行うため、法律の定めるところにより、国防軍に審判所を置く。この場合においては、被告人が裁判所へ上訴する権利は、保障されなければならない」と規定しています。Q&Aでは、軍事審判所の必要性について、「軍事上の行為に関する裁判は、軍事機密を保護する必要があり、また、迅速な実施が望まれることに鑑みて、このような審判所の設置を規定しました」と述べています（12頁）。しかし軍事情報は国民の知る権利の対象外とされるべきではなく、国防軍の規律保持のための迅速な裁判は、裁判を受ける権利を侵害します。「裁判官や検察、弁護側も、主に軍人の中から選ばれることが想定される」（同上）軍事審判所は、軍事裁判を取り扱う行政機関の一種であり、上訴裁判所が軍事審判所の認定事実や罪状を法に基づいてキチンと判断できる可能性はほとんどありま

244　第2部　現代社会と法

せん。

（4）　平和的生存権の削除と国防の責務の導入

　改憲草案は、日本国憲法前文において規定している平和的生存権を削除しています。平和的生存権は、平和の享受そのものが人権であり、「戦争と軍備及び戦争準備によって破壊されたり侵害ないし抑制されることなく、恐怖と欠乏から免れて平和のうちに生存し、また、そのような平和な国と世界をつくり出してゆくことのできる核時代の自然権的本質をもつ基本的人権」であり、憲法前文、9条、13条、憲法第3章に照らして「憲法上の法的な権利」として認められるべきであると、主張されています[10]。日本国憲法の平和的生存権は、いかなる戦争及び軍隊によっても自らの生命その他の人権を侵害されない権利として理解され、その核心にあるものは、国家の戦争行為や軍事力に対する個人の生命その他の人権の優位性の思想です[11]。平和的生存権の削除は大問題です。

　改憲草案は、前文で「日本国民は、国と郷土を誇りと気概を持って自ら守り」と書いて、国防の責務を国民に課しています。Q&Aではこう説明しています。「党内論議の中では、『国民の「国を守る義務」について規定すべきではないか。』という意見が多く出されました。しかし、仮にそうした規定を置いたときに『国を守る義務』の具体的内容として、徴兵制について問われることになるので、憲法上規定を置くことは困難であると考えました。そこで、前文において、『国を自ら守る』と抽象的に規定するとともに、9条の3として、国が『国民と協力して』領土等を守ることを規定したところです」（12頁）。

　ここでは、徴兵制の導入をあれこれ詮索されないために、「国防の責務」を抽象的に規定したと自認しています。しかし、後述のように改憲草案18条の規定と合わせてみれば、徴兵制の導入がまったくないとは断言できません。

---

10)　深瀬忠一『戦争放棄と平和的生存権』（岩波書店、1987年）及びイラク派兵差止等請求控訴事件に関する名古屋高裁2008年4月17日判決 www.courts.go.jp/app/files/hanrei_jp/331/036331_hanrei.pdf など。

11)　山内敏弘「基本的人権としての生命権」『人権・主権・平和——生命権からの憲法的省察』（日本評論社、2003年）2-32頁。

第15章　改憲問題の現在　245

4　基本的人権の形骸化

（1）　97条の削除と11条の変更——「天賦人権」の排除

　日本国憲法は「第10章　最高法規」の97条（基本的人権の本質）で、「この憲法が日本国民に保障する基本的人権は、人類の多年にわたる自由獲得の努力の成果であつて、これらの権利は、過去幾多の試練に堪へ、現在及び将来の国民に対し、侵すことのできない永久の権利として信託されたものである」と規定していますが、自民党の改憲草案では、この規定を全文削除しています。その理由は、Q&A によれば、「現行憲法11条と内容的に重複していると考えた」（37頁）からですが、削除の背景には、「人権規定も、わが国の歴史、文化、伝統を踏まえたものであることも必要だと考えます。現行憲法の規定の中には、西欧の天賦人権説に基づいて規定されていると思われるものが散見されることから、こうした規定は改める必要がある」（13頁）という考え方があります。

　11条は「第3章　国民の権利義務」の冒頭で、基本的人権の総論的な規定として基本的人権の永久不可侵性を規定しており、他方、97条は憲法の最高法規性の核心にあるものは基本的人権の永久不可侵性であること、及び人権は権力によって与えられたものでなく、人類の長年の自由獲得のための協力、連帯、団結によって憲法規範化されたという趣旨を述べています。97条と11条をそれぞれの箇所で規定することは意味があり、両者が重複しているという指摘はあたりません。

　また11条も、「国民は、すべての基本的人権の享有を妨げられない。この憲法が国民に保障する基本的人権は、侵すことのできない永久の権利として、現在及び将来の国民に与へられる」という規定を、「国民は、全ての基本的人権を享有する。この憲法が国民に保障する基本的人権は、侵すことのできない永久の権利である」と変更して、「人権は神から人間に与えられるという西欧の天賦人権思想に基づいたと考えられる表現を改めた」（Q&A、37頁）としています。

　西欧の天賦人権思想は人権が神から与えられたと考えているという決めつけは、正しくありません。西欧の市民革命においては、必ずしも神を前提とせずに、人間が生まれながら保障されるべき自然権として人権を考えていました。「天賦人権」に反発する改憲草案は、人は生まれながらに自由かつ平等であっ

246 第2部 現代社会と法

て、それは国家権力といえども侵してはならないという、人権思想そのものを
排斥しようとしているのではないでしょうか。

（2）「個人の尊重」の排斥

関連して、現行憲法13条の「すべて国民は、個人として尊重される」を、
「全て国民は、人として尊重される」と書き換えていることも見過ごせません。
礒崎陽輔は、「『個人として尊重される』という部分については、個人主義を助
長してきた嫌いがあるので、今回『人として尊重される』と改めました。従来
の『個人として尊重される』がやや意味不明な文言であり、『人の人格を尊重
する』という意味で『人として尊重される』で十分と考えたところです」と述
べています。全体主義と利己主義に対立する個人の尊重は、日本国憲法の中心
原理です。それを「個人」ではなく「人」とすることは、個人を尊重すること
が国家の目的であり、憲法制定の眼目であるという考え方を排斥するものです。

（3）「公益及び公の秩序」による人権制限

改憲草案は、日本国憲法が人権の制限根拠としている「公共の福祉」を「公
益及び公の秩序」に置き換えて、「公益及び公の秩序」による広範な人権制限
を認めています。憲法12条の後段を「自由及び権利には責任及び義務が伴うこ
とを自覚し、常に公益及び公の秩序に反してはならない」に変えています。ま
た、13条後段を、「生命、自由及び幸福追求に対する国民の権利については、
公益及び公の秩序に反しない限り、立法その他の国政の上で、最大限に尊重さ
れなければならない」と規定しています。

Q&Aは変更の理由をこう説明しています。「意味が曖昧である『公共の福
祉』という文言を『公益及び公の秩序』と改正することにより、その曖昧さの
解消を図るとともに、憲法によって保障される基本的人権の制約は、人権相互
の衝突の場合に限られるものではないことをあきらかにしたものです。」「『公
の秩序』とは『社会秩序』のことであり、平穏な社会生活のことを意味します。
個人が人権を主張する場合に、人々の社会生活に迷惑を掛けてはならないのは、
当然のことです。そのことをより明示的に規定しただけであり、これにより人
権が大きく制約されるものではありません」（13-14頁）。

憲法13条の「公共の福祉」は、憲法学説の努力によって、人権相互の調整原

理として捉えられるようになってきました。しかし、「公共の福祉」を「公益及び公の秩序」に変えてしまえば、個々の人権保障を圧倒する「公益」や「公の秩序」が人権制約原理となり、「国益」や「社会秩序」の前に人権保障は沈黙を余儀なくされます。

（4）　国民の義務・責務の大幅な導入

改憲草案は以下のように多数の国民の義務・責務の規定を導入しています。①国防の責務（前文）、②国旗・国歌の尊重義務（3条2項）、③領土・領海・領空の保全協力義務、資源確保の協力義務（9条の3）、④個人情報の不法取得等の禁止（19条の2）、⑤家族の相互扶助義務（24条1項）、⑥環境保全協力責務（25条の2）、⑦普通教育を受けさせる義務（26条2項）、⑧勤労の義務（27条1項）、⑨納税の義務（30条）、⑩地方自治体の役務提供の負担の公平分担義務（92条2項）、⑪緊急事態宣言が発せられた場合の国及びその他の公の機関の指示への服従義務（99条3項）、⑫憲法尊重義務（102条1項）。これらの中で、⑦⑧⑨は現行憲法にもありますが、それ以外はすべて新設です。「国家権力を縛る憲法」から「国民を縛る憲法」に変えてしまおうという願望が、ここにはあります。

関連して、憲法尊重擁護義務の改変について。現行憲法99条は、「天皇又は摂政及び国務大臣、国会議員、裁判官その他の公務員は、この憲法を尊重し擁護する義務を負ふ」と規定しています。立憲主義憲法の大原則は「憲法は国家を縛るもの」であり、憲法によって縛られるのは国民によって権力を信託された人々であって、彼（女）らは憲法を守る（遵守する）義務があります。憲法によって彼（女）らを縛る国民の側は、彼（女）らに憲法を守らせる立場であり、憲法を遵守するという意味での「守る」義務はありません。彼（女）らが憲法遵守義務に反する場合には、国民は彼（女）らに抵抗して、憲法遵守義務違反に対して憲法を「守る」（護る）権利があります。

ところが、改憲草案は102条で次のような改定を提案しています。「全て国民は、この憲法を尊重しなければならない。2　国会議員、国務大臣、裁判官その他の公務員は、この憲法を擁護する義務を負う」。「国民の憲法尊重」義務を定め、公務員にはその義務から「尊重義務」を外して「擁護義務」に絞り、天

248 第2部 現代社会と法

皇や摂政の「憲法尊重擁護義務」を削除しています。国民が憲法を「尊重」し、権力行使者である公務員が憲法を「擁護する」。これは「立憲主義憲法」の大原則を逆転させ、憲法の意味を根本的に変えるものです[12]。

（5） 人権各論の問題点

改憲草案は、表現の自由について、現行憲法21条１項の後に、新しく２項を設けて、「前項の規定にかかわらず、公益及び公の秩序を害することを目的とした活動を行い、並びにそれを目的として結社をすることは、認められない」と規定しています。「公益及び公の秩序を害することを目的とした活動」「それを目的とした結社」の禁止は、表現の自由に致命的な影響を与えます。

改憲草案は、信教の自由と政教分離についても、現行憲法20条３項の政教分離規定に、「ただし、社会的儀礼又は習俗的行為の範囲を超えないものについては、この限りでない」という規定を付け加え、靖国神社公式参拝・神社への玉串料支出・皇室祭祀の合憲化を狙っています。

改憲草案の人身の自由に関する改定案にも注意が必要です。「何人も、いかなる奴隷的拘束も受けない。又、犯罪に因る処罰の場合を除いては、その意に反する苦役に服させられない」という現行憲法18条を、１項と２項に分けて、「何人も、その意に反すると否とにかかわらず、社会的又は経済的関係において身体を拘束されない。２　何人も、犯罪による処罰の場合を除いては、その意に反する苦役に服させられない」と規定しています。１項の文言は、政治的関係において身体を拘束される徴兵制導入の可能性を残しています。

改憲草案は、教育を受ける権利を保障している現行憲法26条に、新しく３項を設けて、「国は、教育が国の未来を切り拓く上で欠くことのできないものであることに鑑み、教育環境の整備に努めなければならない」と規定しています。「教育が国の未来を切り拓く」とは、国家のための教育を意味し、国の教育環境の整備努力義務も国家のための教育を推進するためのものになります。

改憲草案はまた、勤労者の労働三権を保障している現行憲法28条に新しく第２項を設けて、「公務員については、全体の奉仕者であることに鑑み、法律の

---

12)　横田、前掲『自民党改憲草案を読む』24-27頁の指摘による。

定めるところにより、前項に規定する権利の全部又は一部を制限することができる。この場合においては、公務員の勤労条件を改善するため、必要な措置が講じられなければならない」と規定しています。憲法における公務員の労働基本権制限の明記は社会権の保障に逆行します。

改憲草案は、現行憲法24条の1項に新しく、「家族は、社会の自然かつ基礎的な単位として、尊重される。家族は、互いに助け合わなければならない」という規定を定めています。Q&Aは、「家族は、社会の極めて重要な存在であるにもかかわらず、昨今、家族の絆が薄くなってきていると言われていることに鑑みて、24条1項に家族の規定を置いたものです。個人と家族を対比して考えようとするものでは、全くありません。またこの規定は、家族の在り方に関する一般論を訓示規定として定めたものであり、家族の形について国が介入しようとするものではありません」と、述べています（17頁）。

しかし、この新設規定は家族間の扶養義務を謳って、その分だけ「公助」を削減し、憲法25条の生存権の保障の実質的な削減・縮小を可能にするものです。Q&Aは、「家族は、社会の自然かつ基礎的な単位であり、社会及び国家による保護を受ける権利を有する」という世界人権宣言16条3項を参考にして規定したと、述べています。しかしながら、草案は世界人権宣言の「保護を受ける権利」の部分を削除して、「尊重」に変えています。草案24条1項後段の「家族は助け合わなければならない」という規定こそが、草案にとっての「家族保護」の核心です。「家族の絆」を強化するために家族に自助努力を要求すれば、家族を営むための負担は増大します。したがって、改憲草案24条1項の規定は、家族「保護」ではなく家族「解体」規定になります[13]。

（6）「新しい人権」の導入

Q&Aは、次のような「新しい人権」を規定していると述べています（15頁）。①個人情報の不当取得の禁止等（19条の2）、②国政上の行為に関する国による国民への説明の責務（21条の2）、③環境保全の責務（25条の2）、④犯罪被害者等への配慮（25条の4）。①については、「いわゆるプライバシー権の保障

---

13) 若尾典子「自民党改憲草案24条の『ねらい』を問う」本田由紀・伊藤公雄編著『国家がなぜ家族に干渉するのか』（青弓社、2017年）121-154頁の指摘。

250　第2部　現代社会と法

に資するため、個人情報の不当取得等を禁止しました」と説明していますが、プライバシー権は規定していません。②については、「国の情報を、適切に、分かりやすく国民に説明しなければならないという責務を国に負わせ、国民の『知る権利』の保障に資することとしました」と述べていますが、「知る権利」は保障していません。そして、「なお、②から④までは、国を主語とした人権規定としています。これらの人権は、まだ個人の法律上の権利として主張するには熟していないことから、まず国の側の責務として規定することとしました」と付け加えていますが、「国を主語とした人権規定」はありえません。ですから、ここで挙げているものはすべて本来の意味の人権ではありません。

5　緊急事態条項

　改憲草案は、第9章「緊急事態」を新設して、98条「緊急事態の宣言」と99条「緊急事態の宣言の効果」の2つの条文を規定しています。Q&Aは新設の理由として、「国民の生命、身体、財産の保障は、平常時のみならず、緊急時においても国家の最も重要な役割です。今回の草案では、東日本大震災における政府の対応の反省も踏まえて、緊急事態に対処するための仕組みを、憲法上明確に規定しました」と述べています（32頁）が、これは大震災便乗型の議論です。

　改憲草案は、98条1項で、「我が国に対する外部からの武力攻撃、内乱等による社会秩序の混乱、地震等による大規模な自然災害その他の法律で定める緊急事態」としていますが、このような定義には問題があります。それぞれ性質の違う、外部からの武力攻撃、社会秩序の混乱、大規模な自然災害をすべて緊急事態とし、しかも「内乱等」とは何か、「その他の法律で定める緊急事態」に何が含まれるのかも、法律を待たなければ明確でありません。「緊急事態」条項を憲法に新設するにもかかわらず、何が緊急事態にあたるのかを法律に丸投げしています。

　改憲草案は、内閣総理大臣は上記の「緊急事態」において、「特に必要があると認めるときは、法律の定めるところにより、閣議にかけて、緊急事態の宣言を発することができる」（98条1項）。「緊急事態の宣言は、法律の定めると

ころにより、事前又は事後に国会の承認を得なければならない」（98条2項）
としています。外部からの武力攻撃の場合に国会の事前承認を憲法上の要件と
していない点は、現行自衛隊法上、内閣総理大臣の防衛出動命令が国会の事前
承認を原則としているのと比べると、大きな問題です。

　緊急事態の宣言の効果として、99条1項で、「緊急事態の宣言が発せられた
ときは、法律の定めるところにより、内閣は法律と同一の効力を有する政令を
制定することができるほか、内閣総理大臣は財政上必要な支出その他の処分を
行い、地方自治体の長に対して必要な指示をすることができる」と規定してい
ます。これは内閣に緊急政令制定権を、内閣総理大臣に緊急財政処分権を認め
た規定であって、明治憲法の緊急勅令（8条）や緊急財政処分（70条）に準じ
たものです。地方自治体の長に対する内閣総理大臣の指示にも、何らの限定も
ありません。権力分立と地方自治を破壊する行政独裁の憲法規範化です。

　99条3項では、「緊急事態の宣言が発せられた場合には、何人も、法律の定
めるところにより、当該宣言に係る事態において国民の生命、身体及び財産を
守るために行われる措置に関して発せられる国その他公の機関の指示に従わな
ければならない」と規定しています。この規定は国民の基本的人権を大幅に制
限することを容認しており、到底支持できません。

6　憲法改正条項自体の改正

　改憲草案は、現行憲法96条に関して次のような改正を提案しています。「こ
の憲法の改正は、衆議院又は参議院の議員の発案により、両議院のそれぞれの
総議員の過半数の賛成で国会が議決し、国民に提案してその承認を得なければ
ならない。この承認には、法律の定めるところにより行われる国民の投票にお
いて有効得票の過半数の賛成を必要とする。2　憲法改正について前項の承認
を経たときは、天皇は、直ちに憲法改正を公布する」（100条）。

　Q&Aは改定理由を次のように述べています。「現行憲法は、……世界的に
見ても、改正しにくい憲法となっています。憲法改正は、**国民投票**に付して主
権者である国民の意思を直接問うわけですから、国民に提案される前の国会で
の手続を余りに厳格にするのは、国民が憲法について意思を表明する機会が狭

252　第 2 部　現代社会と法

められることになり、かえって主権者である国民の意思を反映しないことになってしまうと考えました」(36頁)。

　各国の改憲条項を比較検討してみると[14]、各国とも硬性憲法として複雑で厳格な改正手続を置いています。「3分の2が厳しすぎるから過半数にする」という議論は、硬性憲法の本質を無視しています。3分の2の発議要件に加えて国民投票による承認を求めている点ではたしかに日本の手続は厳格ですが、日本だけが特に厳しいわけではなく、また「厳しすぎる」と即断できません。むしろ、硬性憲法からすると、特別の議決を必要とするという要件は当然であり、3分の2の要件を過半数にするという改憲草案は必然的ではありません。もともとは3分の2に達するまで徹底した熟議を行うことを目標とした規定なのです。発議要件を緩めて国民投票に委ねることが、国民主権原理にかなうという主張にも問題があります。日本国憲法は国民発案や議員リコール制度などを認めておらず、直接民主制の要素は例外的です。間接民主制（国民代表制）の下では、国民代表である議員たちは、徹底した議論によって特別多数の賛成を得られるように説得的な提案をする義務があります。改憲草案が提案している憲法改正の成立要件は、憲法95条の地方自治特別法の成立要件と大差がないものになり、憲法の最高法規性や硬性憲法が保障されなくなります。日本国憲法では次の四つの場合に、出席議員の3分の2の多数を必要としています。①議員の資格争訟で議員の資格を剥奪する場合（55条）、②会議を非公開にする場合（57条）、③議員を除名にする場合（58条2項）、④衆議院と参議院で異なった議決をした法律案を衆議院で再議決して、法律とする場合（59条2項）。憲法改正のための国会の発議がこれらよりも容易であってよいはずはありません。

2　安倍 9 条改憲とは何か

　2017年 5 月 3 日に安倍首相は、日本会議系の改憲団体の集会にビデオ・メッ

---

14)　以下は、辻村、前掲『比較のなかの改憲論』の「第 1 章　改憲手続を比較する」及び高見勝利「憲法改正規定（憲法96条）の『改正』について」奥平・愛敬・青井、前掲『改憲の何が問題か』79 – 95頁による。

セージを送り、その中で、「9条1項、2項を残しつつ、自衛隊を明文で書き込む」という考え方は国民的な議論に値するとして、9条加憲構想を発表しました。これは、憲法改正と言うよりは現憲法の廃棄と新憲法の制定というべき2012年の自民党改憲草案をいったん引っ込め、9条加憲論を唱えていた公明党を引き込み、教育の無償化を改憲項目として打ち出していた維新の会の協力も得ながら、両議院において改憲党派3分の2を確保し、できるだけ早期に改憲案の国会発議を狙うという戦略から採用されたものでした。しかしながら、モリ・カケ問題、公文書の改竄をはじめとした諸問題によって政権担当能力に疑問符が付けられ、政権自体の改憲資格がそもそも問われるという政治状況の中で、安倍9条改憲路線の進行は阻止されています。

　2018年の自民党大会で具体的な改憲案を条文の形でまとめて公表し、それを国会の憲法審査会において自民党原案として提出し、改憲賛成党派と調整しながら憲法改正発議原案をまとめていくという基本方針は、頓挫を余儀なくされています。しかしながら、2019年の統一地方選挙、天皇の代替わり、参議院選挙、消費税10％の値上げなどの政治日程の中で、国民世論の動向を睨みながら、何とかして両院の憲法審査会を動かし、改憲発議に持ち込もうという狙いを定めているという点では、改憲戦略に変わりはありません。本節では、2018年3月25日の自民党大会に向けてまとめられた改憲4項目案を検討しましょう。

自民党改憲素案

【9条】

9条の2　　前条の規定は、我が国の平和と独立を守り、国及び国民の安全を保つために必要な自衛の措置をとることを妨げず、そのための実力組織として、法律の定めるところにより、内閣の首長たる内閣総理大臣を最高の指揮監督者とする自衛隊を保持する。

②　　自衛隊の行動は、法律の定めるところにより、国会の承認その他の統制に服する。

【緊急事態条項】

64条の2　　大地震その他の異常かつ大規模な災害により、衆議院議員の総選挙又（また）は参議院議員の通常選挙の適正な実施が困難であると認めるときは、国会は、法律で定めるところにより、各議院の出席議員の3分の2以上の多数で、その任期の特例を定めることができる。

254 第2部 現代社会と法

73条の2 大地震その他の異常かつ大規模な災害により、国会による法律の制定を待つ
いとまがないと認める特別の事情があるときは、内閣は、法律で定めるところにより、
国民の生命、身体及び財産を保護するため、政令を制定することができる。

② 内閣は、前項の政令を制定したときは、法律で定めるところにより、速やかに国会
の承認を求めなければならない。

【教育の充実】

26条 ③ 国は、教育が国民一人一人の人格の完成を目指し、その幸福の追求に欠くこ
とのできないものであり、かつ、国の未来を切り拓く上で極めて重要な役割を担うも
のであることに鑑み、各個人の経済的理由にかかわらず教育を受ける機会を確保する
ことを含め、教育環境の整備に努めなければならない。

【参議院選挙「合区」解消】

47条 両議院の議員の選挙について、選挙区を設けるときは、人口を基本とし、行政区
画、地域的な一体性、地勢等を総合的に勘案して、選挙区及び各選挙区において選挙
すべき議員の数を定めるものとする。 参議院議員の全部又は一部の選挙について、広
域の地方公共団体のそれぞれの区域を選挙区とする場合には、改選ごとに各選挙区に
おいて少なくとも一人を選挙すべきものとすることができる。

② 前項に定めるもののほか、選挙区、投票の方法その他両議院の議員の選挙に関する
事項は、法律でこれを定める。

　2017年10月9日に発足した「憲法研究者と市民のネットワーク」（略称・憲
法ネット103）は2018年4月10日に、「自民党改憲案に反対する憲法研究者声明」
を発表しました（4月17日現在、署名者総数136名）。この声明は、「日本をはじめ、
立憲民主主義に基づく国家は憲法を前提として運営されるのだから、政治をお
こなう上で具体的な不都合がないかぎり、憲法は変更されるべきではない。ま
た、説得力ある明確な理由なくして憲法を変更することは、国民に対して思わ
ぬ弊害をもたらす危険性もある」という立場から、自民党改憲素案を次のよう
に批判しています[15]。

　9条改憲案の問題点として、安保法制の合憲化が真の目的であり、9条改
正の提案が実現すれば自衛隊員は危険な集団的自衛権の仕事を正式にさせら
れる。「必要最小限度の実力」に代えて「必要な自衛の措置」を認める案で
は自衛隊の活動に歯止めがかからなくなり、この改憲によって憲法9条2項

15) 憲法ネット103　https://kenponet103.com/archives/64 （2018年12月17日閲覧）

はまったく意味をなさなくなる。「内閣の首長たる内閣総理大臣を最高の指揮監督者とする」という規定には、内閣総理大臣の下に、立法、行政、司法から独立した「防衛」という新たな国家作用を創設することになるのではないかという深刻な問題がある。

　緊急事態条項の問題点として、国会議員の選挙が困難な場合における任期延長について、「大地震その他の異常かつ大規模な災害」が仮に起こったとしても、国政選挙全体を不能にすることは通常考えられず、安易に任期の延長を認めるべきでない。行政権が立法権を無条件に行使できる規定にすることは、大変危険である。「大地震その他の異常かつ大規模な災害」が、国民保護法の定める「武力攻撃災害」も含むと解する場合には、他国と武力衝突が起きたときに、政令のみで国民の権利を制限できるようになる。緊急事態条項は、９条改正とともに、戦争を準備し、そのために国民を動員することを可能にする。

　参議院の合区の解消には、参議院選挙区の定数を増やす、選挙区選出をやめて比例代表に一本化するという方法もあり、必ずしも憲法改正による必要はない。合区を解消するために憲法改正が必要だとしても、それは、憲法47条を改正するだけではすまない。参議院に「地方代表」的な性格を与えようとすれば、憲法43条の「全国民の代表」規定と矛盾する。参議院に「地方代表」的な性格を与えることは、二院制に関する大きな問題に発展する。

　教育の充実に関しては、経済的理由による教育上の差別の禁止や国の教育環境整備義務は、憲法26条から当然に導かれる内容であり、憲法改正する必要はない。反対に、国の義務を憲法に明示することによって、教育内容に対する国の不当な干渉を導く危険性もある。当初議論されていた高等教育の無償化もその気さえあれば法律で十分実現可能である。

安倍９条改憲には、日本国憲法９条を維持したまま、上記の９条の２を付加することによって、自衛隊違憲論が排除され自衛隊と自衛力が合憲化されるという評価と、自衛力論の合憲化にとどまらず、「自衛戦力」論への転換と憲法９条２項の空文化に帰結するという二つの評価がなされています。前者[16]は、安倍９条加憲は自衛力論の枠内にとどまると考えていますが、自衛力論の明記

256 第2部 現代社会と法

であっても、それは国民に改憲を経験させ、複数段階改憲構想の中で2項削除
改憲論を導く。また自衛隊違憲論を排除し、自衛力論の枠内でも安保体制の変
容など解釈の展開の可能性がある。さらに各種の軍事力拡大の可能性を本格化
させ、軍事的価値に対して制約的な社会や文化を変容させる画期となる。自衛
隊加憲の効果は多様で大きいと言います。

後者[17]は、加憲によって自衛隊に憲法的公共性が付与され、その波及効果と
して、以下の諸点を指摘しています。①安保法制（戦争法制）の憲法的認知、
②際限のない「戦力」の保持、③徴兵制・徴用制の合憲化、④自衛官の軍事規
律強化、⑤軍事機密の横行、⑥自衛隊のための強制的な土地収用、⑦自衛隊基
地訴訟への影響、⑧軍事費の増大、⑨軍産複合体や軍学共同体の形成。

安倍首相の言うように、憲法に自衛隊を明記しても何も変わらないと主張す
ることは欺瞞的です。

なぜなら、軍と戦争関連の規定が一切ない憲法に自衛隊が明記されれば、そ
れは憲法の中に軍事組織が書き込まれることになり、憲法9条だけでなく憲法
自体が変質してしまうことになるからです。安保法制によって海外での武力行
使を大幅に解禁された自衛隊が合憲化されることになれば、自衛隊は「戦争す
る軍隊」へ、日本は「戦争する国」へと転換していきます。

「武力によらない平和」という規範は根本的に転換し、「国民の9割に支持さ
れる自衛隊」はなくなります。国民の9割が支持する自衛隊とは、災害復旧支
援で奮闘し、海外に行っても武力行使をしないできた自衛隊です。国民に支持
される自衛隊は、軍隊を持たないという9条2項の制約の下で、自衛隊を違憲
の軍隊にしないという努力の中で強いられた姿です。しかし、9条加憲によっ
て、自衛隊は好き好んで世界の軍隊があまり重きを置かない災害復旧支援など
に精を出さなくとも、合憲のお墨付きが得られるわけですから、自衛隊像もが
らりと変わります。おまけに9条自衛隊明記と緊急事態条項がセットになると、
非常事態において市民の自由は抑圧され、国民を戦争に動員する体制づくりが

---

16) 浦田一郎「自衛隊加憲論と政府解釈」法律論叢90巻6号（2018年）45-99頁。

17) 山内敏弘「『安倍九条改憲』論の批判的考察」法と民主主義521号（2017年）17頁以下。

進行します[18]。

　以上のような加憲の問題点を正確に理解するとともに、憲法9条と平和的生存権に基づく平和構想、国家構想、地域秩序を積極的に提示し、多くの国民の支持を獲得していくという課題があります。深瀬忠一の構想「平和憲法の創造的展開可能性と総合的平和保障構想」[19]や渡辺治の論文「安保と戦争法に代わる日本の選択肢——安保条約、自衛隊、憲法の今後をめぐる対話」[20]などを参考にして、皆さんも平和憲法を継承し発展させる課題にぜひ取り組んで下さい[21]。

■より深い学習のためのガイド■

① 樋口陽一『いま、「憲法改正」をどう考えるか—「戦後日本」を「保守」することの意味』（岩波書店、2013年）。＜憲政＞としての戦前と＜憲法＞としての戦後、戦後憲法史をどう見定めるか、日本の憲法体験が持つ意味を論じている。

② 奥平康弘・愛敬浩二・青井未帆（編）『改憲の何が問題か』（岩波書店、2013年）。「いったい、何のために憲法を改正し、どこへ行こうとしているのか」を考えてみるための好著。

③ 山内敏弘『「安全保障」法制と改憲を問う』（法律文化社、2015年）。日本国憲法の非軍事平和主義が、国際社会の平和的で民主的な秩序の維持形成のために積極的な意義をもつことを明らかにしている。

④ 辻村みよ子『憲法改正論の焦点—平和・人権・家族を考える』（法律文化社、2018年）。改めて憲法の歩みをふりかえり、平和と人権、家族の問題を中心に、憲法改正論議について考えている。

⑤ 阪口正二郎・愛敬浩二・青井未帆（編）『憲法改正をよく考える　Taking Constitution Seriously』（日本評論社、2018年）。憲法学界の若手・中堅が執筆。そもそも憲法改正とは何か、改憲提案を検証する、外国は憲法改正にどう向き合っているか、からなる。

----

18) 渡辺治『戦後史のなかの安倍改憲——安倍政権のめざす日本から憲法の生きる日本へ』（新日本出版社、2018年）256-277頁の指摘。

19) 深瀬、前掲『戦争放棄と平和的生存権』所収。

20) 渡辺治・福祉国家構想研究会編『日米安保と戦争法に代わる選択肢——憲法を実現する平和の構想』（大月書店、2016年）所収。

21) 稲正樹「憲法問題・改憲問題と憲法研究者の役割」法律時報90巻7号（2018年）68頁でこの点を強調した。

判例索引

＊判時は判例時報を、判タは判例タイムズを示す

最大判昭23・3・12刑集2巻3号191頁　　191
最判昭23・8・5刑集2巻9号1123頁　　157
最判昭26・3・1刑集5巻4号478頁　　4
最大判昭27・10・8民集6巻9号783頁　　200
最判昭28・1・23刑集7巻1号30頁　　178
最判昭28・12・23民集7巻13号1561頁　　14
最大判昭32・12・8刑集11巻4号3461頁　　4
最判昭33・4・18刑集12巻6号1000頁　　174
最大判昭37・11・28刑集16巻11号1593頁　　188
最判昭41・2・8民集20巻2号196頁　　50
最大判昭44・11・26刑集23巻11号1490頁　　93
最大判昭45・6・24民集24巻6号625頁　　64
最大判昭48・4・4刑集27巻3号265頁　　13,57
最判昭50・9・10刑集29号8巻489頁　　109
最判昭53・9・7刑集32巻6号1672頁　　192
最決昭55・10・23刑集34巻5号300頁　　196
最判昭56・4・7民集35巻3号443頁　　50
最判昭56・12・16民集35巻10号1369頁　　114
最判昭57・3・30判時1039号66頁　　133
最大判昭59・12・12民集38巻12号1308頁　　91
最判平元・2・17民集43巻2号56頁　　114
最決平2・11・20刑集44巻8号837頁　　177
最判平6・2・8民集48巻2号149頁　　99
最大判平11・3・24民集53巻3号514頁　　161,188
最決平11・12・16刑集53巻9号1327頁　　196
最判平15・9・12民集57巻8号973頁　　95
最判平17・11・15刑集59巻9号1558頁　　180
最判平18・3・30民集60巻3号943頁　　116
最決平19・3・26刑集61巻2号131頁　　177
最決平19・10・16刑集61巻7号677頁　　157
最判平20・3・6民集62巻3号665頁　　96
最決平21・9・28刑集63巻7号868頁　　196

最判平21・11・26民集63巻9号2124頁　　16

最大判平23・11・16刑集65巻1285頁　　164

最大判平25・9・4・民集67巻6号1320頁　　57

最大判平27・12・16民集69巻8号2427頁　　57

最大判平27・12・16民集69巻8号2586頁　　57

最決平29・1・31民集71巻1号63頁　　99

最大判平29・3・15刑集71巻3号13頁　　192

東京高判昭48・7・13行集24巻6・7号553頁　　114

札幌高判昭51・3・18高刑集29巻1号78　　176

名古屋高判2008・4・17www.courts.go.jp　　244

東京地判昭39・9・28下民集15巻9号2317頁　　94

宇都宮地判昭44・4・9判タ233号268頁　　115

宇都宮地判昭44・7・9行集20巻4号373頁　　114

津四日市支決昭47・7・24判タ280号100頁　　114

東京地判平13・3・28判時1763号17頁　　182

福島地判平20・8・20判時2295号6頁　　181

広島地判平21・10・1判時2060号3頁　　115-6

福井地決平26・5・21判時2228号72頁　　112

福井地決平27・4・14判時2290号13頁　　112

鹿児島地決平27・4・22判時2290号147頁　　112

大阪地決平27・6・5判時2288号138頁　　193

大阪地判平27・7・10判時2288号144頁　　193

大津地決平28・3・9判時2290号75頁　　112

Marbury v. Madison,5 U.S.　137（1803）　　199

事項索引

ア 行

IoT 機器　74
ICJ 規程　223
IPO　149
アーキテクチャ（技術）　71,86,93,96
悪法も法である　36
新しい中世　34
アドボカシー　27
アフリカ人権裁判所　222
安倍9条改憲　255
アリストテレス　36
安定した法制度　212
ESG（環境・社会・ガバナンス）　149
イェーリング　42
違憲審査革命　200
違憲審査制　15,199,206
萎縮　90
一元的秩序　215
一事不再理　191
一般意思　200
一般慣行　219
一般予防　153,154
一般予防主義　154
initial public offer　149
委任立法　16,17
違法収集証拠排除法則　192
医療過誤　178
医療契約　122,123
医療事故　120,123,124,135,170
医療水準　133
因果関係　128,178
インターネット　93,95
ウィーン学派　200
疑わしきは被告人の利益に　156
上乗せ条例　108,109
AI（人工知能）　60
AI 裁判官　69
AI 時代の民主主義　68
AI ネットワーク化　70
AI 法人　63

カ 行

M&A　149
エールリッヒ　42
エンフォースメント　2
欧州一般データ保護規則　77
欧州司法裁判所　222
欧州人権裁判所　222
応報刑主義　153,154
大阪南港事件　177
大野病院事件判決　182
オーフス条約　113

会社　139
解釈改憲　236
解釈・適用　68
会社法　150
　　——3条　139
改正民法415条　133,134
海賊版サイト（著作権侵害サイト）　101
ガイドライン　84
概念法学　42
開発法学　233
顔認証システム　184
学説　217
革命防衛戦争　203
過失　125,176
過失責任主義　66
過失致死罪（刑法210条）　172
過失犯　178
過失併存説　176
家族の相互扶助義務　247
家族法　206
カネ（資金）　137
ガバナンス　70
株式　140,141
株式出資　140
株式譲渡自由の原則（会社法127条）　142
株主総会　144
株主代表訴訟　150
簡易宿泊所　26
環境権　112

事項索引　*261*

監査役制度　150
慣習国際法　218,223
監督過失　179
カントロヴィツ　42
管理過失　179
議院内閣制　9
議員秘書　7
議院法制局　7,8
議員立法　4,5,7,9,16,20
起業　136,150
規制権限の不行使　110
規制のサンドボックス制度　82,83
起訴便宜主義　159-60
起訴猶予　182
規範　51
基本的人権の形骸化　245
基本的人権の尊重　230
逆転事件　98
教会法（カノン法）　38
教義学（ドグマーティク）　42
教義の監督過失　179
強行規定　143
強行法規（jus cogens）　191
行政国家化現象　17
強制処分　195
行政処分　120
強制処分法定主義　186,187,195
強制捜査権　182
行政訴訟　111
行政立法　17
共同規制　86
共同正犯　178
業務上横領（刑法253条）　148
業務上過失致死傷罪（刑法211条）　120,170,
　173,174
共有物の分割請求権　208,209
共有物分割請求権　212
共有持分　208
緊急事態　250
　――の宣言　250
緊急事態条項　255
緊急避難　101
緊急避難行為（刑法37条）　174
近代国際法　215
近代国際法秩序　215

近代市民社会における原則的所有形態
　210～212
近代民法　206
くじ　166
クラウド　61
クリーンエネルギー　103,117
軍事審判所　243
経済調和条項　105,106
警察　182
形式的意味での憲法　199
形式的最高法規性　198,201,207
刑事司法　151
刑事政策　152
刑事責任　66
刑事訴訟法　152
刑事手続　185
刑事弁護人　156,157
刑事免責制度　190
刑訴法218条1項　193
刑訴法197条1項ただし書　195
刑罰のダイバージョン　169
刑法　152,170
　――199条　172
　――の補充性　171
契約　128
契約書　144
契約責任　130,135
結果回避義務　174,182
結果予見可能性　174
結果予見義務　174
ゲルマニステン　42
検閲　90
厳格責任　66
元号　240
現行民法415条　133
原告適格　111
検索結果　99
元首　239
原子力発電　117
原子力発電所の差止め　111
憲法改正　12
　――の発議　18
憲法改正限界論　235
憲法改正条項　251
　――の改正　251

憲法改正手続　234
憲法改正手続法　235
憲法改正無限界論　235
憲法研究者と市民のネットワーク（憲法ネット
　103）　254
憲法裁判所　15,16
憲法31条　186
憲法上の財産権　212
憲法審査会　235
憲法前文　237
憲法尊重擁護義務　241
憲法適合的解釈　199
憲法的な価値の実現　212
憲法典　201
憲法29条2項　210
憲法の優位　198
権利　227
権利能力　62
権力分立　197
故意　125
五・一五事件　229
合意制度　190
合意は拘束する（pecta sunt servanda）
　219
「公益及び公の秩序」による人権制限　246
公害　104
公害等調整委員会　111
公共財　91
公共政策法学　19
公共政策法務　19
公共の福祉　208
公判中心主義　168
公法秩序　205
公法と私法　202,205
拷問　189,190
国際管轄事項（matters of domestic
　jurisdiction）　216
国際関心事項（matters of international
　concern）　216
国際司法裁判所（International Court of
　Justice）　222
国際的なルールメイキング　89
国際法　214
国際法委員会（International Law
　Commission）　220

国際連合（United Nation）　216
国際連盟（league of Nations）　216
国籍法判決　224
国選弁護　188
告知と聴聞　188
国防軍　242
国法秩序　204
国防の責務　244
国民主権　230
国民審査　13
国民投票　251
国民投票法　17,18
国民の義務・責務　247
国民の参加　168
国立国会図書館　7
個人　216
　——の尊厳　63
個人情報　97
個人情報保護法　97
「個人の尊重」の排斥　246
国会　67
国家機関　197
国家形成　212
国家権力　212
国家戦略特区　82
国家の基本法　205
国家の体系　217
国家賠償請求訴訟　111
国旗・国歌　239
コネクティッドカー　81
個別の紛争解決　12,13
コモン・ロー　39
コンサルティングファーム　25
コンピュータ　94
コンプライアンス　146

サ　行

罪刑法定主義　154,155,170,171
債権者　148
債券法改正　203
最高裁判所　16,17
財産権の保障　208
最低投票率　18,235
サイバー攻撃　86
サイバースペース　83

事項索引　*263*

サイバー犯罪条約　87
裁判員　162
裁判員裁判　159,162,164,165
裁判員制度　165~168
裁判官　68
裁判的手続　220
裁判手続の迅速化・充実化　88
裁判不能（non liquet）　220
債務者　134
債務不履行　130
債務不履行責任　123
サヴィニー　42
作文調書　189
殺人罪　172
三権分立　11
三十年戦争　214,215
自衛隊法　251
CSR（会社の社会的責任）　149
GDPR　77~79
GPS 捜査　194~196
GPS 大法廷判決　192
GPS 端末　194
資金（カネ）　138
自己言及　201
自己実現　90
自己情報コントロール権　94
自己統治　67,90
自己負罪拒否特権　189
事実認定　164
自主規制　86
次世代医療基盤法　77
自然人　62
自然法秩序　205
思想の自由市場　90
実行行為　173
実質的最高法規性　201
私的自治原則　207
自動走行車　61
自白排除法則　189
自白補強法則　189
司法　68
司法アクセスの向上　88
司法間対話（judicial dialogue）　224
司法消極主義　14
私法上の制度　212

司法制度改革審議会　14
司法積極主義　15
私法秩序　205
市民的不服従　36
自民党改憲素案　253
市民法（jus civile）　37
ジャーナリズム　94
社会規範（social norm）　44,47~49,53,56,
　　57
社会契約論　38
社会通念　134
社債管理者（会社法702条）　148
住基ネット　96
修正された当事者主義　156
周旋　221
集団安全保障体制　216
集団的自衛権　243
自由民権運動　228,229
主客二分論　64
主権者　67
主権平等　215
取材の自由　93
受託者　148
主張立証　134
常設国際司法裁判所（Permanent Court of
　　International Justice）　222
証人喚問権　189
証人尋問権　189
消費者　143
商法（商取引法）　136
証明責任　126,128
証明責任要件事実　126
将来世代　117
条例制定権の拡大　16
知る権利　93
侵害留保説　11
人格権（プライバシー権）　98
審議会　22
新規株式公開　149
人権　63
人権享有主体性　63
審査　221
心神喪失　174
神聖ローマ皇帝　215
信頼の原則　176,177

264 事項索引

森林法判決　207,212
スイスチーズ・モデル　175
ステークホルダー　143
スノーボール・モデル　175
制御不可能性　68
政策形成訴訟　13,22,113,114
生産性向上特別措置法　82
製造物責任法　66
制定法主義　34
正当性　69
勢力均衡　215
責任主義　170,171
責任能力　174
接見交通権　188
説得的権威（persuasive authority）　224
前科　98
善管注意義務（会社法330条、民法644条）
　　148
選挙　67
全国民の代表　255
戦争の違法化　216
戦争の体系　217
専門家の助言　150
相当因果関係　177
遡及処罰の禁止の原則　155
ソクラテス　36
訴訟　68
訴訟的真実　156
訴追裁量権　182
ソフト・パワー　37
ソフトロー　84,89
損害賠償責任　66,182

タ　行

第三者機関　75
大正デモクラシー　225,229,230
大日本帝国憲法制定　225
代表者　67
大法廷　193
チーム医療　175
知的財産法（知財法）　136
地方代表　255
注意義務　132
仲介　221
仲裁裁判　221

忠実義務（会社法355条）　148
調停　221
著作権侵害　101
直近過失1個説　176
通信の秘密　100
作る法　33
積み重なる法　33
抵触性審査　6
ディープ・ラーニング　69
データベース　95
データ・ポータビリティ　78,79
適正手続保障　185,186,188
デザイン（設計）　71
手塚治虫　67
電気通信事業法　100
典型契約　123
天皇の「元首化」　239
天賦人権　245
ドイツ民法典（BGB）　203
東西の比較　33
投資回収　138
投資回収方法　149
当事者主義　156
道徳　44,51,52
徳　37
特別背任（会社法960条）　148
特別予防　153,154
特別予防主義　154
都市国家（ポリス）　35
都市・生活型の公害　106
特化型 AI　61
ドメスティック　109
鞆の浦世界遺産訴訟　115,116
Due Diligence　149
トランスナショナル　109
取締役　145
取調べの録音・録画　189
ドローン　81,184

ナ　行

内閣総理大臣　251
内閣提出法案　5
内閣法制局　5,6,8,14,16,223
内政不干渉原則　215
中江兆民　228

事項索引　　265

ナポレオン法典　　41
ナポレオン民法　　203
二重の危険の禁止　　191
二重の基準　　92
日光太郎杉事件　　114
日清・日露戦争　　225
二・二六事件　　229
日本医師会　　182
日本国憲法　　185,204,225
　　──の改正手続に関する法律　　235
日本版「司法取引」制度　　160
日本版司法取引制度　　160
日本法　　232
任意捜査　　193
任期付公務員　　22
任務懈怠　　148
ネット監視　　99,102
ネットワーク中立性　　79,80

ハ　行

パーソナルデータ　　75
パートナー　　147
ハードロー　　89
媒介者　　93
陪審裁判　　164
陪審制度　　164
バイ・デザイン　　71
八月革命　　225,230,231
罰金　　54
パブリックコメント　　24,31
パブリック・セクター（政府・公共部門）
　　25
バリエーション（株価算定）　　148
犯罪のカタログ　　172
ハンス・ケルゼン　　200
反則金　　54,169
犯人　　184
万民法（jus gentium）　　37
汎用 AI　　61
判例法主義　　34
被害者　　177
引受価額　　141
被疑者国選弁護　　158,159
樋口陽一　　217
非軍事平和主義の放棄　　241

非裁判的手続　　220
非嫡出子相続分違憲判決　　224
ビッグデータ　　72,73,75
人　　64
ヒト（自然人）　　139
ヒト（人材）　　137
「批判的峻別論」論争　　43
表現の自由　　90,102
Fintech　　136
福島大野病院事件　　181
不透明化・ブラックボックス化　　68
不平等条約　　225,226
不法行為　　98,125,130
不法行為責任　　135
プライバシー　　90,97,102,194
プライバシー権　　97
プライバシー・バイ・デザイン　　79
プラトン　　36
ブロッキング　　101
プロファイリング　　95
紛争の平和的解決手段　　220
分配可能額　　142
文明開化　　225
米州人権裁判所　　222
平和構想　　257
平和主義　　230
平和的生存権　　244
ベースライン　　210
ベースライン論　　211
弁護士　　150
弁護人依頼権　　188
ベンチャー企業　　137,138
法　　44
　　──の一般原則　　220
防衛出動命令　　251
法益　　170
法益侵害　　170
法益保護　　153
法益保護主義　　170
法規範　　49,51,52
法実証主義　　43
法人　　62,139
法人格　　62
法人性　　139
法制度保障　　212

法制度保障論　211
法整備支援　233
放っておいてもらう権利　94
法的確信　219
法典論争　41
報道の自由　93
法律　67
　――による行政の原理　10
　――の委任　4
　――の法規創造力　10
　――の優位　10
　――の留保　10
　――の留保の原則　10
法令違憲判決　13,14
北大電気メス事件　176
ポツダム宣言受諾　225

マ　行

魔女狩り　34
魔女裁判　34
マスメディア　92
満州事変　25,229
未然防止　110
水俣病　105
民事基本法制準拠論　211
民事訴訟　111,126
民事訴訟法　112
民主主義　67
民主主義国家　67
民泊　25,29
民法　126,136
　――709条　125
民法改正　133
無罪推定の原則　156
明治維新　226
明治憲法　251
明治民法　206
明文改憲　236
メタデータ　100
黙秘権　189
物　94
モノ（製品）　137
モノのインターネット　74

ヤ行

薬事法、医師法、医療法等　136
雇われ社長　145
有権者（国民投票権者）総数　235
融資　140,141
許された危険　66
ヨーロッパ人権裁判所　224
横出し条例　108,109
四大公害事件　104

ラ・ワ行

利害関係　185
リスク　181
立憲主義　199,201,238
立法　67
量刑判断　164
旅館業法　26
臨床医学　133
ルールメイキング　2
ルソー　230
令状　184
令状主義　187,196
歴史法学　41
盧溝橋事件　229
ロビイスト　25
ロビイング　24,25,27,28
ロボット　61,121
ロボット3原則　65
ロマニステン　41,42
我妻榮　204
忘れられる権利　79,98

法学入門

2019年4月10日　初版第1刷発行

著　者　稲　正樹・寺田麻佑
　　　　松田浩道・吉良貴之
　　　　成原　慧・山田哲史
　　　　松尾剛行

発行者　木　村　慎　也

・定価はカバーに表示　印刷　恵友社／製本　新里製本

発行所　株式会社　北樹出版

URL:http://www.hokuju.jp

〒153-0061　東京都目黒区中目黒1-2-6　電話(03)3715-1525(代表)

© Masaki Ina et al., 2019, Printed in Japan

ISBN 978-4-7793-0589-4

(落丁・乱丁の場合はお取り替えします)